Marion Wyse

DER PROPHET UND DIE PROSTITUIERTE

Marion Wyse

Der Prophet
und die Prostituierte

LEUCHTER

Leuchter-Verlag eG · Erzhausen

Titel der Originalausgabe: THE PROPHET & THE PROSTITUTE
Übersetzung: KH. Neumann
Umschlaggestaltung: Bonnert Werbegrafik, Rosbach

1. Auflage März 1999

ISBN 3-87482-214-1

Gesamtherstellung: Schönbach-Druck GmbH, 64390 Erzhausen

Mit Dank gewidmet
Herrn Dr. R. K. Harrison

Inhalt

Historische Bemerkungen 9
Prolog – 721 v. Chr. 11

Teil I: HOSEA

1. Asche zu Asche 20
2. Auf dem Dach 23
3. Senu-Amen 48
4. Verstoßen 75
5. Begräbnis 81
6. Aufbruch 89
7. Amoz 93
8. Die Wüste von Moab 113
9. Am Brunnen 118
10. Diblaim 125
11. Stadt in der Finsternis 140
12. Wiederherstellung 148
13. Die Verhandlung 157
14. Schana 172
15. Rachel 177
16. In der Falle 189
17. Auf dem Marktplatz 196
18. Flucht 207

Teil II: PEKAHIAH

19. Im Harem 212
20. Aus Liebe 215
21. Nuri 220
22. Hier bin ich, sende mich! 227
23. Pekahs Rebellion 234
24. Tod in der Nacht 239
25. Exil 247

Teil III: TIGLATH-PILESER

26. Niniveh 254
27. Ischtar 264
28. Heirat der Götter 270
29. Die Geliebte 280
30. Erwachen 292
31. Errettung 300

Historische Bemerkungen

Israel ist alt und doch noch immer jung. Beides: Wüste und fruchtbares Grünland. Israels Menschen sind Träumer und doch auch sehr praktisch. So ist es gewesen, seit Abraham in das Land kam, und so ist es noch heute. Ägypten, Assyrien, Babylon, Griechenland, Rom, England – sie alle haben dieses kleine Land in ihr Weltreich eingefügt. Und doch ruft es immer noch entschlossen seine Unabhängigkeit in die Welt hinaus.

Doch noch häufiger als mit dem Rest der Welt haben die Israeliten untereinander gekämpft. Die größte Trennung des Landes ereignete sich nach dem Tod von König Salomo, als das südliche Juda am wahren Tempelgottesdienst und dem Sohn Salomos festhielt, aber das nördliche Israel gegen Gott und den schwachen König rebellierte und getrennte Wege ging. Die alte Religion Kanaans kam im Norden wieder zur Geltung, obwohl manche Treugebliebenen weiter an den Überlieferungen von Mose und Aaron festhielten.

Die Ermordung von Königen war im Norden während dieser Zeit durchaus üblich. Der Handel war auf ein sehr niedriges Niveau gesunken. Doch unter dem lange lebenden und regierenden König Jerobeam II. wurde die Lage im Land relativ stabil und in der Hauptstadt Samaria wurde ein bescheidener Wohlstand erreicht. Der assyrische Bär im Norden wurde mit Tributzahlungen zufrieden gestellt und mit dem südlichen Königreich Juda wurden sorgfältig freundliche Beziehungen gesucht.

Als Menahem im Jahr 752 v. Chr. den Thron Israels bestieg, beginnt die Geschichte dieses Buches. Menahem bestätigte Israels Abhängigkeit von Assyrien und seinem König Tiglath-Pileser und führte die Israeliten noch tiefer hinein in die lust- und sündenbetonte Religion der alten Kanaaniter.

In dieser Situation trat ein von Gott gesandter Mann auf, ein Prophet, der das Volk zur wahren Anbetung Gottes, der ihre Väter unter Mose aus Ägypten geführt hatte, zurückbringen wollte. Doch die Israeliten hatten kein Interesse daran, einem Gott zu dienen, der ihnen ihre sündigen Lustbarkeiten nehmen wollte.

Prolog – 721 v. Chr.

Der junge Soldat blickte schaudernd zu Boden. Vorsichtig achtet er darauf, nicht in das Häufchen Asche zu seinen Füßen zu treten. Noch vor wenigen Stunden war diese Asche eine Frau gewesen, deren Kleider und Körper verbrannte. Die Frau war brennend und schreiend aus einem Haus gerannt, nachdem andere Soldaten es angezündet hatten. Ihr langes Haar und ihre Kleider hatten sie wie eine brennende Fackel erscheinen lassen. Er hatte fasziniert und voller Schrecken zugeschaut, wie sie die Straße hinunterrannte, um zum Brunnen zu gelangen. Doch sie war über einen anderen Toten gestolpert und mit einem lauten Schrei zu Boden gestürzt und niemand hatte ihr geholfen. Die Soldaten waren mit Töten und Plündern beschäftigt und ihre Nachbarn waren tot.

Der junge Soldat blickte nochmals auf das nieder, was von der Frau übrig geblieben war, und ging dann davon. Ihm war, als müsse er sich gleich übergeben. Es war der erste Feldzug, den er mitmachte.

Vor sich, bei dem einst so prächtigen doppelten Stadttor, sah er die beeindruckende Gestalt ihres Anführers Renin stehen. Der General überwachte die Zerstörung der massiven doppelten Stadtmauer, die seiner Armee fast drei Jahre lang getrotzt hatte. Es war der Schlauheit des jungen Königssohn Sargon zu verdanken, dass sie diese Mauern endlich bezwungen hatten. Eine Woche schwerer Tag- und Nachtarbeit war nötig gewesen. Man hatte un-

unterbrochen Erde herbeigeschleppt und eine kleine Rampe bis zur Krone der Mauer gebaut, über die man dann endlich in die Stadt eindringen konnte. Damit war das Schicksal der schon durch Hunger geschwächten Verteidiger der auf dem Berg gelegenen Festung besiegelt gewesen.

Dem jungen Soldat lief es kalt den Rücken hinunter, als er an die entsetzlichen Schreie der Frauen dachte, die seine Kameraden in einem versteckten Keller des sonst verlassenen Königspalastes gefunden hatten. Die wütenden Eroberer hatten ihren ganzen Zorn wegen der dreijährigen Belagerung an den Frauen ausgelassen, deren gefangene Ehemänner hilflos zusehen mussten, ehe sie selbst unter den Schwertern und Speeren der Sieger ums Leben kamen. Er selbst hatte den größten Teil des Tages damit zugebracht, Überlebende – verängstigte Frauen und Kinder – zusammenzutreiben, die ihn mit großen schreckgeweiteten Augen angestarrt hatten.

Nun ging der junge Soldat zu seinem General, grüßte militärisch und meldete: „General, die Gefangenen stehen an der Westseite des Berges fertig zum Abtransport!"

Renin betrachtete den jungen Soldaten aufmerksam. Er bemerkte, wie tief der junge Bursche erschüttert war, und fragte sich, wie bald er wohl davonlaufen würde. „Wie viele sind es?", fragte er kurz.

Der Soldat überreichte ihm eine kleine Tontafel, auf der Zahlen notiert waren. Renin blickte ihm nach, als er nach einem weiteren Gruß den Abhang hinabging, da sein Dienst für heute beendet war. Der General seufzte. Es war viele Jahre her, seit er eine Festung erobert hatte, die auf einem so steilen Berg lag. Er schaute sich um. Überall waren Gruppen seiner Soldaten dabei, die Mauern zu zerstören und die großen Steine den Abhang hinabzurollen in das Tal. Er erinnerte sich an die Jahre, die er früher in dieser Stadt gelebt hatte. Damals waren diese Mauern für ihn Sicherheit und Schutz gewesen. *Nicht mehr,* dachte er, *und niemals wieder.*

In diesem Augenblick bemerkte er hinter sich eine Bewegung. Schnell drehte er sich um. Man konnte nie wissen, ob sich ein noch nicht entdeckter Feind heranschlich, um ihn zu ermorden. Doch er entspannte sich wieder, denn es waren nur einige seiner Soldaten, die einen lärmenden alten Mann zu ihm schleppten und vor ihm niederwarfen. Ein Offizier berichtete: „Wir fanden diese alte Krähe auf einem Platz. Dort versteckte er sich hinter einer Statue des Gottes Tammuz, an die er sich klammerte und Schutz forderte. Deshalb haben wir ihn zu dir gebracht, Herr, damit du entscheidest, was mit ihm geschehen soll."

Renin blickte ärgerlich auf den Alten nieder, der vor ihm kniete. „Die Götter dieser Stadt Samaria sind im Kampf von unseren Göttern Assur und Ischtar besiegt worden. Und sogar bei Tammuz kann ein Bewohner dieser Stadt keine Sicherheit mehr finden, obwohl Tammuz der Gatte unserer Ischtar ist. Denn Tammuz ist kein Gott dieser Stadt." Der Offizier griff nach seinem Schwert. Doch Renin hob seine Hand und sagte: „Nein, lass ihn! Ich werde ihn verhören."

Überrascht entfernten sich die assyrischen Soldaten, während sie sich leise unterhielten. Der alte Mann hätte wahrscheinlich ziemlich geschrien, wenn sie ihn hätten langsam sterben lassen. Und nun hatte der General sie um ihren Spaß gebracht.

Der Alte zitterte vor Furcht und die Kiefern in seinem zahnlosen Mund klapperten. Renins wettergegerbtes braunes Gesicht dagegen war kalt und fest und seine schwarzen Augen waren voll Härte. „Alter Mann, ich möchte dir eine Frage stellen", begann er hart. „Wenn du mir eine befriedigende Antwort gibst, wirst du zu den anderen Gefangenen am westlichen Abhang gebracht."

In den Augen des Samariters erschien ein Hoffnungsfunke. Er nickte mit dem kahlen Kopf und sagte: „Ja, Herr, frage, ich will dir gern jede Auskunft geben.“

Renin blickte sich um und stellte fest, dass keiner seiner Soldaten so nahe war, dass er das Gespräch hätte mithören können. Er begann: „Also höre gut zu: Vor vierzehn Jahren ist eine Frau mit eurem heiligen Mann aus Niniveh in diese Stadt Samaria zurückgekehrt. Ich habe meinem ersten Herrn versprochen, ich würde nach ihr Ausschau halten und mich um sie kümmern. Ich sage dir das, damit du dein Gedächtnis anstrengst und mir Auskunft gibst, wenn du es kannst. Unter den Gefangenen jedenfalls habe ich sie bis jetzt nicht gesehen. Und sie war keine Frau, die Männer schnell getötet hätten. Der Name der Frau ist Gomer. Nun, alter Mann, kannst du mir etwas über sie sagen?“

„Gomer!“, stieß der Alte hervor. Doch in diesem einen Wort lag soviel Hass, dass Renin unwillkürlich einen Schritt zurückwich. *Ihr Götter,* dachte er, *der Alte ist ein Dämon!* Schaum trat auf die Lippen des Gefangenen und wie anklagend hob er seine Fäuste empor. „Gomer!“, rief er. „Du fragst mich, Sedetiah, einen angesehenen und ehrbaren Mann nach der Hure von Samaria? Da ist sie also während der ganzen Jahre gewesen, mit den Heiden von Niniveh! Ich habe doch die ganze Zeit gewusst, dass sie eine Verräterin ist.“

Renin trat wieder zu ihm und schlug ihm mit der Faust ins Gesicht. Er war blass geworden vor Wut und seine Augen funkelten zornig. „Sprich nicht in so hässlichen Worten von ihr!“, rief er.

Der Alte fuhr zurück und sagte jammernd: „Ich habe es nicht böse gemeint, Herr.“

Renin beruhigte sich wieder. „Du kennst sie also?“, forschte er.

„Ja, Herr, sie war meine Nachbarin, als sie heranwuchs. Sie war ein rebellisches und böses Mädchen. Sie hat mich immer nur verachtet, obwohl ich einer der Stadtältesten bin.“ Auch in seinem Blick lag nun tiefe Verachtung. Doch er hatte nicht den Mut, zu dem Soldaten aufzuschauen.

„Wo ist sie jetzt?“, fragte Renin.

„Herr, ich weiß es nicht. Sie ist schon lange fortgegangen. Sie und ihre Familie haben mit dem Propheten, der sie geheiratet hat, die Stadt verlassen, so als wüssten sie, dass du mit deinen Soldaten kommen würdest. Das war schon vor drei Jahren. Ich weiß aber nicht, wohin sie gegangen sind. Höchstwahrscheinlich südwärts. Ich hörte, dass ihr Gatte einen Freund in Jerusalem haben soll. Du siehst also, sie sind alle miteinander Verräter.“

Der alte Mann hatte sich in seinem Ärger aufgerichtet und gar nicht bemerkt, dass die Soldaten zurückgekehrt waren und nun hinter ihm standen. Der Offizier sah den Zorn im Gesicht seines Generals und missverstand ihn. Er zog sein Schwert und durchbohrte den Alten von hinten. Der Gefangene stürzte ohne einen weiteren Laut tot zu Boden.

So, sie war also fortgegangen. Renin stand unter den Sternen des nachtdunklen Himmels und ließ den aufkommenden Wind den Staub und die Asche von seiner Uniform blasen. Die Steine der zerstörten Mauer lagen in chaotischer Unordnung rund um ihn. Hinter ihm brannte die Stadt immer noch an einigen Stellen. Aus dem Tal herauf drangen die Rufe und das Gelächter seiner betrunkenen Soldaten, während sie ihren Sieg feierten. Der alte König Salmanasser hatte sich wahrscheinlich von seinem Krankenlager erhoben und feierte mit ihnen. Renin war sicher, dass der tüchtige Prinz Sargon auch bei diesen Feierlichkeiten der Anführer war und sich mit den schönsten Mädchen vergnügte, die man heute gefangen genommen hatte.

Doch der General, der den Angriff befehligt hatte, stand allein auf dem Hügel und hatte nur seine Erinnerungen als Gefährten, die er nie mit einem anderen Menschen geteilt hatte.

War es wirklich fast zwanzig Jahre her, als er das letzte Mal hier gestanden hatte? Es war ein schrecklich heißer Tag gewesen. Die Menschenmenge – einige von ihnen waren heute sicher unter den Toten und Gefangenen – hatte sie verlacht und verspottet und Steine und Schmutz nach ihm und seinen Gefährten geworfen, die mit ihm die Stadt verlassen mussten. Er hatte damals sehr gelitten. Zwar nicht seines eigenen Stolzes wegen, denn er wusste, das mächtige Assyrien würde eines Tages Rache nehmen für das, was ihnen heute angetan wurde, sondern weil *sie* die Demütigung ebenso zu ertragen hatte.

Sie war an jenem Tag an seiner Seite gewesen. Er wünschte sich fast, sie wäre auch jetzt bei ihm, sie hätte die Stadt nicht verlassen, so dass er sie heute hätte retten können aus diesem Untergang und sie hätte wiedersehen können. Natürlich war auch sie mittlerweile viel älter. Vielleicht eine Großmutter. Doch in seiner Erinnerung war sie immer noch jung und schön.

Er hatte sie und seine Soldaten damals den Berg hinuntergeführt, fort von ihrem Haus und ihrer Heimat. Und sie hatte kein einziges Wort gesagt. Doch ihre goldenen Augen waren voller Kummer gewesen. Würde sie auch jetzt so viel Leid empfinden, wenn sie von der Zerstörung ihrer Heimatstadt hörte? Er wäre gern zu ihr gegangen, um ihr zu berichten, was geschehen war, was er auf Befehl seines Königs hatte tun müssen. Er hätte sie gern im Süden gesucht, um ihr alles zu erzählen und mit ihr gemeinsam ihr Leid zu tragen.

Ihm war fast, als wäre sie hier. Wie eine Erscheinung

stand sie im Mondlicht mit ihrem schlanken Körper und dem unschuldigen Lächeln vor seinen Augen. Er presste voller Kummer die Lippen zusammen. So hatte sie dagestanden, als er sie das erste Mal hier vor dem Palast in Samaria gesehen hatte, und ebenso das letzte Mal, als sie Niniveh verlassen hatte. Er hatte sie immer angebetet. Doch stets hatten seine Herren sie für sich beansprucht und er war damit zufrieden gewesen, ihr dienen zu können. Und wo war sie jetzt? Verlassen? An einem sicheren Ort? Oder vielleicht tot? *Besser sie ist tot,* dachte er, *als dass sie hören muss, dass ihre Heimat für immer zerstört ist.*

Renin ging langsam den Abhang hinunter. Wie im Traum fanden seine Füße in der Dunkelheit den sicheren Weg. Wieder war ihm, als ginge sie an seiner Seite und als würde der Duft ihres Parfüms die Luft erfüllen. Wieder schien er den leisen Ton ihrer lieblichen Stimme an seinem Ohr zu vernehmen.

Teil I
Hosea

1. Kapitel

Asche zu Asche

Samaria! – Der Lärm, die Farben und der Schmutz dieser Stadt füllten ihre Erinnerungen aus, während sie in dem kleinen Raum in Jerusalem saß. Die Sonne, die sanft über das von tiefen Falten durchzogene verhärmte Gesicht und das graue Haar strich, war dieselbe Sonne, die damals das Gold in ihren Augen aufleuchten ließ, wenn sie als Kind in den Straßen von Samaria spielte. Doch nun schloß sie ihre Augen vor den Strahlen der Sonne, die das Heute zu wirklich und drückend und das Gestern nur noch zu einem Traum machten.

Samaria! – Konnte es wirklich sein, dass es jetzt nur noch Staub und Asche war? Ihre Heimat niedergetreten und zertrampelt unter den schweren Fußstapfen der assyrischen Soldaten? Doch hatte sie nicht gewusst, dass es so kommen würde, seit sie vor drei Jahren aus dieser befestigten Stadt auf dem steilen Berg geflohen war? War das nicht der Grund gewesen, warum sie und ihre Familie fortgegangen waren, als es noch Zeit war, weil Salmanasser, der assyrische Großkönig, noch mit der Eroberung der nördlicher gelegenen Städte beschäftigt gewesen war? Ja, sie hatte gewusst, dass Unheil und Niederlage über Israel kommen würden, und deshalb waren sie in den Süden geflohen, in dieses Haus hier in einem feindlichen Land. Einen aus ihrer Familie hatten sie auf dieser Flucht in einem Grab im Lande östlich des Jordans zurücklassen müssen. Doch das Leid sitzt trotzdem tief, auch wenn man gewusst hat, dass es kommen würde.

Jesaja lief ruhelos in dem Raum hin und her, wie ein Löwe, den sie einmal in Niniveh in einem Käfig gesehen hatte und der dabei aus seinem Rachen ein tiefes Grollen hören ließ. Jesaja erwartete jeden Augenblick einen Boten aus dem Palast, der ihn zu dem furchterfüllten König Ahas rufen würde. Ahas hatte Truppen nach Norden geschickt, die Salmanasser bei der Eroberung Samarias unterstützt hatten. Doch nun fürchtete er um die Sicherheit seines eigenen Landes Juda. Würde Jerusalem dasselbe Schicksal erleiden wie Samaria? Würde der assyrische König nach Niniveh zurückkehren, um dort zu sterben, oder würde er seinen siegreichen Marsch den Jordan hinunter fortsetzen?

König Ahas hatte all seinen Wahrsagern und Sterndeutern befohlen, eifrig zu forschen, um die Antwort auf diese Frage herauszufinden. Doch er war über sie verärgert, weil er von ihnen zu viele verschiedene Antworten erhalten hatte. Deshalb würde er nun zu dem Prophet Jesaja, dem Mann Gottes, senden, und der Mann Gottes würde kommen und ihm die Wahrheit sagen. Deshalb lief Jesaja unruhig im Raum hin und her und schrie dabei in seinem Herzen zu Gott um die rechte Führung. Von Zeit zu Zeit warf er aber auch einen mitleidsvollen Blick auf die Frau, die am Fenster saß.

Vor etwa zweieinhalb Jahren hatte sie an der Tür seines Hauses gestanden, gestützt von ihrem ältesten Sohn. Der jüngere Sohn trug ein Bündel von Rollen in seinen kräftigen Armen. „Sie sind von meinem Vater“, hatte er voller Stolz erklärt.

Ihre Tochter, eine jüngere Ausgabe der Frau, die einmal der Stolz eines Königs gewesen war, hatte ihm erklärt, wer sie waren, und Jesaja hatte sie um seines ihm lieben und teuren Freundes willen willkommen geheißen. An jenem Abend hatte die Frau ihm bis weit in die Nacht hinein ihre Geschichte erzählt. Und er, ein Fürst aus Juda, der gern lachte und Tränen hasste, hatte mit ihr geweint.

Nun saß sie da am Fenster, den Rücken immer noch gerade und ihr kleines Kinn erhoben, doch die Augen geschlossen. Jesaja wusste ohne zu fragen, dass sie mit ihren Gedanken in der Vergangenheit war, in Samaria, das es nicht mehr gab – betend, sich erinnernd und bereuend.

2. Kapitel

Auf dem Dach

Sie dachte daran, wie fein und stolz die Häuser in Samaria gewesen waren und wie ihre polierten Steine in der Sonne geglänzt hatten, so dass die Augen davon geblendet wurden. Sie hatte das alles sehen können von ihrem Arbeitsplatz aus auf dem Dach ihres Vaterhauses. All die Häuser, die sich rundum am Berghang erstreckten bis hinaus zur Spitze des Berges, die vom Palast des Königs gekrönt war.

Weit schweifte ihr Blick über die Stadtmauer hinweg, die direkt vor ihrem Haus lag, in die reifenden Felder des Tales hinein bis zu den grünen Hügeln, bis er sich im anschließenden Wald verlor. Diese Hügel waren ihr Horizont und so weit ihr Blick reichte, das war ihre Welt. Es war alles ein Teil von ihr: die erfrischende Brise des Windes, der vom Norden her, vom See von Galiläa, herübergetragen wurde, der Gesang der Vögel, die über ihr Haus hinwegflogen in die grünen Felder, und mehr als alles andere der Lärm der Stadt, die auch zu ihr gehörte.

Direkt neben ihrem Haus lag das Osttor in der Stadtmauer und ein großer Teil des Verkehrs nach Samaria hinein und heraus zog hier vorüber. Zu jeder Zeit des Tages konnte sie sich über die hüfthohe Schutzmauer des flachen Daches lehnen und die Reisenden beobachten, die aus vielen Ländern kamen, um hier Handel zu treiben. Da waren Männer mit tiefschwarzer Haut aus Äthiopien, Braunhäutige mit einem gelblichen Anflug in ihren Augen aus dem Osten, Männer mit hellerer Haut aus den nördlichen Ländern rund um das große Meer, stolze Ägypter und viele andere. Gekleidet waren sie ebenso verschiedenartig, doch meist in bunten Gewändern. Sie erfüllten die Luft mit ihren verschiedenen Sprachen und Gelächter, während sie ihre Kamele oder Esel zum Tor herein und zum Marktplatz führten, um dort ihre Waren abzuladen.

Als Kind war auch sie ein Teil dieses fleißigen und bunten Marktlebens gewesen. Mit großer Freude hatte sie die Kunden ihres Vaters begrüßt und ihre Waren im Austausch für die Stoffe ihrer Mutter in Empfang genommen. Doch dies alles war vorüber seit jenem Tag, an dem sie zu ihrer Mutter gelaufen war und ihr flüsternd mitgeteilt hatte, dass nun die Zeit ihrer monatlichen Blutungen begonnen hatte und dass sie dabei war, eine Frau zu werden. Ihr Vater hatte ihr erklärt, sie sei nun zu alt, um noch wie ein Kind herumzulaufen. Vom nächsten Tag an hatte er ihre jüngere Schwester Rachel mit zu seinem Verkaufsstand auf dem Markt genommen.

Nun war das flache Hausdach ihr Platz. Hier arbeitete sie von Sonnenaufgang bis zur Abenddämmerung, sortierte und bereitete Wolle für den Webstuhl ihrer Mutter vor, mischte Farben für das große Becken im Erdgeschoss und breitete den Flachs auf dem Dach aus, damit er trocknete. Während der Erntezeit musste sie auch noch Getreide zerreiben, das dann in den Lagerraum kam. Die Arbeit auf dem Markt hatte ihr Freude gemacht. Sie hatte gelächelt und gelacht mit den Männern, die kamen, um Mutters Leinen- und Wollstoffe zu begutachten und mit den Fingern die Qualität zu prüfen und außerdem auch die schönen roten und gelben Farben der Stoffe zu betrachten. Gewiss, es gab da auch einen Stapel mit einfachem nur gebleichtem Stoff, doch der wurde gewöhnlich von Frauen für ihre Arbeitskleidung gekauft. Es waren die Männer, die die teuren bunten Stoffe kauften. Sie seien für ihre Frauen, sagten sie, und sie hatte ihnen geglaubt, denn sie war ein Kind des Sabbaths aus einer Familie, in der man Gott diente und sich an die Gesetze Moses hielt.

Sie erinnerte sich an die Zeit, als sie mit anderen Kindern zu ihrem Stand auf dem Markt rannten, wenn sie auf dem Heimweg von der Schule waren. Söhne von Stadtältesten waren dabei, wie ihr Vater einer war. Andere waren Söhne von Bauern wie ihr Onkel. Sie hatte ihr langes Haar zurückgeworfen und hatte mit ihnen gelacht, doch ihr Vater hatte sie immer stirnrunzelnd davongejagt. Als die Zeit kam, da sie zur Jungfrau heranwuchs, war er so zornig über die Besuche ihrer Freunde geworden, dass sie ihr bald nur noch traurig von fern zuwinkten, wenn sie über den Marktplatz gingen. Sie hatte die Gefährten ihrer Kindheit vermisst, doch das Leben war immer noch voller Abwechslung und Freude gewesen bis zu dem Tag, da ihr Vater sie auf das Dach gebracht hatte.

Nun beobachtete sie die Menschen in den Straßen unter ihr und beneidete sie. Nun war wieder einmal Erntezeit. Die letzten Karawanen beeilten sich, ihre Geschäfte zu beenden, um das Bergland des Nordens zu verlassen und in den wärmeren Süden zu ziehen, ehe die Regenzeit begann. Sie hatte Haufen von Getreide neben sich liegen, das zerrieben werden musste, und ihre Arme taten ihr weh, denn drei Säcke hatte sie schon gefüllt. Doch die Sonne würde noch eine ganze Weile am Himmel stehen und sie wusste, dass ihr Vater ärgerlich werden würde, wenn sie nicht mindestens noch einen Sack schaffte. Voller Bedauern verließ sie ihren Aussichtsplatz wieder und ging zu ihrer Arbeit zurück.

Rund und rund gingen ihre Arme bei der schweren Arbeit, bei der sich deutlich die Muskeln auf ihren Armen vor Anstrengung abzeichneten. Und rund und rund gingen auch ihre Gedanken durch den nach vorn gebeugten Kopf. Warum musste sie hier auf dem Dach sitzen und arbeiten wie eine Sklavin, während Rachel mit dem Vater zum Markt ging und dort viel Freude hatte? Ihr Vater war doch reich genug, sich auch einen Sklaven zu kaufen. Auf dem Markt wurden fortwährend welche zum Verkauf angeboten; Gefangene, die die Assyrer bei ihren Siegen in Syrien und gegen die Philister gemacht hatten. Es waren auch eine ganze Reihe kräftige Mädchen darunter gewesen, die diese Arbeit hier viel besser tun konnten als sie. Dann hätte sie mehr Zeit gehabt, draußen durch die Wiesen zu streifen und nach Blumen und Kräutern Ausschau zu halten, die benötigt wurden, um Farben für die Stoffe ihrer Mutter herzustellen. Außerdem hätte sie Zeit gehabt, mit ihren Freundinnen durch die Wiesen zu laufen und zu lachen und auch zum Markt zu gehen.

Doch sie erinnerte sich sehr gut an das zornige Aufblitzen in den Augen ihres Vaters, als sie einmal erwähnt hatte, man könne eine Sklavin kaufen. Er hatte geantwortet, er wolle keine faule Tochter in seinem Hause haben, die vom Schweiß einer Fremden lebte. Sie hatte sich darüber geärgert, da sie sicher war, dass es nicht gegen das Gesetz Moses war, einen Sklaven zu haben. Und es war in der Regel dieses Gesetz, nach dem sich die Entscheidungen ihres Vaters richteten.

Sie war auch ärgerlich auf Rachel, die all das noch tun durfte, was ihr der Vater seit drei Jahren nicht mehr erlaubte. Doch auch Rachel war nun in das Alter gekommen, da sie eine Jungfrau wurde. „Kleine süße Rachel“ rief der Vater sie mit einem bei ihm sehr seltenen Lächeln. Sie war immer so gehorsam, bescheiden und zurückhaltend. Mit ihr schimpfte der Vater nie, denn sie bemühte sich voller Eifer, all seine Wünsche zu erfüllen. Sie beklagte sich auch nie, o nein!

Der Stein, mit dem sie das Korn schrotete, drehte sich immer schneller, wie auch ihre Gedanken immer erregter wurden, und einige zornige Tränen liefen ihr über das Gesicht und fielen zu Boden. Sie sehnte sich danach, das jugendliche Lachen ihres Cousins Dan zu hören, mit dem sie früher in den Feldern gespielt hatte. Doch wenn er jetzt ab und zu zu Besuch kam, schien es, als würde er seine Aufmerksamkeit mehr Rachel zuwenden. Wieder war es Rachel, der es mit ihrer sanften, freundlichen Stimme und ihren demütigen schwarzen Augen gelang, den aufgeregten und lauten Dan zu beruhigen und den Ärger des Vaters mit einem Blick zu besänftigen. Sie nannte den Vater immer noch *Abba,* als wäre sie noch ein Kind.

Die scheinbar nie ermüdenden und doch so quälenden Gedanken gingen fort und fort im Kopf herum und ihre Stirn zog sich wegen der stillen Klagen in ihrer Seele ärgerlich in Falten. Ihr unbedeckter Kopf wurde ihr schwer in der Hitze der Nachmittagssonne. Der Staub von den belebten Straßen wurde von der Luft bis zu ihr auf das Dach getragen und auch die Fliegen setzten ihr zu.

Um ihre Müdigkeit zu vertreiben wanderten ihre Gedanken zu jenem Abend vor einem Jahr, als der Bruder ihres Vaters aus seinem kleinen Haus draußen im Tal zu Besuch gekommen war. Er war ein kleiner runder Mann, ihr Onkel Dan, ein lustiger Mann, der gern lachte. Und diese Freude am Lachen hatte er auch seinem Sohn Dan vererbt. Er war das genaue Gegenteil seines schlanken und so sehr ernsten Bruders. Der Onkel hatte gehört, wie der Vater sie hart tadelte, weil sie hinausgerannt war, um ihren Onkel zu begrüßen und sich damit den Blicken der Männer ausgesetzt hatte, die durch die Straße gingen.

Dan hatte ungläubig staunend seinen kahlen Kopf geschüttelt und gesagt: „Diblaim, bitte, beruhige dich doch. Was hat Gomer denn schon getan? Nein, Dan konnte heute nicht mitkommen, da er sich um eines der Mutterschafe kümmern muss, das heute Abend noch ein Lamm gebären wird. Bruder, höre auf mich. Warum musst du Gomer auf diese Weise verstecken? Du verbietest ihr noch zum Markt zu gehen, was doch das Recht jeder Frau ist, besonders wenn sie gern mit anderen redet. Dann schimpfst du mit ihr, wenn sie auf die Straße gelaufen kommt, um mich zu begrüßen. Sie kann doch nicht dafür, dass sie so schön ist. Wie kannst du nur so schlecht über die Männer unserer Stadt denken, dass du glaubst, Gomer verbreitet schon üble Gedanken, wenn man sie nur ansieht?"

Gomer war zu ihrem Onkel gerannt und hatte ihn umarmt. Voller Erstaunen hatte sie dabei festgestellt, dass sie einige Zentimeter größer war als er. „Bin ich wirklich so hübsch, Onkel?", hatte sie lachend gefragt, wobei sich ihre Wangen röteten und ihre Augen strahlten.

Sie erinnerte sich darin, als er amüsiert gefragt hatte: „Hast du denn keinen Spiegel, Kleine?" Sie wollte gerade wieder lachen, als sie von Vaters harter Stimme unterbrochen wurde. „Sie hat keinen Spiegel. Solche Eitelkeiten braucht sie nicht, Dan, und ich möchte nicht, dass du sie in solchen Dingen ermutigst." Mit einer befehlenden Handbewegung hatte er sie aufgefordert, die Stube zu verlassen. Sie war in den kleinen Raum gegangen, den sie mit Rachel teilte. Sie ließ die Tür einen Spalt offen und blieb da stehen, um zu hören, was gesagt wurde. Sie war sicher, man würde weiter über sie reden.

Zuerst hörte sie die Stimme ihres Vaters, die bedrückt und traurig klang. „Kannst du nicht verstehen, dass ich sie vor Dingen beschützen muss, die sie noch nicht versteht? Du musst dir nur um deinen Sohn Sorgen machen, deshalb verstehst du vielleicht nicht ganz, wie man in dieser Stadt eine Tochter beschützen muss, wenn sie …"

„Du nennst das beschützen, wenn du dein Haus für sie zu einem Käfig machst?" Dan war der einzige Mensch, der es wagen konnte, ihren Vater zu unterbrechen, und Gomer hatte noch nie gehört, dass seine Stimme einen so bitteren und vorwurfsvollen Ton gehabt hätte.

„Verstehe doch, Dan, unsere Rachel braucht solchen Schutz nicht, denn ihre Anständigkeit und Zurückhaltung ist ihr Schutz. Jeder Mann in Samaria denkt an die Rachel unseres Erzvaters Jakob, wenn er sie sieht, und würde ihr deshalb keinerlei Schaden zufügen. Aber Gomer? Du bist in den letzten Jahren bei den wenigen Gelegenheiten nicht dabei gewesen, wenn sie mit Schana zum Markt gegangen ist, um Lebensmittel einzukaufen. Ich habe gesehen, mit welchen Augen die Männer sie angestarrt haben, wieviel böses Verlangen in ihren Blicken lag. Ach, diese Stadt Samaria muß vor Gott einen fürchterlichen Gestank verbreiten. Ich wünschte mir, Gott hätte diese Männer in den Scheol versinken lassen, ehe sie meine Tochter mit ihren lustvollen Augen anstarren konnten."

Gomer hörte, wie ihr Vater mit schweren Schritten zur Bank ging und sich dort niederließ. Sie wußte um den verzweifelten Zorn, der jetzt sicherlich sein Gesicht verdüsterte, wenn er an die Männer dachte, die in so vieler Weise gegen die Gebote ihres Gottes verstießen. Diblaim fuhr fort: „Du kennst Sedetiah, unseren Nachbar, der immer mit uns den Sabbath feiert, weil er keine eigene Familie hat. Er hat mir Dinge erzählt, die in der letzten Zeit hier auf der Straße vor unserem Haus geschehen sind, während ich auf dem Markt war und Schana sich mit ihren Webarbeiten beschäftigte. Sedetiah berichtete mir von den Männern und Jungen, die sich hier versammelten, und von den Spielen, von denen mir sonst niemand etwas gesagt hat, weil sie mich tief beschämen würden. Es mag sein, dass Gomer dies immer noch nur als Spiele ansieht wie früher in den Feldern, weil sie immer noch wie ein Kind ist. Aber was ist mit den Männern und Jungen, die sie fangen wollen und mit ihr lachen, während sie doch arbeiten sollte? Es würde fast reichen, mich dazu zu bringen, von jedem Mann in Samaria dieserhalb Rechenschaft zu fordern."

Gomer stand im Schatten hinter der Tür. Ihre Augen weiteten sich in staunendem Ärger, als sie diese Worte hörte. Wenn sie es gewagt hätte, wäre sie zu den beiden Männern gerannt und hätte ihnen ins Gesicht geschrien, dass Sedetiah ein Lügner und Heuchler war. Er war es doch, der sie verfolgte, wenn sie jeden Morgen aus dem Haus trat, um zu der Treppe zu gehen, die an der Außenwand des Hauses auf das Dach führte. Dieser dürre alte Mann, der den ganzen Tag in seinem Hauseingang saß, die Leute beobachtete und der jedesmal nach ihr griff, wenn sie durch den Gang ging, der sich zwischen ihren beiden Häusern befand. Einmal hatte er sie bei den Schultern ergriffen und ihr ins Gesicht gelacht. Doch sie hatte sich losgerissen und war die Stufen hinaufgerannt aufs Dach, während ihre Kehle vor Schrecken wie zugeschnürt war. Nun wagte er es, ihrem Vater solche Lügen zu erzählen und sie als leichtsinnige junge Frau hinzustellen. Da war es natürlich kein Wunder, wenn ihr Vater sie immer voller Sorge anblickte und ihr immer von der tugendsamen Frau erzählte, von der in den Sprüchen Salomos geschrieben wurde. Sie hatte gedacht, er wolle sie nur belehren, wie eine gute Frau zu sein hatte, wenn der Tag ihrer Hochzeit einmal kommen würde. Nun erkannte sie zu ihrem Schrecken, dass er versucht hatte, sie damit von ihren angeblichen üblen Aktivitäten abzubringen und sie zu warnen. Sie hatte gedacht, er wolle sagen: *„Lerne!"* Doch in Wirklichkeit hatte er gemeint: *„Warte!"*

Dan war für einige Augenblicke still. Als er dann sprach, hatte seine Stimme eine seltsame Traurigkeit in sich. „Du versteckst deine Tochter also, Diblaim, mein Bruder, weil du glaubst, jeder Mann, der den Sabbath hält, ist genauso ehrlich wie du. Aber weißt du, ob Sedetiah wirklich die Wahrheit sagt, wenn er mit dir über Gomer spricht? Auf dem Markt jedenfalls ist er als Betrüger bekannt. Nein, lasse mich zu Ende reden. Ich werde nie mehr einen Esel von ihm kaufen nachdem, was ich mit dem letzten erlebt habe. ‚Er ist noch jung und kann schwere Lasten tragen', hat Sedetiah mir über ihn gesagt. Am nächsten Tag wollte ich ihn für eine kurze Reise durch das Tal gebrauchen. Als ich einen leichten Packen auf seinen Rücken legte, beugten sich die Knie des Tieres und dann fiel er zu Boden. Ich würde eher einem Assyrer vertrauen als Sedetiah."

Gomer vergaß vorübergehend ihren Ärger und musste leise lachen, als sie sich an den Zorn ihres Onkels erinnerte, den er an jenem Tag hatte. *Ein kleiner Mann sollte nicht zornig werden,* dachte sie. *Es sieht so komisch aus.*

Ihr Vater war wieder aufgestanden und ging im Zimmer hin und her. „Ich kann deine Zweifel über Sedetiah nicht akzeptieren, Dan", sagte er kopfschüttelnd. „Er ist immer ein guter Nachbar gewesen und der Esel, den ich von ihm gekauft habe, war ein guter Lastenträger. Doch ich muss oft an Gomer und ihre Fehler denken und hoffe, dass sie durch die Heirat beseitigt werden. Meine Töchter werden nur Söhne von Gläubigen heiraten, mein Bruder. Solche wie dein Dan einer ist. Vertraue mir, ich werde bald den richtigen Ehegatten für Gomer finden, und ich denke ich weiß, was für sie das Beste ist. Nun lasse uns von etwas anderem reden. Erzähle mir von deinen neuen Lämmern.

Als sie sich ein Jahr später an dieses heimlich erlauschte Gespräch erinnerte, unterbrach Gomer ihre Arbeit und blickte zu den entfernten Hügeln hinüber, über die sich langsam der Abendnebel zu legen begann, der vom Fluss aufstieg. Ihr Onkel hatte nicht so lange gelebt, um das Versprechen ihres Vaters erfüllt zu sehen, denn er war einen Monat nach diesem Gespräch plötzlich an einem Sumpffieber gestorben. Sie war nie dazu gekommen, ihm die Wahrheit zu erzählen, obwohl sie in ihrem Herzen wusste, dass er sie kannte. Doch der Gedanke, dass ihr Vater glaubte, was Sedetiah ihm über sie erzählte, bereitete ihrem jungen Herzen beständig Kummer.

Gomer erhob sich, reckte ihre Arme und entspannte sich dann. Bald würde nun die Regenzeit kommen und dann war sie wieder eine Gefangene unten im Haus, musste neben ihrer Mutter arbeiten und sich den ganzen Tag ihr langweiliges Gerede über Verwandte und Freunde anhören. Doch bis dahin wollte sie sich an der frischen Luft noch so sehr wie möglich erfreuen.

Sie hatte genug Korn geschrotet, um damit noch einen weiteren Sack zu füllen, und meinte, für heute genug getan zu haben. Sie klopfte den Staub von ihrem Gewand und ging dann hinüber zur Ecke des Daches zu ihrem bevorzugten Aussichtspunkt. Hier lehnte sie sich auf die hüfthohe Mauer und blickte auf die Straße hinunter. Ein Satz aus jener Unterhaltung, an die sie denken musste, kam ihr wieder in den Sinn. Ihr Vater hatte von der Bösartigkeit der Männer von Samaria gesprochen, weil sie seine Tochter immer mit so lustvollen Blicken anschauten. War das die Wahrheit?

Gewiss hatte sie gesehen, wie ihre Augen funkelten, wenn sie mit ihnen gelacht hatte. Doch sie hatte immer gedacht, es sei deshalb, weil sie ihre Worte amüsant fanden. Doch an jenem Abend hatte sie durch die Worte ihres Vaters einen Blick in jene Welt hinein getan, die ihr bisher wegen der einfachen Erklärungen ihrer Mutter und des Vaters drohendem Schweigen bei solchen Fragen verborgen geblieben war. Und nun fand sie diese verborgene Welt schon allein durch ihre Unwissenheit interessant und wünschte sich, sie hätte die Freiheit, auf den Marktplatz zu gehen und mehr darüber zu erfahren.

In dieser Welt gab es Männer und nicht nur Jungen wie ihre alten Spielkameraden. Da waren Männer, die duftende Parfüme und leuchtende farbige Stoffe kauften und seltsam lächelten, wenn sie sagten, die gekauften Dinge wären für ihre Ehefrauen. Sie hatte den Duft dieser Parfüme geliebt, die ihr zu Kopf stiegen, wenn es ihr einmal, was höchst selten vorkam, erlaubt war daran zu riechen. Sie hatte auch gern seidene Stoffe in die Hand genommen, die aus dem Osten kamen und die ihr Vater gegen die bunten Stoffe ihrer Mutter eintauschte. Doch nun war sie seit langem von dieser Welt abgeschnitten, die für sie wie schimmerndes Licht und leise Musik waren. Doch es verlangte sie mehr als je danach, dies alles wieder zu erleben.

Gomer hatte ihre Arme auf die niedrige Mauer gelegt und beobachtete, wie die Sonnenstrahlen auf den polierten Steinen glänzten. Eine Locke ihres Haares fiel ihr über die Schulter und streichelte leicht ihre Hand. Sie musste lächeln. Ihr gefiel es, wenn die Sonne ihr langes blondes Haar, das ihr bis zur Hüfte herabfiel, golden leuchten ließ. *Vielleicht liegt es an meinem Haar, dass die Männer mich so anlächeln,* überlegte sie und musste lachen.

Wie töricht war es doch von den Männern, wenn ihnen ihr Haar gefiel, da doch kein anderes Mädchen, das sie je gesehen hatte, solches Haar besaß. Rachel und ihre Mutter hatten dunkles oder gar rabenschwarzes lockiges Haar, das sich wie Schafswolle über ihre Schultern legte. Sie waren beide auch nicht so groß, sondern hatten eher die normale Größe samaritischer Frauen. Oft hatte sie sich über den äußeren Unterschied gewundert, der zwischen ihr und Rachel bestand, und hatte ihre Mutter nach einer Erklärung gefragt. Doch Schana hatte immer nur die Stirn gerunzelt und den Kopf geschüttelt. Später würde sie es ihr einmal erzählen, hatte sie gesagt, aber jetzt noch nicht. Es war immer – später.

Sie hob ihre Hand und betrachtete sie nachdenklich. Ja, sie war anders. Zu anders, als dass die Männer von Samaria hätten an ihr Gefallen finden können, meinte sie. Ihre Haut hatte einen goldenen Glanz und war weiß, während alle anderen Frauen in Samaria tief braun waren. Ja zur Erntezeit, wenn sie fast alle auf den Feldern arbeiteten, wurde ihre Haut fast schwarz. *Vielleicht bin ich ein Kind des Sonnengottes,* überlegte sie, als sie an die Geschichten dachte, die von weißen Männern, die aus dem Norden kamen, auf dem Marktplatz erzählt wurden. *Vielleicht hat meine Mutter mich gefunden, als ich noch ein Baby war, und hat mich mit nach Hause genommen. Und wenn das so sein sollte, dann ist Vater nicht mein wirklicher Vater und ich kann machen, was mir gefällt.*

Ihr war klar, dass dies recht kindische Gedanken waren. Trotzdem blickte sie zur Sonne hin und rief fröhlich: „Hallo, scheinender Vater!" Natürlich empfing sie keine Antwort. Nur ein leichter Windhauch strich über sie hin. Sie schloß die Augen und gab sich ihrem liebsten Tagtraum hin, der ihr vor allem am Ende des Tages so sehr gefiel, wenn die Arme von der Arbeit schmerzten und sie hungrig wurde. Sie stellte sich dann vor, die geliebteste Tochter eines Königs zu sein, etwa von Menahem, der oben in Samarias Königspalast regierte. Sklaven brachten ihr dann in ihren Gedanken Eis und Milch, um ihren ausgedörrten Hals zu kühlen, und einer stand hinter ihr und musste die quälenden Fliegen verscheuchen.

Oder sie war in Gedanken Rebekka, die geliebte Frau des Patriarchen Isaak, und lebte in einem prachtvollen Zelt in den offenen Feldern und war frei, in die umliegenden Hügel zu gehen und dort zu singen. Dieser Traum war ihr farbigster und in alle Einzelheiten gehender, denn Schana hatte ihren Töchtern sehr oft die Geschichten vom alten Israel erzählt und dabei gehofft, sie würden in ihnen die Liebe zu Gott wachsen lassen, die in den Herzen dieser alten Helden gebrannt hatte. Schana hoffte, dass ihre Töchter Frauen wie Sarah werden sollten, die den Haushalt ihres Gatten Abraham mit Weisheit und Würde regiert hatte.

Gomer hatte sich oft gefragt, ob ihre Mutter auch solche Tagträume gehabt hatte, als sie noch jung war. Was musste es wohl sein, für das ganze Leben an einen Mann wie Vater gebunden zu sein? Einen Mann, der an Gott genauso glaubte wie an harte Arbeit und einfache Kleidung, einen Mann, der für jeden Augenblick Rechenschaft forderte, den man nicht unter seinen Augen verbracht hatte. Sie dachte daran, wie müde und grau ihre Mutter nun nach den vielen Jahren der Arbeit war. Nun hob sie ihr Gesicht zur Sonne empor, die sie noch vor kurzer Zeit gegrüßt hatte, und versprach sich selbst, dass sie nie ein solches Leben würde führen wollen. Sie würde einen Mann heiraten, der jung und hübsch und reich war, einen Mann, der genauso eifrig an den Gott Israels glaubte wie ihr Vater, der aber nicht so streng war und nicht so harte Forderungen stellte, wie dieser Gott zu stellen schien.

Ihre Tagträume verschwanden, als Gomer laute Rufe von der Straße unten hörte. Eine Karawane sammelte sich auf dem Platz direkt vor dem Stadttor. Sicher wollten sie sich noch vor Sonnenuntergang auf die Reise machen. Gomer lief zu der Seite des Daches, von der aus sie den Platz am Tor übersehen konnte. Ihr Herz begann schneller zu klopfen, als sie daran dachte, in welche verschiedenen Städte und Länder die Karawane wohl die Waren ihres Vaters bringen würde. Und wer konnte es schon wissen – vielleicht zog sogar ihr zukünftiger Ehemann mit der Karawane und führte die Kamele. Vielleicht würde er sie eines Tages sogar mitnehmen in das Land der Ismaeliten oder in das sagenhafte Land Saba, weit im Süden, oder nach Ägypten.

Sie lehnte sich über die Mauer und fragte sich, ob die wirkliche Welt unter ihr das war, wovon sie immer träumte. Doch das Durcheinander und der Lärm waren wie bei jeder anderen Karawane, die sich sammelte. Widerspenstige Esel schrien und zerrten in eine Richtung, in welche sie nicht gehen sollten. Ihre Eseltreiber schrien in ihrer Verzweiflung zu allen Göttern, die nur auf sie hören würden, um sie von diesen störrischen Biestern zu erlösen. Die Kamele kümmerten sich in scheinbarem Hochmut um nichts, sondern konzentrierten sich darauf, hier und da noch einige spärliche Grashalme zu erreichen. Sie waren schon zu dem kleinen Bergbach geführt worden und hatten sich vollgesoffen, so dass sie bereit waren für die lange Reise, die sie fortführen würde von Gomers Welt in die Faszination des Unbekannten.

Dies war wohl die letzte Karawane des Jahres. Gomer erkannte an den Symbolen, die in die Kameldecken eingewebt waren, dass sie ursprünglich aus Ägypten kam. Ein Bild zeigte den Körper eines Menschen mit einem Vogelkopf darauf, ein anderes ein schleifenförmiges Kreuz unter einer strahlenden Sonne. Als sie noch als Kind zum ersten Mal auf dem Marktplatz solche Bilder gesehen hatte und ihren Vater nach der Bedeutung derselben fragte, hatte er voller Verachtung gesagt, diese Ägypter glaubten daran, dass ihre Götter in solchen Tieren wohnten. Anstatt solche Anschauungen zurückzuweisen, hatten solche Gedanken ihre kindliche Vorstellungskraft angeregt und sie hatte fast eine ganze Woche immer wieder versucht, ihren eigenen Esel dazu zu bringen, dass er mit ihr reden würde.

Bei der Erinnerung an diese kindlichen Versuche fragte sie sich, ob die Männer unter ihr wohl mit ihren Tieren redeten. Sie verfolgte die Aktivitäten der zum Aufbruch rüstenden Karawane so gespannt, dass sie die Schritte hinter sich nicht hörte. Doch die Stimme, die sie einige Augenblicke später vernahm, ließ sie herumfahren.

„Gomer, was tust du hier? Warum lehnst du dich so weit über die Mauer? Du weißt doch, dass du Schläge von deinem Vater bekommst, wenn er das sieht.“ Es war ihre Mutter, deren Stimme man die Angst, dass dies geschehen könnte, anhörte. Sie ergriff ihre großgewachsene Tochter bei den Händen und versuchte sie von der Mauer fortzuziehen. Doch Gomer riss sich los. In ihren Augen blitzte es zornig vor Auflehnung. „Ich ruhe mich nur ein wenig aus, Mutter.“ Sie zeigte auf die vollen Beutel mit geschroteten Körnern. „Sieh, ich habe meine Arbeit für heute geschafft. Es sind vier große Beutel voll für dich und ein kleiner Beutel für die Witwe Ischba.“

„Ja, ja, vielen Dank. Aber bitte, Gomer, du darfst dich nicht so weit über die Mauer hinauslehnen.“ Man hörte der Stimme der Mutter immer noch an, wie ängstlich sie war, denn sie hasste es, wenn ihr Gatte das Mädchen schlug. Doch da sie in schwierigen Situationen nur selten die rechten Worte fand, konnte sie ihrer Tochter ihre Furcht auch jetzt nicht begreiflich machen. Und Gomer hätte sie in jedem Falle nicht verstanden. Was wußte ein Mädchen schon von dem tiefen Wunsch seines Vaters, seine Familie vor Gottes Augen in Gerechtigkeit zu erziehen, und seiner Furcht, sie strafen zu müssen, wenn dies nicht so war. War der Vater nicht vor Gott verantwortlich für seine Familie? So sagte es jedenfalls das Gesetz, und Diblaim handelte danach.

Doch Gomer wollte in diesem Augenblick nicht gehorchen. Trotzig drehte sie Schama den Rücken zu und lehnte sich wieder über die Mauer. Sie überhörte die Bitte der Mutter, nach unten zu kommen und bei der Vorbereitung des Abendessens zu helfen. Die zweite Aufforderung der Mutter entging ihr ganz, denn sie hatte unten ein leuchtend blaues Gewand erspäht. Ihre Augen folgten der hohen würdevollen Gestalt des Trägers der Robe. Jetzt trat er auf den Platz vor dem Tor hinaus und blickte sich um. Als Gomer ihn jetzt genauer betrachtete, konnte sie ihren Blick nicht wieder von seinem Gesicht lösen.

Wer war dieser Mann dort unten? Ihre Mutter hätte jetzt neben ihr stehen oder auch tausend Kilometer entfernt sein können, der Effekt wäre der gleiche gewesen. Sie hörte und sah nichts mehr außer diesen Mann. Ihr Herz klopfte wild.

Der Mann unten machte den Eindruck, als gehöre ihm die ganze Stadt. Hoch aufgerichtet und arrogant blickte er sich um und betrachtete das Treiben der Karawane. Seinen Augen schien nichts zu entgehen von dem, was hier geschah. Das von einem vollen Bart bedeckte Kinn stolz erhoben, sprach er jetzt zu den Kameltreibern. Gomer war sicher, dass es sich um den Eigentümer und Leiter der Karawane handelt. Das sah sie an dem Respekt, den die anderen ihm entgegenbrachten.

Wie gebannt starrte sie auf den Mann. Ihr schien, als sei er gerade aus seinen Träumen hervorgekommen. Sie wünschte sich, er würde heraufschauen und sie sehen. Sie hätte gern gesehen, dass er sie anlächelte und zur Treppe ging und zu ihr auf das Dach kam. Sie bewunderte seine Haltung, die ihr wie die eines Wüstenkönigs der Ismaeliten vorkam. Sein weißes Kaffjeh, das er auf dem Kopf trug, hatte ein blaues Muster, das genau zur Farbe seiner Robe passte.

Plötzlich spürte sie, wie die Mutter sie wieder energisch am Arm packte. „Gomer, was soll dieser Eigensinn. Komme sofort mit mir nach unten.“

Gomer fuhr herum und schüttelte ihre Hand ab. Ihr Gesicht verzog sich zornig wegen des Aufruhrs, der in ihrer Seele tobte, und ihre Augen sprühten vor Wut. Sie musste sich Mühe geben, dass es nicht zu einem Ausbruch ihres Ärgers kam. So ruhig und fest wie es ihr möglich war sagte sie: „Lass mich in Ruhe, Mutter!"

Schana trat erschreckt einen Schritt zurück vor dem Gesichtsausdruck den sie jetzt bei Gomer sah. Er glich jetzt sehr dem ihres Vaters, wenn er zornig war. Gomer fuhr fort: „Ich komme hinunter, wenn es mir gefällt. Sicher schon in wenigen Minuten. Aber höre auf, so mit mir umzugehen. Ich bin jetzt eine Frau und kein Kind mehr!"

Zu Gomers Überraschung ging ihre Mutter fort, ohne ein weiteres Wort zu sagen. Sie wusste nicht, wieviel blinde Wut in diesem Augenblick in ihrem Gesicht zu sehen war. Doch sie machte sich auch keine weiteren Gedanken über diese überraschende Reaktion ihrer Mutter, sondern wandte sich wieder der Straße zu. Ihre Enttäuschung war groß, denn er war nicht mehr zu sehen.

Doch halt – direkt unter ihr unterhielten sich einige Männer mit dem sanfteren südlichen Akzent. Sie dachte an Ägypten und sofort erwachte ihr Tagtraum wieder. Wieder durchlief sie eine seltsame Erregung, die sie stets verspürte, wenn sie an Ägypten dachte oder davon hörte. Es waren Gedanken an ein Land dauernden Sonnenscheins, wo vor vielen Jahrhunderten auch ihr Volk gelebt hatte.

Das Klappern von Eselshufen auf der immer leerer werdenden Straße drang jetzt an ihre Ohren. Sie lauschte und versteifte sich. Ja, es war Nathan, ihr Esel, das hörte sie an der Unregelmäßigkeit des Hufklapperns. Ihr Esel lahmte seit der Zeit, als er vom Wagen des Königs angefahren worden war. Schon aus diesem Grund wurde Menahem von der Familie Diblaims gehasst.

Vater und Rachel kamen nach einem fleißigen Tag vom Markt zurück. Sie waren sicherlich hungrig. Sie dachte an ihre Mutter, die unten das Abendessen vorbereitete, und schämte sich nun, dass sie so zornig geworden war. Schnell lief sie zu den vollen Beuteln geschroteten Korns, lud sie auf ihren starken Rücken und trug sie vorsichtig nach unten, da ihr Gewicht sie auf der Treppe fast zum Stolpern brachte.

Schon hörte sie vom Vordereingang her die zornige Stimme ihres Vaters, der rief: „Gomer, komme sofort herunter und hilf deiner Mutter!"

Sofort ließ ihr Eifer wieder nach und eine Art hilflosen Ärgers ergriff sie, weil sie wusste, wie schnell der Vater sie hart bestrafte.

Sie schluckte eine ärgerliche Entgegnung hinunter und eilte so schnell sie konnte nach unten. Doch dabei tauchte in ihrem Inneren wieder die Frage auf, die sie bei solchen Gelegenheiten immer bewegte: Warum, warum nur hatte sie diesen Mann Vater zu nennen, der einer der wenigen Männer in Samaria war, der noch den Sabbath hielt und zu dem Gott Israels betete und Seine Gesetze beachtete? Er behandelte sie wie eine Sklavin, dachte sie; und dann wunderte er sich auch noch, warum sie ihn nicht so liebte und nicht immer sofort gehorchte, wie ihre Schwester Rachel es tat.

Doch dann dachte sie wieder an den Mann, den sie vor wenigen Minuten noch bewundert hatte und der ihr wie ein König vorgekommen war. Sofort verschwand ihr Ärger. Schnell lief sie zum Hintereingang des Hauses und stellte die vollen Beutel in den Flur. Da keiner der Familie in ihre Richtung blickte, verließ sie leise wieder das Haus und rannte draußen zur Hausecke, von wo aus sie auf den Platz am Tor blicken konnte. Ob er wohl immer noch dort stand, fragte sie sich?

Sie erreichte die Hausecke und blickte zum Tor hin. Durch ihre Unaufmerksamkeit stieß sie mit voller Wucht in den Rücken eines anderen Menschen. Mit einem überraschten Ausruf fuhr sie herum. Vor Schmerz in ihrem Kopf konnte sie für einen Augenblick nichts sehen. Sie fühlte, wie eine starke Hand sie an der Schulter festhielt, als sie taumelte. Eine rauhe Stimme sagte leise: „Oh meine Dame, meine Dame, geht es Ihnen gut? Es tut mir ja so sehr leid."

Der Schmerz hatte ihr ohne ihren Willen einige Tränen in die Augen getrieben. Sie blinzelte und gab sich Mühe, wieder klar zu sehen. Als sie wieder deutlicher sehen konnte, traf es sie wie ein Schock, denn vor ihr stand der Mann, den sie noch vor wenigen Minuten so sehr bewundert hatte und der der Inbegriff ihrer Träume war. Sie blickte direkt in zwei schwarze Augen von ungeheurer Tiefe, aus denen ein geheimnisvolles Licht zu strahlen schien. Gomer wurde plötzlich von einer Schüchternheit ergriffen, die ihr sonst fremd war. Als sie jetzt wieder um sich blicken konnte, wurde aus dieser Schüchternheit nahezu Panik.

Rund um sie und den Führer der Karawane standen seine schwarzen Kameltreiber, mit denen er sich gerade unterhalten hatte. Voller Interesse und Überraschung betrachteten sie das junge Mädchen, das die Besprechung mit ihrem Führer auf eine solche Weise unterbrochen hatte. Gomer spürte, wie ihr die Schamröte der Verlegenheit ins Gesicht stieg. Sie war um so verwirrter, weil ihr das sonst in der Gegenwart von Männern nie geschehen war.

Am meisten verunsicherte sie der Führer der Karawane, der sie immer noch an der Schulter festhielt. Sein Griff schien sie zu lähmen, so dass sie sich nicht rühren konnte. Doch ehe sie sich fragen konnte, was sie jetzt tun sollte, fühlte sie einen harten Finger unter ihrem Kinn, der ihr Gesicht anhob, so dass sie nun direkt in seine Augen blicken musste.

Diese Augen waren so tief und dunkel, dass es Gomer war, als blicke sie in eine tiefe und dunkle Höhle voller unbekannten und erwünschten Schätze. Sein Gesicht schien wie aus braunem Marmorstein gemeißelt. Seine

Gesichtszüge drückten Adel und Würde aus. Die Haltung seines Kopfes zeigte, dass dieser Mann stolz war, in einer Welt voller Sklaven ein freier Mann zu sein und selbst über andere Menschen befehlen zu können.

Gomer vergaß, dass sie schon fünfzehn Jahre alt war, sondern fühlte sich in seiner Gegenwart wie ein kleines Kind. Sie wünschte sich, er solle sie loslassen, damit sie davonlaufen konnte. Doch auf der anderen Seite verspürte sie den Wunsch, diesen Mann nie verlassen zu müssen. Da war seine königliche Haltung, die ihr Herz schneller schlagen ließ, und ehe sie wusste, was sie tat, trat sie noch näher an ihn heran und lächelte ihm zu.

Er lächelte nun auch. Es war ein wissendes Lächeln, da er sicher war, dass sie nun wieder Furcht empfand. Doch es war nun eine andere Art von Furcht als zuvor. In seinen Augen erschien ein verführerisches Funkeln und er sagte leise: „Du bist wie eine junge Antilope."

Gomer riss sich los und rannte zum Haus, dabei fühlte sie ihr Herz jetzt bis zum Hals hinauf klopfen. An der Haustür blieb sie stehen und blickte nochmals zurück. Sie konnte einfach dem Drang nicht widerstehen, den Fremden ein weiteres Mal anzuschauen. Er stand immer noch am gleichen Platz und blickte ihr nach. Sie wechselten nochmals einen langen Blick, dann ging sie ins Haus und schloss die Tür hinter sich.

Nachdem Diblaim die Einnahmen und Ausgaben des Tages in seine Bücher eingetragen hatte, kam er wieder aus seinem Arbeitsraum heraus und blickte sich in der Küche um. Seine Frau rührte in einem Topf herum, der auf dem Feuer stand, und seine geliebte Rachel brach gerade einen Laib Brot für das Abendessen in vier Teile. Schanas

Haar wurde durch ein Band zusammengehalten und hing in grauen Löckchen ihren Rücken hinab. Auf ihrer Stirn stand Schweiß, nachdem sie die Arbeit des Tages zwischen dem Webstuhl und dem Kochfeuer verbracht hatte. Diblaim sah in seiner Frau nicht mehr viel von dem jungen Mädchen, das er einst geheiratet hatte. Doch wenn er Rachel anschaute, sah er in ihr seine Frau wieder als junges Mädchen. Ihr glänzendes schwarzes Haar hing ihr locker über die Schultern hinab, während sie den Tisch deckte. Dabei sah man ihrem runden Gesicht an, mit welcher Aufmerksamkeit sie auch diese einfache Arbeit erledigte.

Diblaims braunes Gesicht war weitgehend mit einem großen Bart bedeckt. Sein hageres Gesicht wies harte Züge auf und in seinen schwarzen Augen war tiefes Misstrauen zu entdecken. Doch jetzt hatten sich seine harten Gesichtszüge gemildert, als er den beiden Frauen bei der Arbeit zusah. Außerdem war es auch geschäftlich ein guter Tag gewesen, da Senu-Amen mit seinen Waren aus Ägypten zu ihm gekommen war. Beide waren mit ihren Geschäften zufrieden gewesen wie immer, wenn der Ägypter nach Samaria kam. Er empfand eine innere Wärme der Zufriedenheit, bis er seine ältere Tochter anblickte, die am Tisch saß und Zwiebeln schnitt. Ihr Gesicht war glatt und ausdruckslos, doch aus ihren Augen flossen Tränen. Er empfand bis zur Tür hin, unter der er stand, den durchdringenden Geruch der Zwiebeln und rümpfte die Nase. Doch in ihren Augen sah er einen Ausdruck, der nicht zu ihrem unschuldigen Gesicht passen wollte. Er fragte sich, woran sie gerade dachte.

„Gomer!“

Sie blickte zu ihm und wischte sich die Tränen aus dem Gesicht, um besser sehen zu können. „Ja, Vater?“ Sie zitterte innerlich und fragte sich, ob er gemerkt hatte, dass sie dem Ruf der Mutter, ihr beim Zubereiten des Essens zu helfen, nicht gleich gehorcht hatte. Es war ihr nie sehr gut gelungen ihren Vater zu belügen.

„Ich habe gesehen, dass du heute sehr viel Korn geschrotet hast." Er sah ihr an, wie überrascht sie über diese Worte war. Meinte sie etwa, er würde es nicht sehen, wenn sie gute Arbeit geleistet hatte? „Das hast du sehr gut gemacht und gerade zum richtigen Zeitpunkt. Ich habe nämlich deinen Cousin Dan gebeten, morgen auch sein Getreide herzubringen, damit du es schroten kannst."

Gomer nickte demütig. Sie blickte auf die Tischplatte, damit Diblaim die Auflehnung in ihren Augen nicht sah. *Mag Dan mit seinen Schafen in die tiefste Grube des Scheol fallen und nie wieder herauskommen,* sagte sie zu sich selbst. Äußerlich nickte sie gehorsam: „Ja, Vater."

Diblaim runzelte die Stirn, konnte aber nichts weiter dazu sagen, doch sein Unbehagen wuchs. Was war nur wieder mit ihr los, mit diesem kleinen Dickkopf? Er wusste, dass sie Arbeit und Disziplin genauso hasste wie er früher, als er noch jung war. Er verstand ihre Launen und ihre Auflehnung. Doch um ihren Trotz zu brechen und sie so sanft und gehorsam zu machen wie Rachel, behandelte er sie so hart und bestrafte sie so oft er konnte. Er änderte sein Verhalten nicht, auch wenn Schana ihn manchmal bat, ein wenig sanfter mit ihr umzugehen. Doch nein! Er wagte es nicht, denn er wollte aus ihr eine gute Tochter Israels machen, ehe er einen Gatten für sie suchte. Er wusste ja, dass dies bald geschehen musste.

Nach dem Abendessen lagen sie alle vor dem niederbrennenden Feuer und hörten dem Vater zu, der mit seiner tiefen vollen Stimme Geschichten aus der vor Jahrhunderten stattgefundenen Wüstenwanderung ihrer Vorfahren las. Gomer bemerkte, wie sie in Gedanken wieder zu träumen begann. In ihrer Phantasie war sie die schönste Frau der Welt und war seit Jahren verlobt mit einem Mann, der in ihrer Vorstellung die Züge des Ägypters annahm, mit dem sie heute zusammengestoßen war. Wenn die äußere Umgebung des alltäglichen Haushalts sie aus ihren Träumen hätte reißen können, so war es doch der Druck der Hand dieses Mannes, den sie immer noch auf ihrer Schulter spürte, der sie in ihrem Traum festhielt. Nein, es war nicht nur ein Traum gewesen, sondern er war wirklich da. Und in ihrer Phantasie streckte er die Hände nach ihr aus und rief leise ihren Namen.

Schana beobachtete ihre ältere Tochter von der Bank in der Ecke aus, auf der sie sich in diesen ruhigen Augenblicken des Tages ausruhte. Sie wusste, dass Gomer den Geschichten nicht zuhörte, die der Vater vorlas, sondern dass sie mit ihren Gedanken weit weg war, wenn ab und zu ein leichtes Lächeln auf ihrem Gesicht lag. Schana erinnerte sich an die Träume ihrer eigenen Kindheit und konnte Gomer deshalb nicht tadeln für ihre Unaufmerksamkeit. Doch auch sie wünschte sich, ihr Gatte würde sich beeilen und einen Mann für Gomer finden. Das Mädchen musste dringend verheiratet werden.

Schana betrachtete aufmerksam, aber unauffällig ihre Tochter, deren Gesicht und Haar vom Feuer beschienen wurde. Gomers helles Haar glänzte wie Gold im Schein der Glut. Ihr schönes Gesicht und der edle Mund, der immer bereit war zu lachen, zeigten der Mutter im Feuerlicht wieder einmal, wie schön ihre Tochter war, und das erfüllte ihr Herz mit einer leisen Furcht.

Gomer ist zu schön, dachte die Mutter. *In ihrer stolzen und edlen Art ist sie einfach zu schön. Ich fühle mich neben ihr wie eine Bauersfrau. Welcher einfache Mann, der Gott dient und das Gesetz befolgt, würde eine solche Frau haben wollen? Musste er nicht ständig in Furcht leben, seine heidnischen Nachbarn würden, angezogen von der Schönheit der Frau, immer wieder versuchen, sie zum Ehebruch zu verleiten? Doch sie muss heiraten. Sie hat das Recht jeder Tochter Israels, Söhne zu gebären, die*

Gott dienen. O Gomer, Gomer, meine Tochter, Gott gebe dir Geduld, bis wir den richtigen Mann für dich finden. Schana kannte die Macht der Phantasie und sie kannte auch die Dickköpfigkeit ihrer Tochter. Und das erfüllte sie mit großen Sorgen.

Gomer dachte auch an Heirat, als sie dort vor dem Feuer lag, doch nicht als Schutz oder der Söhne wegen, die sie vielleicht haben würde. Die einzige wirkliche Ehe, die sie näher kannte, war die ihrer Eltern. Die Frau von Onkel Dan war gestorben bei der Geburt ihres einzigen Sohnes. Mit der Art, wie Diblaim seiner Familie vorstand, betrachtete Gomer einen Ehemann etwa so wie ein Gefangener seinen Wärter, nämlich mit Furcht und innerer Ablehnung. Sie hatte kein Verlangen, ihr Leben von der Gnade und den Launen eines Mannes abhängig zu machen, der am Sonntag zu Gott betete und sich die restlichen Tage der Woche fast zu Tode arbeitete und dies auch von seiner Familie forderte. Sie konnte sich nicht vorstellen, wie jemand gern in so ein Leben einwilligen würde, und ihr schauderte bei dem Gedanken, dass sie eines Tages so werden würde wie ihre Mutter.

Wann immer sie und Rachel über eine kommende Heirat gesprochen hatten, schien das jüngere Mädchen voller Eifer darauf zu warten, dieses Joch auf sich zu nehmen, vor allem wenn Gomer sie geneckt hatte wegen des Interesses, das sie an Dan zeigte.

Nun war nicht nur in Rachels Leben ein Mann getreten, sondern auch in das von Gomer. Doch dieser Mann war eine ganz andere Person als der kleine Schafhirte aus dem Tal, wie sie Dan im Stillen nannte. Gomer fragte sich, wie es als Frau solch eines Mannes sein würde, der mit seinen Karawanen umherzog, der ein Wanderer war wie ihr alter Patriarch Abraham. Wieder stand das Gesicht des Ägypters vor ihren Augen und von neuem zog ein leichtes Lächeln über ihr Gesicht. Zu reisen, blaue, pur-

purfarbene und gelbe Gewänder zu tragen, ein leichtes Leben zu führen mit Dienern und Dienerinnen, die alles taten, was sie ihnen befahl, so sah ihr Traum aus. Ach, wenn dieser Mann doch kein Ägypter wäre, sondern ein Israelit, den auch der Vater für sie akzeptieren würde!

Die Träume und Wünsche gingen ineinander über, und zwischen ihnen fragte sie sich immer wieder mit einem unhörbaren Seufzer: Werde ich ihn jemals wiedersehen?

3. Kapitel

Senu-Amen

Es war einer der wenigen Tage, an denen Diblaim seiner Tochter Rachel erlaubte daheim zu bleiben und nicht mit zum Markt zu gehen. Sie war fleißig dabei, den Leinenstoff zusammenzulegen, den ihre Mutter an diesem Vormittag gewebt hatte. Sie summte eine Melodie leise vor sich hin und ihre Augen strahlten fröhlich, während sie sich beschäftigte und im Raum hin und her eilte wie eine kleine Taube. Sie fühlte in sich meist eine gewisse Fröhlichkeit, die von Zeit zu Zeit auch zum Ausbruch kam. Doch heute unterdrückte sie alle solche Äußerungen, denn sie wollte ihre Mutter und die Schwester nicht stören, die in der Küche fleißig die Mahlzeit für die Sabbathfeier am Abend vorbereiteten.

Gerade als sie wieder ein zusammengefaltetes Tuch auf den Stapel legen wollte, hörte sie einen erstickten Schrei von draußen. Schnell legte sie das Tuch ab und rannte zum Fenster, um zu sehen, was dort geschah. Sie lehnte sich aus dem Fenster so weit es ging, so konnte sie auf den Hof blicken, der am Hang des Berges steil abfiel.

Diblaims Vorfahren hatten in den Tagen des Königs Omri das Haus direkt in die Stadtmauer gebaut. Einer seiner Vorväter hatte von dem Erbauer-König die Genehmigung bekommen, ein Fenster in die Mauer einzulassen, damit Luft und Licht in den Arbeitsraum fiel. Nun schob Rachel ihren plumpen Körper so weit hinaus, wie es bei dem tiefen Fenster möglich war, um zu sehen, was draußen geschah und was den seltsamen Schrei verursacht hatte.

Die Frauen in der Küche hörten Rachel einen Augenblick später laut lachen und blickten sich deshalb verwundert an. „Was hat Rachel nur?“, fragte Gomer lächelnd. Ihre Augen strahlten bei dem Gedanken einer bevorstehenden Ablenkung.

Schana schüttelte stirnrunzelnd den Kopf, war aber ebenfalls neugierig. „Wir wollen gehen und nachsehen“, meinte sie und erhob sich.

Ohne einen Augenblick zu warten verschwand Gomer im Nachbarraum, ihre Mutter folgte langsamer. Als Schana das Fenster erreichte, hatten ihre beiden Töchter schon allen möglichen Platz eingenommen. Beide lachten so intensiv, dass sie ihre Mutter nicht bemerkten, bis diese ihre Arme von hinten auf sie legte.

„Rachel, ungezogenes Mädchen, sage mir sofort, was da draußen geschieht!“, forderte Schana. Doch Rachel schien sie nicht gehört zu haben, deshalb begann Schana an den beiden Mädchen zu ziehen. „Sind die assyrischen Soldaten wieder mit ihren Spielen beschäftigt?“

Gomer hörte ihre Mutter, doch Rachel lachte zu laut, um irgend jemand außer sich selbst zu hören. Gomer rutschte aus der tiefen Fensternische heraus und wischte sich die Lachtränen aus den Augen. „Es sind nicht die Assyrer, Mutter“, sagte sie. „Du weißt doch, dass sie nicht wissen, wie man Leute zum Lachen bringt. Rutsche in die Fensternische und sieh selbst hinaus.“ Gomer half ihrer Mutter und schob sie in der Mauernische bis zum Fenster.

Schana hielt sich nun an Rachel fest, als sie aus dem Fenster schaute. Rachel, die ihre Mutter nun neben sich bemerkte, lachte nur noch mehr. „Sieh einmal, Mutter“, stieß sie lachend hervor, „schau dir diesen törichten Mann an. Er kann sicher kein Israelit sein.“

„Er ist ein Mann aus dem Norden“, sagte Gomer von hinten. „Man kann das an seiner Hautfarbe erkennen.“

„Welcher Mann? Wo denn?“ fragte Schana verwirrt.

„Siehst du ihn denn nicht? Er sitzt dort auf dem Kamel, Mutter.“ Rachel zeigte mit dem Finger und die Mutter sah endlich, was die Mädchen so erheiterte.

Direkt vor dem Tor neben der Straße kniete ein Kamel mit einem seltsam aussehenden Buckel auf dem Rücken. Das Tier bewegte sich auf eine komische Weise hin und her. „Du weißt, Rachel, dass meine Augen schon schlecht sind. Was oder wer befindet sich auf dem hässlichen Tier dort draußen?“ Schana hatte noch nie Kamele geliebt, ihr waren Esel lieber.

Gomer mischte sich ein. „Es ist jemand, der wahrscheinlich in seinem ganzen Leben noch nie auf einem Kamel gesessen hat, Mutter, und er hat offensichtlich darum gebeten, einmal reiten zu dürfen. Der Besitzer des Kamels hat ihm wahrscheinlich nicht erklärt, wie er sich verhalten muss. Und nun versucht der arme Mann auf dem Kamel zu sitzen, wie man sonst nur auf einem Pferd reitet. Er hält sich von hinten am Höcker des Kamels fest. Er wird entweder heruntergeworfen und von dem Tier getreten oder gebissen, wenn er nicht vorsichtig ist.“

Rachel widersprach. „Nein, Gomer, er scheint zu begreifen, wie er es machen muss.“

Und tatsächlich, der Mann aus dem Norden, der offensichtlich nichts von Kamelen wusste, lernte schnell. Er erkannte seinen Fehler beim Besteigen des Kamels und machte es jetzt richtig, gerade noch ehe das Kamel sich erhob. Doch beim Aufstehen des Kamels rutschte er wieder auf die Seite und konnte sich gerade noch an einem

Höcker festhalten. Mit viel Mühe und unter lautem Gelächter der Zuschauer zog er sich wieder auf den Rücken des nun stehenden Tieres und schaute von hoch oben stolz herab. Die Leute klatschten Beifall und der Mann winkte ihnen vom Kamelrücken aus huldvoll zu. Auf Befehl des Eigentümers legte sich das Kamel wieder und der Mann rutschte sehr vorsichtig herunter.

Die drei Frauen in Diblaims Haushalt hatten ihre kurze Arbeitsunterbrechung genossen und Schana ging in den Arbeitsraum zurück, während ihre beiden Töchter noch einen Augenblick länger am Fenster blieben. Rachel ordnete ihr Haar und summte leise ein Lied. Gomer lehnte sich wieder nach draußen und winkte den Bauern zu, die ins Tal hinunterzogen. „Sei vorsichtig, Gomer", warnte ihre jüngere Schwester. „Du weißt, was Vater darüber denkt, wenn du das tust."

„Das interessiert mich nicht, es sind doch meine Freunde, oder zumindest waren sie es, denn ich habe vor einigen Jahren noch mit ihren Kindern draußen in den Feldern gespielt." Mit Bedauern dachte sie an diese schöne Kinderzeit, da sie im Feld herumrennen konnte wie es ihr gefiel. Nun musste sie wieder in die Küche, wo viel Arbeit auf sie wartete.

Rachel jedoch hatte andere Dinge im Sinn. Sie spitzte ihren kleinen runden Mund und blickte aus den Augenwinkeln zu ihrer Schwester hin. „Gestern Abend hörte ich, wie unsere Eltern noch über uns sprachen, als du schon eingeschlafen warst", begann sie.

„Wirklich?" Gomer versuchte vorzugeben, dass sie das Thema nicht interessierte, doch ihre Schwester hatte bemerkt, wie in ihre Augen ein gespannter Ausdruck trat. Beide kannten das Thema, über das ihre Eltern in den letzten Monaten immer wieder sprachen.

„Ja, sie redeten wieder einmal über Ehemänner für uns", fuhr Rachel fort. „Eines Tages wird Vater merken, dass wir ihre Unterhaltung mithören können, wenn sie in der Küche sind. Von da an werden wir nichts mehr mitbekommen, denn dann werden sie erst nach oben gehen in ihr Schlafzimmer, ehe sie über dieses Thema reden."

Gomer gähnte. Rachel begriff diese Andeutung und kam schnell zum eigentlichen Thema: „Vater sagte, sobald Dans Herde groß genug geworden ist, dass er eine eigene Familie ernähren kann, wird er mich ihm zur Frau geben."

Gomer ärgerte sich darüber, dass ihre Schwester sich so auf ihre Heirat freute. „So? Aber du bist doch drei Jahre jünger als ich", wandte sie ein, wobei ihre Augen zornig blitzten. „Ich habe schon fünfzehn Mal die Erntezeit kommen und gehen sehen und Vater verliert kein Wort darüber, ob sich schon einmal ein Mann um mich beworben hat." Wieder musste Gomer an ihre völlig andere äußere Erscheinung denken, verlor aber kein Wort darüber. War ihr Aussehen zu fremdartig für die Männer Samarias?

„Doch, Vater hat auch von dir gesprochen", berichtete Rachel weiter. „Höre mir doch einmal zu", ärgerte sie sich. „Er sagte, da sei niemand in Samaria, dem er dich zur Frau geben würde. Die Söhne der wenigen Männer, die noch gläubig sind, halten den Sabbath nicht mehr, wie es ihre Väter tun, sondern wenden sich den kanaanitischen Göttern zu. Du weißt so gut wie ich, dass sie sich, sobald sie erwachsen werden, in ein sündiges Leben stürzen. Der Vater würde solche jungen Männer wahrscheinlich gar nicht in unser Haus lassen, so sagt er. Aber er erwähnt dabei niemals, was sie wirklich tun. Jedenfalls denkt er daran, eine Reise zum Berg Gerizim zu machen, um für diese Frage zu beten. Außerdem will er sich in der dortigen Gemeinde der Gläubigen umsehen, ob er nicht einen jungen Mann für dich finden kann."

Rachel fragte sich, warum solche Neuigkeiten Gomer scheinbar Kummer machten. Sie war traurig darüber, dass sie ihrer Schwester mit diesen Worten keine Freude machen konnte. Sie wandte sich deshalb wieder den Leinentüchern zu und faltete sie weiter. Gomer jedoch blickte stirnrunzelnd zum Fenster hinaus auf die Hügel. Wegen des Aufruhrs in ihrem Herzen sah sie nicht die leuchtend gelben und orangen Farben der Erntezeit. Es war ja nicht möglich, ihren Eltern oder ihrer Schwester zu sagen, dass sie keinen Gläubigen heiraten wollte, denn niemand hätte sie verstanden. Niemand sah ja die Angst in ihrem Herzen, wenn sie an die Härte und den Ernst der gläubigen Männer dachte, die sie kannte.

In diesem Augenblick fasste Gomer einen Entschluss. Ganz gleich, was auch immer geschah und womit ihr Vater auch drohen würde, sie wollte warten. Aber auf wen? Auf den Ägypter etwa? Auf einen Mann, den sie noch gar nicht kannte, der sie aber verstehen würde? Sie wusste es nicht. Doch sie war entschlossen, keinen Mann zu heiraten, den ihr Vater vorschlagen würde.

Während sie in das Tal hinausstarrte und die Schafe beobachtete, die an den Rändern der reifen Felder grasten, gab sie sich selbst ein Versprechen. Sie würde nie einen Mann heiraten, es sei denn, dieser Mann war all das, was ein Mann für sie sein sollte. Doch was dies eigentlich meinte, darüber war sie selbst nicht so sicher. Sie war ja selbst noch so jung und sie kannte keine jungen Männer. Außerdem hatte sie sich bis jetzt noch niemals dem Willen ihres Vaters ernstlich widersetzt.

Hinter ihrem Rücken hörte sie, wie Rachel wieder zu singen begann. Ihre hohe helle Stimme brachte ein wenig vom Geist des Sabbaths in den dunklen und übel riechenden Arbeitsraum, der gefüllt war mit Stapeln von Stoffen, großen Bottichen mit Farbe und Webstühlen verschiedener Größe. Gomer spürte, wie sich die Spannung in ihrem Herzen unter dem Gesang ihrer Schwester langsam löste. Sie schloss ihre Augen und hörte zu.

Lobe den Herrn, meine Seele,
und alles in mir Seinen heiligen Namen!
Lobe den Herrn, meine Seele,
und vergiss nicht,
was Er dir Gutes getan hat!

Niemand kann singen wie Rachel, dachte Gomer, *wirklich niemand.* Eine kleine Träne hing jetzt an ihren Wimpern. Wer sonst hatte noch die Reinheit des Herzens und den Eifer für Adonei in seiner Seele, um in einer so feinen Weise zu dem Gott singen zu können, der so hart und so fordernd zu sein schien? Das Lied Rachels verbreitete einen zerbrechlichen Frieden im Haus und stillte das rebellische Herz Gomers.

Schana, die in der Küche vor dem Feuer kniete, legte für einige Augenblicke ihre Hände in den Schoß und lächelte wissend. Sie erinnerte sich an ihre eigene Jugend, als solche Lieder auch in ihrem Herzen wie eine Botschaft der Freude waren. *Mag es für meine süße Rachel immer so bleiben,* dachte sie.

Rachel sang immer noch ihre Lieder, doch es waren viele Jahreszeiten vergangen seit dem Tag, an dem der Mann aus dem Norden versucht hatte auf einem Kamel zu reiten. Manche Veränderungen waren mit den Jahreszeiten gekommen. Dan hatte seine kleine Schafherde an einen räuberischen Löwen verloren, der durch eine schwache Stelle in der Einfriedung eingebrochen war und die hilflosen Schafe alle getötet hatte, ehe Dan aus der Hütte seines Vaters herbeieilen konnte. Dadurch wurden seine Pläne, Rachel zu heiraten, um fünf Jahre verzögert. Er arbeitete bei den Bauern in der Nachbarschaft, um sich wieder eine Herde zu schaffen. Von jedem Bauer bekam er für seine Arbeit jährlich zwei Lämmer und seine Herde würde bald wieder groß genug sein, eine Familie zu ernähren. Deshalb konnte Rachel immer noch lächeln und singen, denn sie wusste, dass es für ihren Cousin kein anderes Mädchen gab. Daher konnte sie getrost warten.

Die Veränderungen hatten graue Strähnen in den schwarzen Bart Diblaims gebracht, denn die assyrischen Soldaten vermehrten sich immer mehr in der Stadt. Als eine Gruppe der Stadtältesten den König bei einer Besprechung dieserhalb warnten, ignorierte er ihre Worte. „Die Assyrer sind unsere geschätzten Verbündeten", hatte Menahem hochmütig Diblaim auf seine Warnung geantwortet. „Sie beschützen uns vor Juda im Süden und vor den Philistern im Westen. „Aber wer wird uns vor den Assyrern schützen", dachte Diblaim, als er mit den anderen Ältesten den Palast wieder verließ.

Man musste sicherlich zugeben, dass die Assyrer sich den Samaritern gegenüber so freundlich verhielten, wie es ihr Hochmut und ihr Überlegenheitsgefühl zuließ. Des Königs eigener Sohn Pekahiah diente sogar als Hauptmann in Niniveh in der assyrischen Armee unter dem Großkönig Tiglath-Pileser. Jedes Jahr wurde der Bündnisvertrag zwischen Israel und Assyrien erneuert und auf dem Marktplatz in Samaria laut vorgelesen. Der Vertrag war so abgefaßt, als seien die beiden Partner gleichberechtigt.

Dies alles konnte die Furcht der Israeliten beschwichtigen, das sah auch Diblaim ein. Doch die grauen Strähnen in seinem Haar verrieten seine Sorge für sein Geschäft. Er fragte sich, was er tun würde, wenn der Handel zwischen Juda und Israel zusammenbrechen sollte. Es waren nie so viele Karawanen nach Samaria gekommen wie in der letzten Zeit und seine Familie hatte nie reichlichere und bessere Nahrung gehabt, und er wollte, dass es so blieb. Er hatte seinen Töchtern sogar erlaubt, farbige Kleidung zu tragen.

Rachel hatte von dieser Erlaubnis keinen Gebrauch

gemacht, sie war um des verarmten Dans willen bei den einfachen gebleichten Leinenstoffen geblieben. Doch Gomer hatte diese Erlaubnis gern in Anspruch genommen und ihre Gewänder blühten wie der Frühling in sanftem Grün, leuchtendem Rot – hiergegen hatte der Vater erst Einwände erhoben, bis sie ihn daran erinnerte, dass der König Salomo die Töchter Israels in Scharlach gekleidet hatte –, und Gold. All diese Farben hatte sie gemischt mit einem Geschmack und einer Fertigkeit, von der Diblaim nicht gewusst hatte, dass ihre Tochter sie besaß.

Das Ergebnis der Genehmigung zu farbigen Gewändern war so geschmackvoll, dass Diblaim seine Tochter ermutigte, mehr Zeit mit der Färbung von Stoffen zuzubringen, damit er sie auf dem Markt verkaufen konnte. Freudig ging Gomer darauf ein. Die schöne Goldfarbe sowie das Blau und das Grün der Herstellung seiner Tochter erfreuten sich bald bei den Vornehmen Samarias großer Nachfrage, vor allem auch im Palast. Der König sandte extra einen seiner Palastbeamten zu Diblaim auf den Markt, um ihm seine Anerkennung für die neuen Stofffarben auszusprechen. Diblaim war sehr stolz über dieses Lob, denn jeder auf dem Markt hatte den Besuch des Palastbeamten bei ihm mitbekommen. Er vergaß deshalb vorübergehend seine Absicht, zum Berg Gerizim zu reisen.

Die wechselnden Jahreszeiten brachten für Gomer mehr Veränderungen als die neuen Farben für ihre Stoffe. Sie arbeitete immer noch oft auf dem Dach und kam dann erst zur Abendbrotzeit in das Haus herunter, ihr fröhliches Lachen war nur noch selten zu hören. In ihren Augen lag eine neue Tiefe und Wachsamkeit, vor allem dann, wenn eine Karawane sich der Stadt näherte. Sie sprach kaum noch mit jemand, auch mit Rachel weniger als früher, und gab wenn es nötig war meist nur kurze Antworten. Doch ihre Gedanken und ihre Seele beschäftigten sich offensichtlich mit anderen Dingen.

Doch der Esel, der kleine Nathan, hätte viel sagen können von dem, was Gomer beschäftigte, wenn es ihm möglich gewesen wäre. Denn fast jeden Abend schlüpfte Gomer in den Stall, um den Esel zu streicheln. Dabei erzählte sie dem geduldig zuhörenden Tier, was in ihrem Herzen war und was sie sonst niemand sagen konnte.

Nach den Besuchen bei dem weisen alten Tier war Gomer mindestens in der Lage zu Bett zu gehen und zu schlafen, weil sie ihr Herz hatte ausschütten können. Doch trotzdem schlief sie oft mit Tränen in den Augen ein, während Rachel neben ihr lag und Gebete zu ihrem geliebten Adonei flüsterte. Gomer betete so gut wie nicht mehr, außer wenn die Last, die sie empfand, ihr einmal zu schwer zu werden drohte und sie Trost in dem Gedanken fand, dass doch jemand sie hörte und für sie sorgen würde.

In ihren Träumen beschäftigte sie sich mit Unmöglichem, und je älter sie wurde, um so farbiger und verbotener wurden sie. Die zweite Erntezeit, seit sie mit dem Ägypter zusammengerannt war, ging nun schon bald zu Ende. Ihr Gesicht verdunkelte sich, wenn sie daran dachte. Doch das verbotene Gefühl, das sie empfunden hatte, als des Heiden Hand sie berührte, wiederholte sich in ihren Träumen immer wieder und sie sehnte sich nach seiner Rückkehr. Sie sehnte sich danach, dieses eintönige Leben zu verlassen, um die Länder des Südens, des Nordens und des Ostens kennenzulernen – irgendwohin, doch nicht mehr bleiben wo sie war, im langweiligen und schmutzigen Samaria.

Irgendwie hielt sie in all dieser Zeit an der Hoffnung fest, dass der Leiter der Karawane wiederkommen würde, um sie mit sich zu nehmen. Sie wusste, sie würde Samaria vermissen, wenn sie es verlassen würde. Doch alles, was sie in der Stadt noch hatte, war das Haus ihres Vaters. Er hatte ihr mittlerweile auch den einmal wöchentlich stattfindenden Weg zum Markt verboten, wenn sie immer mit Schana gegangen war, um Lebensmittel einzukaufen. Alles, was sie noch von Samaria sah, war die Geschäftigkeit am Stadttor. Ihre Freunde winkten ihr immer noch zu, wenn sie in die Stadt kamen oder sie verließen. Doch sie waren nun Männer mit wachsenden schwarzen Bärten an ihrem Kinn oder an den Wangen geworden und waren fast schon Fremde für sie.

Sedetiah saß immer noch am Eingang seines Hauses und rief sie, wie er es stets getan hatte, doch sie ließ ihn nie so nahc kommen, dass er sie hätte berühren können. Sie übersah ihn einfach und verachtete ihn täglich mehr, wenn dies noch möglich war.

Dann kam ein Tag, der wie alle anderen Tage begann. Die Luft auf dem Berg war klar und kühl und kündigte die kommenden Regenzeit an. Bald würde morgens manchmal Frost die Felder überziehen und vielleicht würde leichter Schneefall aus allen Häusern weiß schimmernde Paläste machen.

Gomer saß auf dem Hausdach und füllte emsig Beutel mit dem schon geschroteten Korn. Ihr Gesicht war noch ausdrucksvoller und schöner geworden als vor zwei Jahren. Ihre helle Haut hatte durch die Sonne einen leicht goldenen Schimmer bekommen und bildete einen feinen Kontrast zu ihrem blonden Haar. Sie trug ein leuchtend gelbes Gewand, das sie hervorragend kleidete. Doch in ihren Gedanken sah es düster aus, so dass sie weder den strahlenden Sonnenschein noch den Gesang der Vögel beachtete.

Auch die Rufe der Erntearbeiter in den Feldern des Tales drangen kaum in ihre schwermütigen Gedanken. Doch plötzlich war ein anderer Ruf zu hören, der sich von denen, die sie den ganzen Tag über hörte, unterschied. Gomer hob den Kopf und blickte aufmerksam über die Umfassungsmauer des Daches hinweg. Sie fragte sich, ob man einen Dieb gefangen hatte oder ob jemand verletzt worden war.

Dann sah sie, was die Leute im Tal schon vorher gesehen und deshalb gerufen hatten. Von den Hügeln her auf die Stadt zu bewegte sich eine lange Raupe – eine Karawane! Voller Erregung sprang sie auf und Hoffnung ließ ihr Herz schneller schlagen und trieb heiße Röte in ihr Gesicht. In den letzten beiden Jahren war es ihr bei jeder Karawane, die sich näherte, ähnlich gegangen. Und obwohl sie jedesmal enttäuscht worden war, träumte sie immer noch davon, dass der Ägypter eines Tages wiederkommen würde.

Die lange Reihe der Kamele, die farbige Decken trugen und mit Waren beladen waren, näherte sich langsam dem Stadttor, wo sie anhielten. Gomer hatte sie die ganze Zeit beobachtet. Sie hatte dabei gar nicht gemerkt, wie sich ihre Finger vor Erregung tief in die Steine der Mauer eingekrallt hatten. Doch nun rannte sie so schnell sie konnte die Treppe hinunter.

Sie flog förmlich in das Haus, an ihrer überraschten Mutter vorbei rannte sie in den Arbeitsraum. „Rachel, eine Karawane!“, rief sie laut. Ihre Schwester ließ aus der Hand fallen, womit sie sich gerade beschäftigte. Sie drehte sich zu Gomer um und blickte sie gespannt an.

„Schnell, Rachel, pack den übrigen Stoff ein, den Vater heute Morgen hier gelassen hat, ich sattle inzwischen den Esel! Du musst sofort mit dem Stoff zum Markt gehen, glückliches Mädchen, das du bist. Aber beeile dich!“

Diblaim hatte in dieser Jahreszeit nicht erwartet, dass an diesem Tag noch Kunden von außerhalb der Stadt kommen würden. Deshalb war er auch ohne den Esel zu seinem Verkaufsstand gegangen und hatte an Ware nur mitgenommen, was einige Kunden bestellt hatten. Er ruhte sich gerade nach einem Geschäft, das er mit der Frau des Goldschmieds gemacht hatte, ein wenig aus.

Deshalb war seine Überraschung groß, als er seine jüngere Tochter bemerkte, die sich mit dem Esel eilig durch die Menschen auf dem Marktplatz drängte und zu ihm kam.

„Rachel!“, rief Diblaim erstaunt, als er sie umarmte und bemerkte, dass sie ganz außer Atem war. „Warum bringst du diesen Stoff noch, Kind? Was willst du hier, meine süße Taube?“

Rachel gab ihrem Vater einen schnellen Kuss, dann befestigte sie ihren Schleier wieder, der durch die Eile verrutscht war. „Vater, da kommt noch eine Karawane. Gomer sah sie vom Dach aus und kam herunter, um mir beim Einpacken der Ware und dem Esel zu helfen. Als ich unser Haus verließ, war die Karawane gerade am Stadttor angekommen. Ihr Führer kann also jeden Augenblick hier sein.“

„Meine gute Tochter“, lächelte der Kaufmann, während er Rachel liebevoll anblickte. „Du bist also den ganzen Weg so schnell gelaufen, wie es mit Nathan nur ging, damit ich vielleicht noch ein großes Geschäft machen kann. Es war sehr gut, dass du dich so beeilt hast, denn sieh, da kommen sie schon.“

Das plötzliche Erscheinen der Fremden mit der vielen Handelsware ließ den Lärm auf dem Markt sehr anschwellen, da die Verkäufer von Tieren, Gold, Silber und Edelsteinen, Kleidung, Gewürzen und andere alle versuchten, die Fremden an ihren Stand zu locken. Doch Diblain blieb ganz ruhig stehen, da er den Führer der Karawane erkannt hatte und wusste, er würde ganz sicher zu ihm kommen. „Gehe wieder nach Hause, Rachel, und habe Dank für deine Hilfe. Nein, ich werde dich hier nicht brauchen. Aber du kannst deiner Mutter helfen das Abendbrot vorzubereiten.“

„Werden wir heute Abend einen Gast haben, Vater?“ fragte Rachel, während sie Nathan an einem Pfahl des

Stands festband. Manchmal lud Diblaim besonders gute Kunden zum Essen ein, wenn es Juden oder Israeliten waren.

„Nicht heute Abend, Kleine, denn dies ist ein Mann aus Ägypten." Diblaim glaubte fest daran, sein Haus würde verunreinigt, wenn ein Heide es betrat. Er war überzeugt davon, er habe das Gesetz Moses erfüllt, dass man auch die Fremden im Land lieben sollte, wenn er mit ihnen Handel trieb. Er blickte seiner Tochter nach, als sie davonging, ihre etwas plumpe Figur und das schwarze Haar verborgen unter der weiten Robe.

Diblaim gehörte zu den Männern, die glaubten, das Gesicht einer Frau sei eine Versuchung für Männer. Deshalb bestand er auch darauf, dass Schana und Rachel ihre Gesichter verschleierten. Gomer durfte natürlich in keinem Fall mehr auf die Straße. Es war etwas um dieses Mädchen, was auch durch das bescheidenste Gewand nicht verborgen werden konnte, und Diblaim fürchtete in den bösen Straßen Samarias um ihre Sicherheit und Unschuld. Er wusste, was in den Häusern der meisten Einwohner geschah. Er brauchte nur Tag für Tag auf dem Markt zu stehen und die schlimmen Geschichten zu hören sowie die lüsternen Augen der Leute zu sehen, um mit tief bekümmerter Seele zu erkennen, wie weit sich Israel von den Gesetzen Moses und den Wegen der Väter entfernt hatte.

Diblaim seufzte tief, als er die Stoffe ordnete, die Rachel ihm noch gebracht hatte. Er hatte sich schon tausendmal gewünscht, Samaria verlassen zu können, um seine Familie in die Sicherheit des Berges Garizim zu bringen, wo es noch eine Gemeinschaft treuer Gläubiger gab, die zu dem Gott Abrahams, Isaaks und Jakobs beteten. Doch er hatte nun einmal nichts anderes gelernt, als mit Stoffen zu handeln, und er hatte eine Weberin geheiratet und nicht die Tochter eines Bauern. Deshalb war

Samaria nicht nur seine Heimatstadt, sondern auch so etwas wie ein Gefängnis für ihn.

Eine tiefe, ihm wohlbekannte Stimme unterbrach seine düsteren Gedanken. „Hallo, mein lieber Freund und Partner, es tut gut, dich nach so langer Zeit wiederzusehen. Wie geht es dir, Diblaim?“

Diblaim blickte lächelnd auf. Seine schwarzen Augen leuchteten vor Freude. „Senu-Amen!“ Die beiden Männer umarmten sich und ihre Gesichter strahlten. „Es ist schon fast die zweite Ernte vorüber, seit du hier gewesen bist, mein Freund. Warum bist du so lange nicht gekommen?“

Der Ägypter zuckte mit den Schultern und spreizte seine Finger, damit lachend eine der Gesten seines israelitischen Freundes nachahmend. „Wer kann gegen die Götter an“, antwortete er. „Meine Weber in Ramses weigerten sich monatelang zu arbeiten, weil der Nil zu sehr überflutet war und sie ihren Familien auf ihren ruinierten Feldern und beschädigten Häusern helfen mussten. Und deshalb siehst du auch mich als einen ruinierten Mann vor dir stehen.“

Diblaim schüttelte amüsiert den Kopf. „Ruiniert? Du doch nicht! So etwas Ähnliches sagst du jedes Mal, um von mir bessere Preise zu erhalten. Du weißt doch, bis jetzt hat es noch nicht funktioniert. Warum versuchst du es also immer wieder?“

Senu-Amen wurde ernst und schüttelte den Kopf. „Weil es dieses Mal wahr ist, mein Freund. Dies ist meine letzte Reise bis hier herauf nach Samaria – für immer.“

Diblaim war beunruhigt. Er setzte sich auf einen Stuhl und bot seinem Freund mit einer Handbewegung einen zweiten an. „Aber warum?“ fragte er. „Du scheinst genug Ware bei dir zu haben.“

Der Ägypter hielt sein stolzes Haupt hoch aufgerichtet, doch Kummer lag in seinen dunklen Augen. „Vergiss nicht, dass ich schon seit vielen Monaten eine lange Reise hinter mir habe, ehe ich nach Samaria kam, Diblaim. Diese Waren sind das Ergebnis meines Handels unterwegs, in Thabes, Saba, in Gaza und in Jerusalem usw."

„Senu-Amen, vergib mir, aber wie steht es in Jerusalem?"

Der Ägypter schaute seinen Freund an und lächelte voller Bedauern. „Jedesmal, wenn ich komme, stellst du diese Frage. Jerusalem leuchtet immer noch golden unter der Mittagssonne und der Tempel ist jeden Tag voller Menschen. Doch ich hörte Gerüchte, dass des Königs Sohn den Tempel schließen und den Opfergottesdienst dort verbieten will."

„Nein! Wie soll das zugehen? Der König, der gute Usiah, wird diese Gotteslästerung nicht zulassen."

„Hast du es denn nicht gehört? Doch nein, woher solltest du. Ich bin der einzige Händler, der in beide Städte kommen darf, nach Samaria und nach Jerusalem, weil ich weder für den einen noch für den anderen König Spionage treibe. Und ich bin im letzten Jahr nicht hier gewesen. Vergib mir, mein Freund, aber ich habe dir traurige Neuigkeiten zu berichten. Im letzten Jahr hat Usiah wohl eure priesterlichen Gesetze gebrochen, ich weiss nicht welches, ich kenne mich da nicht so gut aus. Daraufhin hat euer Gott ihn mit der Krankheit mit den weißen Flecken geschlagen und nun ist er dazu verurteilt, außerhalb der Stadt zu leben, bis er wieder gesund wird oder stirbt. Sein Sohn Jotham regiert als Regent an seiner Stelle; angeblich nach den Befehlen seines Vaters, doch ich bezweifle, dass der alte Kriegerkönig weiß, was in der Stadt geschieht. Er ist völlig abgeschnitten von den anderen Menschen. Ich hörte, dass nur ein Fürst des Hofes, ein Jesaja Ben Amos, den alten König von Zeit zu Zeit besucht."

Diblaim hatte das Haupt gesenkt und die Augen geschlossen, damit der heidnische Händler den Kummer darin nicht sehen sollte. „Gott hat den König doch so gesegnet. Er muss etwas Schreckliches getan haben. Weißt du nichts Näheres?"

Senu-Amen zuckte mit den Schultern. „Ich hörte nur, er soll im Tempel gewesen sein und habe dort selbst Opfer gebracht. Warum Gott jemand mit Aussatz bestraft, der Ihm Tiere als Opfer bringt, verstehe ich nicht."

„Unser Gesetz bestimmt, dass nur die Priester im Tempel Opfer bringen dürfen, damit es in der rechten Weise geschieht", erklärte der bekümmerte Israelit, während er sich mit zitternder Hand durch den Bart strich. „Der König hat wohl Gottes Gesetz übertreten und außerdem den Stolz der Priester missachtet. Er ist doch schon als Kind König geworden und hat bisher in seiner langen Regierungszeit nichts als Erfolg gehabt. Und jetzt will sein Sohn den Tempel schließen. O Gott, o mein Adonai, wie kann Dir so etwas noch gefallen? Wann wirst Du die Bösen zu Boden schlagen und den Glauben Deines Volkes wieder herstellen?"

Der Ägypter achtete den Kummer seines Freundes und saß schweigend neben ihm. Er selbst hatte so viele Götter in Ägypten, dass er damit zufrieden war, einen Priester zu bezahlen, der für ihn die Opfer brachte. Doch er wusste aus den alten Geschichten der Mütter Ägyptens, dass der Gott der Israeliten ein mächtiger Gott war. Und Senu-Amen war kein Narr. Er war nicht bereit, irgendwelche Meinungen über diesen Gott von sich zu geben, sonst würde er vielleicht auch noch mit Aussatz geschlagen.

Nach einigen Augenblicken schweigenden Gebets stand Diblaim auf und verbeugte sich vor seinem Freund. „Komm, lasse uns erst unsere Geschäfte erledigen, Senu-Amen." Und so begannen die beiden Männer sich für mehr als eine Stunde zu benehmen als seien sie Todfeinde. Sie schrien sich gegenseitig an, warfen die Arme in die Luft, stritten über den Wert des goldenen Stoffes und den

Preis der ägyptischen Waren. Ihre lauten Stimmen zogen die Menschen an, die immer einen guten Handel liebten. Vor allem wenn es Diblaim gelungen war, einen Vorteil herauszuhandeln, begrüßten sie das mit lautem Beifall. Nachdem alle Geschäfte zur gegenseitigen Zufriedenheit abgeschlossen waren, verbeugten sich die beiden voreinander und Diblaim faltete seinen Stand zusammen.

„Gehe mit mir bis zum Tor, Diblaim", bat der Ägypter. Nun, da der Reiz des Handelns vorüber war, nahm Senu-Amens Gesicht wieder einen betrübten Ausdruck an. „Ich komme morgen nicht noch einmal zum Markt herauf, deshalb werde ich dir einen meiner Diener senden, der dir die persische Seide bringen wird, die du haben wolltest."

Diblaim hielt einen Augenblick beim Zusammenpacken inne. Stirnrunzelnd blickte er auf. „Wir haben noch gar keinen Preis für die persische Seide ausgehandelt."

Senu-Amen wischte diese Feststellung mit einer Handbewegung beiseite. „Das ist mein Abschiedsgeschenk für dich, Diblaim."

Diblaim war tief berührt. „Senu-Amen, ich kann meinen Freund nicht so ziehen lassen. Ich komme Morgen selbst hinunter vor das Tor, um dich und deine Karawane zu segnen und dir Lebewohl zu sagen."

In die Augen des Ägypters traten ungewöhnliche Tränen, denn er war ein Mann, der seine Gefühle sonst immer unter Kontrolle hatte. Er wusste, dass das Segnen eine alte israelitische Sitte war, die nur sehr selten Fremden zuteil wurde. Er erkannte daran, wie hoch sein israelitischer Freund ihn schätzte.

Kurze Zeit später verließen die beiden Männer den Marktplatz. Jeder von ihnen tief in Gedanken und Erinnerungen versunken.

Der Ägypter dachte daran, wie er das erste Mal diesen Platz betreten hatte. Er war damals noch ein schüchterner Junge gewesen, mehr als zehn Jahre jünger und ohne ein Packtier. Er trug nur einen Packen ägyptischer Stoffe bei sich, die seine Schwester gewebt hatte und die er verkaufen wollte. Er hatte sich auf dem langen Weg einer persischen Karawane angeschlossen. Der Besitzer der Karawane glaubte, der Jüngling habe einen Sonnenstich. Er hatte gehört, dass der König Jerobeam von Samaria seine Frauen gern in ägyptische Stoffe kleidete. Da er nicht wusste, wie er mit dem König Verbindung aufnehmen sollte und zu ängstlich war, selbst zum Palast zu gehen, lief er auf dem Marktplatz umher, bis er zu dem Stoff- und Kleiderstand von Diblaim kam. Der ältere Mann hatte ihm seine Stoffe abgekauft und ihm das Doppelte dafür bezahlt, was sie wert waren, und zwar in Silber. Dann hatte er dem Jungen noch gesagt, er solle zurückkommen. Denn zu jener Zeit kamen nur sehr selten Karawanen aus Ägypten bis Samaria, weil Krieg herrschte zwischen Israel und Juda. Ein Junge hatte es gewagt den Weg zu gehen, vor dem sich erwachsene und erfahrene Männer fürchteten; und es hatte sich bezahlt gemacht. Mit Diblaims Geld kaufte er sich ein Kamel und einen Wächter. Und da Jerobeam in der Zwischenzeit mit Juda Frieden geschlossen hatte, brachte Senu-Amen auf seinem Kamel gefahrlos eine große Ladung ägyptischer Stoffe nach Samaria. Er war in den folgenden Jahren sehr schnell ein reicher Mann geworden. Auch Diblaims anfängliche Großzügigkeit ihm gegenüber hatte sich ausgezahlt, denn er erhielt als einziger Kaufmann in Samaria von Senu-Amen ägyptischen Stoff.

Doch durch die große Überschwemmung des Nils war Senu-Amen nun zum armen Mann geworden, da seine Weber ihn verlassen hatten und zu ihren Familien gegangen waren. Er hatte sein großes Haus und seine Frauen verkaufen müssen, um die dringendsten Schulden bezahlen zu können, denn er hatte in Ägypten ein gutes Leben geführt. Diese letzte Reise hatte er teilweise mit geliehenen Waren unternommen. Wenn er auf der Rückreise wieder nach Jerusalem kam, wollte er dort alle Ware, die er noch besaß, seine Kamele und auch seine Sklaven auf dem ismaelitischen Markt verkaufen und dann mit dem Geld nach Persien verschwinden. Seine Gläubiger in Ägypten würden dann vergebens auf seine Rückkehr warten.

Diblaim schwieg auf dem Rückweg, denn ihm war der Kummer seines Freundes bewußt. Als sie jetzt kurz vor dem Stadttor waren, sagte er: „Es ist eine lange und gute Partnerschaft gewesen, mein Freund. Es tut mir leid, dass ich dich nicht wiedersehen werde. Doch du bist immer noch jung und kannst dir ein neues Geschäft aufbauen. Vielleicht auf dem Kamelmarkt."

Senu-Amen schüttelte traurig den Kopf. „Nein, Diblaim, ich habe keinen Drang mehr zum Reisen. Die Gefahren für Karawanenführer werden immer größer. Da sind die Banditen, Soldaten und die Wüste selbst. In all den Jahren haben die Götter mich gesegnet, nur im letzten Jahr nicht, und nun ist es vorbei. Außerdem musst du bedenken, dass dein König zwar mit den Assyrern im Frieden lebt, aber meiner nicht. Deshalb werde ich vielleicht in Samaria bald nicht mehr willkommen sein und würde mein Leben riskieren, wenn ich nach Israel käme.

Diblaim nickte betrübt. Er sah auch für sich keine sehr guten Zeiten mehr, wenn er die ägyptische Ware nicht mehr verkaufen konnte. Er blickte zu seinem Haus hin und sah die Vordertür offen stehen. Fast hätte er den Ägypter doch noch zum Abendessen eingeladen. Doch dann sah er Gomer an der Tür stehen. Sie drehte ihnen zwar den Rücken zu, weil sie zum Brunnen hin blickte, von dem Rachel gerade Wasser holte. Doch Gomers langes Haar hing lose über ihrem Rücken und glitzerte golden in der Abendsonne.

Diblaim bemerkte den bewundernden Blick von Senu-Amen auf seine Tochter nicht, so zornig war er auf Gomer. „Tochter“, rief er zornig, „gehe sofort ins Haus!“ Gomer fuhr herum und sah ihrem Vater ärgerlich entgegen. Doch dann erblickte sie den Mann an seiner Seite und erstarrte. Der Vater sah den Blick, der plötzlich in ihre Augen trat, und wusste, dass Sedetiah mit seinen Worten recht hatte, dass all die Jahre seiner Sorge um seine Tochter umsonst gewesen waren und nichts bewirkt hatten.

Gomer stand still wie eine Statue. Ihr Herz pochte so laut, dass ihr das Blut in den Kopf getrieben wurde und dadurch den zweiten Befehl des Vaters, ins Haus zu gehen, völlig überhörte. *Er ist gekommen, sang es in ihrem Herzen. Und er ist zu Vater gegangen und hat um mich gebeten.* Das plötzliche Leuchten ihres Gesichts hätte auch eine weniger hübsche Frau attraktiv gemacht, doch sie wurde dadurch zur ausgesprochenen Schönheit.

Senu-Amen erinnerte sich an den Tag vor zwei Jahren. Damals hatten ihre Augen auch diesen Ausdruck angenommen. Sie waren groß und leuchtend geworden wie zwei Sterne und hatten sich in seine Seele gebrannt, so dass er fast seinen Verstand verloren hätte. Er hatte damals nicht gewusst wer sie war und sie in der Zwischenzeit vergessen. Doch nun versetzte ihm das Wissen, wer die Eltern waren, fast einen Schock. Sie war die Tochter dieses fromme Israeliten, der sie eher den Hunden zu fressen geben würde als ihm, einem Heiden, zur Ehefrau, wie er das jetzt gern gewollt hätte. Darüber hinaus war dieser Israelit noch sein Freund. Die Ungerechtigkeit, die er in der Lage der Dinge sah, ließen sein Herz schmerzen.

Diblaim war völlig überrascht, weil seine Tochter seinen harten Befehl zweimal überhörte. Sie stand ohne

Kopfbedeckung vor seinem Freund wie eine gewöhnliche Prostituierte. Diese Bösartigkeit und der Ungehorsam ließen ihn vor Wut rot sehen. „Gomer", schrie er, „tue sofort, was ich sage!" Dabei packte er sie an ihrem langen Haar und riss heftig daran. Gomer schrie vor Schmerz laut auf, denn sie hatte gar nicht bemerkt, dass ihr Vater sich ihr näherte. Sie sah auch nicht, wie sich die Augen des Ägypters bei dieser brutalen Behandlung entsetzt zusammenzogen. Alles, was sie fühlte, war ein brennender Schmerz, der von ihrem Kopf aus ging, und der heftige Fußtritt, mit dem ihr Vater sie ins Haus beförderte. Der tritt war so heftig, dass sie ins Stolpern geriet und lang auf den Boden der Küche stürzte. Alles, was sie hörte, war das laute Krachen, mit dem Diblaim die Haustür zuschlug.

Die beiden Männer standen draußen und blickten sich verlegen an. Beide suchten nach Worten. Rachel, die mit dem vollen Wasserkrug vom Brunnen zurückkam, drückte sich schüchtern an ihnen vorbei und verschwand ebenfalls im Haus. Diblaim wartete, bis sie die Haustür hinter sich geschlossen hatte, dann wandte er sich an seinen Freund.

„Senu-Amen, es tut mir sehr leid, dass sich meine Tochter auf eine solche Weise benommen hat. Sie ist sehr schwer unter Kontrolle zu halten und scheint Gefallen daran zu haben, nicht auf mich zu hören. Ich werde mich für heute von dir verabschieden. Doch morgen komme ich noch vor das Tor, um dich und deine Karawane zu segnen." Er ging noch mit seinem Freund bis zum Tor, dabei war er zu sehr mit seinem Ärger beschäftigt, als dass er bemerkte hätte, wie eng Senu-Amen seine Lippen zusammengepresst hatte. Er ahnte nicht, welchen Entschluss der Ungläubige an seiner Seite gerade getroffen hatte.

Gomer lag immer noch auf dem Fussboden der Küche, als sie die sanfte Hand Rachels spürte, die ihr half aufzustehen. Wie durch einen Schleier hörte sie auch das schluchzende Murmeln ihrer Mutter. Gomer war in einer Verzweiflung, in der sie einfach keine Worte fand und die viel tiefer reichte als alle körperlichen Schmerzen. Er war gekommen und sie hatte in seinen schönen schwarzen Augen gelesen, dass er gern mit ihr geredet hätte, doch dann war er gegangen, weil ihr Vater es so wollte. Sie fühlte sich nun wirklich wie eine Sklavin ihres Vaters.

Am nächsten Morgen schien wenigstens für Rachel und ihre Mutter alles wieder ganz normal zu sein. Gomer saß vor dem Feuer und rührte die Linsensuppe, ab und zu wischte sie sich mit dem Ärmel ihres Gewandes die Schweißtropfen von der Stirn. Rachel knabberte an einer Mohrrübe herum und kontrollierte, was an Lebensmitteln noch im Haus war, denn sie und Schana wollten an diesem Vormittag zum Markt gehen, um einzukaufen, was fehlte.

Diblaim kam die Treppe herunter aus dem Schlafzimmer, das er mit seiner Frau teilte und das fast die ganze obere Etage einnahm. Da er zu seinem Freund gehen wollte, um ihn zu verabschieden, trug er sein bestes Gewand. Er hatte seiner Familie nichts von dieser Absicht erzählt, sondern nur erwähnt, er könne nicht so früh mit ihnen zum Markt gehen, weil er vorher noch etwas Geschäftliches zu erledigen hätte. Er verließ sofort nach dem Frühstück das Haus und trug ein Geschenk bei sich. Es war ein weißes Pelzgewand von einem Land so weit im Norden, dass dort, so wurde gesagt, das ganze Jahr über Schnee liegen würde. Einige Minuten später verließen Schana und Rachel ebenfalls das Haus und ließen Gomer allein. Ihr Vater hatte ihr ausdrücklich verboten, an diesem Tag auf das Dach zu gehen, denn er wusste, dass sie von dort aus die Karawane sehen konnte. Er wollte keinerlei Risiko eingehen. Sie sollte nicht mehr gesehen werden, bevor die Karawane von Senu-Amen fortgezogen war. Er machte sich große Sorgen. Und wie alle ängstlichen Menschen ging er bis zum Extrem, um das zu bewachen, was ihm sehr kostbar erschien. Er hatte nicht begriffen, dass er die falsche Person bewachte.

Gomer hatte viel Arbeit zu bewältigen. Sie stand an der Tür zum Lagerraum und betrachtete alles. Ein Berg von Blumen, aus denen sie Kleiderfarbe herstellen wollte, lag auf einem Stein in der Ecke. Sie ging dorthin und begann lustlos, sie zu sortieren. Zu anderen Zeiten hatte sie sich an ihren Farben erfreut, doch jetzt schlug sie nur mit der Faust auf den Stein, auf dem sie lagen. Dieser Stein wurde benutzt, das Fenster in der Mauer fest zu verschließen, wenn es feindliche Angriffe oder Belagerungen der Stadt gab. Doch in friedlichen Zeiten, wie jetzt, benutzte man ihn als Tisch. Generationen von Farbenherstellern aus des Vaters Familie hatten den Stein zu diesem Zweck benutzt und Farbreste darauf hinterlassen, so daß er jetzt aussah wie ein Regenbogen.

Unwillig, mit ihrer Arbeit zu beginnen, ging Gomer zurück in die warme nach Rauch riechende Küche und setzte sich auf einen Stapel von Leinen, den Schana gerade fertiggestellt hatte. Sie war noch ziemlich müde und gähnte. Gern wäre sie wieder schlafen gegangen, denn Rachel hatte sie sehr zeitig aus einem Traum geweckt, der so schön gewesen war. Da war ein Kamel gewesen und sein Reiter hatte sich zu ihr herabgebeugt. Dabei war sein Gesicht das Gesicht von Vaters ägyptischem Kunden geworden. Er hatte gelächelt und ihr tief in die Augen geschaut. Während sie vor sich hin döste, schien er wieder vor ihren Augen zu erscheinen. Sein Lächeln war voller Wunder und brennender Freude.

Gomer fuhr auf und rieb sich die Augen. Was sie sah, versetzte ihr einen Schock, der alle Schläfrigkeit vertrieb. Er war wirklich da und stand in der Mitte des Raumes.

Sie hatte nicht gehört, dass sich die Tür geöffnet und wieder geschlossen hatte, oder vielleicht hatte es wie ein Teil ihres Traumes geklungen. Dass er aber plötzlich leibhaftig vor ihr stand, machte sie sprachlos.

Senu-Amen betrachtete sie und trank die Schönheit des Mädchens in sich hinein. Gomer saß auf den Leintüchern und blickte zu ihm hinauf. Sie öffnete ihre Lippen zu einer Frage, die sie aber nicht zu stellen brauchte.

Senu-Amen trat zu ihr und ließ sich neben ihr nieder. „Ich mußte einfach kommen", sagte er. Seine Stimme war leise und ein wenig heiser. Sie fühlte sich davon wie verzaubert. Sie zitterte zwar, hatte aber keine Angst. Sie hatte immer gewußt, dass dies irgendwie eines Tages zu ihr kommen würde, und sie freute sich darüber.

Seine dunklen Augen überwältigten sie, als er ganz nahe an sie heranrückte. Sanft strich er mit seinen Händen über ihr Haar. Sie hob ihr Gesicht empor, um seine Hände zu küssen.

Das Feuer auf dem Herd verglühte langsam. Aber in Senu-Amen brannte ein heißes Feuer. Er dachte an nichts anderes mehr, nicht an seinen Freund, nicht an seine Karawane oder an seine Ehre. Dieses Mädchen hier hatte ihm völlig seinen Verstand geraubt. Er flüsterte ihr liebevolle Worte zu und sagte ihr, sie würde für immer sein werden, weit über den Sand der Wüste hinaus. Die Götter würden alle Türen für sie öffnen und ihren Weg beschleunigen. Alles würde gut werden.

Sie lächelte und ihre Hände streichelten sein Gesicht. Die Welt wurde zu dem kleinen Raum, der nur noch sie beide einschloss. „Liebliches kleines Reh", flüsterte er. Sie schloss ihre Augen und die Welt um sie verging.

Die kleinen unruhigen Augen Sedetiahs blieben endlich einmal ruhig. Er hatte sie fest auf die geschlossene Tür vom Haus seines Nachbarn gerichtet. Er hatte gesehen, wie vor einer Weile ein Fremder in dieses Haus gegangen war, ein Mann. Und er wusste, dass nur Gomer noch im Haus war. Er hatte gesehen, wie die anderen Familienmitglieder gegangen waren. Diblaim gleich nach dem Frühstück zum Stadttor und die beiden anderen Frauen kurz darauf zum Markt. Gomer selbst war noch nicht erschienen, um ihren üblichen Platz auf dem Dach einzunehmen.

Der alte Mann, den Gomer so oft zurückgewiesen hatte, wartete also. Seine Lippen waren vor Hass zusammengepresst und seine Augen glitzerten in triumphierender Bosheit. Endlich würde ihr Stolz gebrochen werden, und er würde es sein, durch den es geschah. Sobald Diblaim zurückkehrte, würde er, Sedetiah, zu ihm laufen und ihm zeigen – ja was?

Der alte Mann, der Gomer jahrelang nachgestellt hatte und immer wieder zurückgewiesen worden war, wünschte sich nur noch eines: Das Objekt seines Verlangens sollte erniedrigt werden so tief wie möglich. Er hatte nie gewagt, Diblaim zu fragen, ob er Gomer zur Frau haben könnte. Er kannte seinen Nachbarn gut genug, um zu wissen, dass dieser den Wunsch abgelehnt hätte. Doch er wusste auch, was Diblaim nun mit ihr machen würde, und das befriedigte ihn. Wenn er sie schon nicht haben konnte, dann sollte sie niemand haben.

Sedetiah zog sich noch ein wenig weiter in den Eingang seines Hauses zurück. Wenn er Diblaim erzählen würde, was heute Vormittag in seinem Haus gewesen war, dann würde dieser, gesetzestreu wie er war, nach dem Gesetz handeln. Und er, Sedetiah, würde es sich als frommer Israelit nicht nehmen lassen, draußen vor dem Tor den ersten Stein auf sie zu werfen.

In diesem Augenblick öffnete sich die Tür von Diblaims Haus und der Fremde ging schnell davon. Er war wieder fest eingehüllt in seine prachtvolle Robe, so dass Sedetiah sein Gesicht nicht erkennen konnte. Der alte Mann runzelte ärgerlich die Stirn. Warum blieb Diblaim so lange fort? Sedetiah verließ sein Haus und folgte vorsichtig dem Fremden. Doch als er zum Stadttor kam und sich umsah, war es zu spät. Der Fremde war verschwunden und er konnte nur noch eine Karawane sehen, die in vollem Aufbruch begriffen war.

Sedetiah ging langsam wieder zu seinem Haus zurück und setzte sich auf seinen Lieblingsplatz. Er würde hier auf die Rückkehr seines Nachbarn warten und ihm alles erzählen. Jedenfalls hat Diblaim ihm bisher immer alles geglaubt, was er ihm gesagt hatte.

4. Kapitel

VERSTOSSEN

Sie schrie wie ein Tier. In ihren schrecklichen herzzerreißenden Schreien kam ihr ganzer Schmerz und ihre Not zum Ausdruck. Schana konnte es nicht mehr mit ansehen und hören. Sie rannte nach oben ins Schlafzimmer und verbarg ihren Kopf unter der Decke. Rachel war von Diblaim in ihren Raum geschickt worden und saß dort zitternd auf ihrem Lager. Sie verstand nicht, welches Unheil plötzlich über ihre Familie hereingebrochen war, und betete verzweifelt zu Gott, Er möge den Arm ihres Vaters lahm werden lassen, damit er aufhörte mit seiner Bestrafung. Doch die Schreie nahmen noch immer kein Ende.

Gomer lag in tiefster Verzweiflung mit dem Gesicht nach unten auf dem Fußboden. Ihre Fingernägel hatten sich in den Fußboden gekrallt. Sie versuchte der Hölle von Schmerzen zu entkommen, die immer wieder auf sie niederprasselten, doch es gelang ihr nicht. Die Schläge, die auf ihren entblößten Rücken und Schultern niederfuhren, brannten wie Feuer. Immer mehr rote Striemen bildeten sich auf ihrem Rücken, aus manchen von ihnen tropfte Blut. Bei jedem Schlag der Peitsche schrie sie aufs neue auf. Die Schmerzen machten sie unfähig, an irgendetwas zu denken.

Endlich senkte Diblaim den Arm und warf die aus Riemen geflochtene Eselspeitsche beiseite. Genau abgezählte und mit aller Kraft ausgeführte zwanzig Schläge waren es, die Gomer hatte ertragen müssen. Seine Augen verschwammen, weil ihm der Schweiß von der Stirn hineinlief. Er blickte auf seine Tochter hinunter, deren Rücken rot war von Striemen und Blut. *Diese Striemen werden heilen,* dachte er, *aber nie der Schmerz in meinem Herzen über das, was sie getan hat.* Wäre es möglich, dann würde er jetzt die Männer Samarias, die noch am Gesetz Moses festhielten, zusammenrufen, Gomer vor das Stadttor schleppen und draußen vor dem Tor steinigen lassen, wie es einer Hure zukam. Aber es gab nicht mehr genug Männer, die noch nach den alten Gesetzen handelten, und er wusste, die Ältesten würden ihn gehindert haben, sollte er es selbst versuchen.

Als er mit zornigem Gesicht auf seine Tochter starrte, schien er ein lebendes Symbol der Strafe für alles, was böse und sündig in Gottes Augen war, zu sein. Er beugte sich hinunter und riss Gomer auf die Füße, ohne auf ihr Stöhnen im Geringsten Rücksicht zu nehmen. „Auf das Dach mit dir, Hure!" schrie er. „Auf das Dach, wo andere Männer ihre Sklaven halten. Du wirst jetzt selbst eine Sklavin. Früher wolltest du einmal eine Sklavin haben, damit die deine Arbeit tut, jetzt wirst du selbst eine sein."

Ohne Rücksicht darauf zu nehmen, dass Gomer einer Ohnmacht nahe war, stieß er sie vor sich her, vorüber an Sedetiahs unheilvollen Blicken, hin zur Treppe, die außen an der Mauer auf das Dach führte. Der alte Mann hatte draußen gewartet, um an der Steinigung der Hure teilzunehmen. Aber niemand war gekommen. Doch lüstern und voller Rachegefühle sah er, dass sie halb nackt war und dass ihr das Blut über den Rücken lief. Auch ihre Schmerzensschreie vorher hatte er voller Schadenfreude vernommen.

Gomer schleppte sich mit Mühe die Treppe hinauf und sank oben auf dem ersten Flachshaufen nieder. Sie war nicht einmal mehr in der Lage ihren Kopf zu heben.

Diblaim stand über ihr wie der rächende Cherubim, der nach der Vertreibung von Adam und Eva aus dem Paradies dieses bewachte. In der Hand hielt er jetzt wieder die Peitsche.

Er begann: „Ich will nicht fragen, wie du solche Schande über mein Haus bringen konntest, indem du den heidnischen Mann verführtest hereinzukommen und mit dir zu sündigen. Es ist genug, dass du es getan hast und dass ich jedenfalls dieses Mal Sedetiah Glauben schenken kann, denn ich habe mich gewundert, warum seine Karawane noch so lange vor dem Tor wartete. Ich habe deine Widerspenstigkeit bisher ertragen, weil ich hoffte, Gott würde deinen Charakter noch verändern. Aber du hast mir meine Geduld, die ich mit dir hatte, schlecht vergolten. Du wirst jetzt also hier bleiben, wo kein Mann dich mehr sehen kann und wo dir deine Verführungskünste nichts nützen."

Seine Augen waren voll Zorn und seine Stimme kalt und hart. Er blickte auf Gomer, als wäre sie nicht mehr seine Tochter, sondern eine fremde Frau, deren Abscheulichkeiten er ertragen mußte.

Unter ihren Schmerzen nahm Gomer nur zum Teil wahr, was ihr Vater sagte. Sie versuchte zu sprechen, doch sie brachte nur ein Stöhnen zustande. Sie wollte erklären, dass es anders war, dass Sedetiah immer noch Lügen erzählte. Der Ägypter hatte gesagt, er wolle nur das Haus verlassen, um ihren Vater zu suchen und ihn zu bitten, ihm Gomer zur Frau zu geben. Sie hatte ihm geglaubt, obwohl sie wusste, dass ihr Vater sie nie einem heidnischen Mann zur Frau geben würde. Doch sie hatte sich gewünscht, es würde so werden und hatte deshalb an das Unmögliche geglaubt.

Diblaim brachte vor Zorn auch kein weiteres Wort mehr heraus. Sie war nicht mehr länger seine Tochter, dieses Mädchen, das sich in bunte Gewänder gekleidet hatte wie eine Prostituierte. Sie würde seine Sklavin sein. Eine seltsame Übelkeit ergriff ihn bei diesem Gedanken. Doch sie hat gesündigt, und deshalb muss sie bestraft werden, sagte er zu sich selbst. Er ließ sie allein auf dem Flachsbündel und ging mit schleppenden Schritten wieder die Stufen hinunter.

Sedetiah erwartete ihn am Fuß der Treppe und überschüttete ihn mit Fragen. Doch Diblaim ging an ihm vorüber, als wäre er nicht vorhanden. Er blickte ins Tal hinunter, doch das war leer. Senu-Amen war gegangen. Er wusste nicht, was mehr weh tat, die üble Sünde seiner Tochter oder der Verrat seines Freundes. Er konnte dem Mann wohl kaum Vorwürfe machen. Sedetiah hatte ihm oft genug von den Männern erzählt, denen Gomer vom Dach aus zugewinkt hatte, und manchmal hatte sie auch in der Straße vor ihnen getanzt. Diesmal war ihr Winken beantwortet worden.

Als er das Haus betrat, hörte er noch schwach das Weinen vom Dach her. Doch er verschloss seine Ohren dafür. *Es ist zu spät,* dachte er. *Es ist zu spät, um ungeschehen zu machen, was du getan hast. Nur Reue und Buße bleiben noch.* Er schloss die Haustür hinter sich.

Gomer hatte sich mühsam zu der kleinen Mauer am Dachrand geschleppt und sah nun selbst, dass die Karawane verschwunden war. In diesem Augenblick begann sie so sehr zu weinen, dass es ihren ganzen Körper schüttelte und die Tränen wie ein Wasserfall über ihr Gesicht liefen. Einige Stunden saß sie dort in ihrem Schmerz, bis sie keine Tränen mehr hatte. Langsam ging die Sonne unter und am Himmel erschienen schon die ersten Sterne.

Nach und nach ordneten sich auch ihre Gedanken wieder, als die milde Abendluft sie umgab, und sie wurde ruhiger. Er war also gegangen. Ihre erste große Liebe hatte ihre Kinderträume mit sich genommen und irgendwie wusste sie, dass er nie wiederkommen würde. Und nun hatte sie auch ihre Familie verloren. Es war, als wäre sie für sie gestorben. Sie lebte nun getrennt von ihr auf dem Dach in einer anderen Welt.

Doch eigentlich bin ich es gewesen, die sich schon vor Jahren innerlich von ihnen getrennt hat, überlegte sie. *Ich habe sie verlassen, um eine Tochter Kanaans statt Israels zu sein. Bedeuteten mir nicht die Geschichten der alten Kanaaniter mehr als die Abrahams? Gefielen mir die Götter Kanaans nicht besser als der Gott meines Vaters? Ich verließ meine Familie, als mir klar wurde, dass ich mehr von der Welt erwartete als meine Familie. Ich wünschte mir Lustbarkeiten, Freiheit und Ausschweifungen, von denen ich hörte, die ich aber nie selbst erlebte. Ich brauchte meine Familie nicht, um die neue Welt zu entdecken, in die ich heute mit dem Ägypter eingetreten bin. Und ich brauchte auch den Gott meines Vaters nicht.*

Sie blickte mit verweinten Augen zum tiefen geheimnisvollen Himmel empor, der ihre Gedanken gehört hatte. Nun spürte sie eine unsichtbare Gegenwart mit ihr auf dem Dach und ärgerte sich darüber, denn sie wusste, diese Gegenwart wartete darauf, sie solle etwas entscheiden, wovon sie glaubte, dass sie es längst entschieden hatte.

„Ich brauche Dich nicht! Lass mich, lass mich allein, Gott meiner Väter! Du behauptest, Du seiest alles und immer und überall. Aber lass mich allein! Was hast Du mir schon gegeben? Nur Kummer und ein hartes Leben. Wann hast Du mir Vergnügen und wann Liebe gezeigt? Ich bereue die Lust nicht, die ich heute erlebt habe. Ich habe heute eine Lust kennengelernt, die Du und mein Vater ablehnen und missbilligen.“ Sie stieß diese Worte wie in einem Rausch hervor und hob dabei ihre Arme zum Himmel. „Ich habe heute von einem Mann, den du als unrein ansiehst, mehr vom Leben, von Liebe und Lust kennengelernt, als Du oder jemand anderes mir je gezeigt hat."

Plötzlich musste sie an Rachel denken, an ihre Schwester, wie sie seit Jahren immer wieder voller Freude sang, erfüllt voll reiner Freude, die anders war als jene, die sie heute erlebt hatte. Doch sie schüttelte den Gedanken ab, denn Rachel hatte nie das Verlangen kennengelernt, das in ihr brannte. Rachel war ein kleines Schaf und zufrieden mit dem, was sie hatte. „Verlasse mich, Gott meines Vaters", rief sie wieder, während sie nicht bemerkte, dass von neuem Tränen aus ihren Augen flossen. „Verlasse mich, wie meine Familie mich verlassen hat, wie der Mann meiner Liebe mich verlassen hat, wie alle Freude und alle Träume mich verlassen haben. Lass mich mit meiner Not und mit meinen Erinnerungen allein. Ich bin ja schon gestorben, und nur die am Morgen aufgehende Sonne wird mich daran erinnern, dass ich noch existiere.

Doch hätten die Sterne in jener Nacht Ohren gehabt und hätte der Wind sprechen können, sie hätten das Echo ihres Elends weitergetragen und zu fernen Bergen und den vorüberziehenden Wolken.

5. Kapitel

Begräbnis

Weit im Norden, hinter einem großen Berg verborgen, der viel eher diesen Namen verdiente als der steile Hügel, auf dem Samaria gebaut war, lag die Stadt Dan. An der Grenze zwischen Israel und Syrien liegend hatte diese Stadt mehr als andere wilde Kämpfe um ihre Existenz austragen müssen. Gerade eben waren die Daniter wieder einmal aus einem solchen Kampf siegreich hervorgegangen, als eine Abteilung assyrischer Soldaten sie angriff, um sie in die soeben eroberten syrischen Gebiete einzuverleiben.

In Niniveh war man der fortwährenden kleinen Aufstände in Damaskus müde geworden und hatte eine Armee nach Syrien entsandt, um dort die Rebellionen endgültig zu unterdrücken. Nachdem die Syrer besiegt waren, hatte der assyrische Großkönig Tiglath-Pileser sogar großzügig erlaubt, dass Rezin, der Sohn des besiegten syrischen Königs, nun als Puppe der assyrischen Herren den Thron in Damaskus besteigen durfte. Als die Bewohner Dans von dem Sieg der Assyrer hörten, hatten sie eilig die bisher schon starken Mauern ihrer Stadt noch mehr befestigt. Als nun eine starke Abteilung der assyrischen Armee die Stadt Dan angriff, wurden sie von den Danitern zurückgeschlagen und mussten sich unter hohen Verlusten nach Syrien zurückziehen. Zwar müde vom Kampf, aber begeistert, weil sie die Assyrer besiegt hatten, feierten die Daniter ihren Sieg.

Die engen Straßen der alten Stadt waren an diesem Abend voll von betrunkenen Männern und Frauen, die lachend und schreiend halbnackt und mit angemalten Gesichtern herumrannten. Die Männer liefen den Frauen nach und zerrten sie einfach irgendwo in die offene Tür eines Hauses, um dort eine weitere Orgie zu feiern. Der Wein, den sie tranken, war neu, aber die lüsternen und sündigen Spiele waren die ewig alten.

Von den Feiernden einfach übersehen und durch den Lärm der Betrunkenen auch übertönt wurde der leise traurige Gesang einer kleinen Gruppe von Menschen in Trauerkleidung, die zur Stadt hinaus zogen zu dem Ort, wo die Toten beerdigt wurden. Ein Mann war gestorben. Der einzige der Verteidiger der Stadt, der beim Angriff der Assyrer ums Leben gekommen war. Sein Sohn und seine Freunde beerdigten ihn nun.

Der Sohn schritt langsam hinter der Totenbahre her, die seine Nachbarn trugen. Er hielt den Kopf gesenkt und konnte wegen der vielen Tränen alles nur verschwommen sehen. Er dachte an die Geschehnisse dieses Morgens, als der Vater den Bogen und die Pfeile aus der Umhüllung aus Schafsleder geholt hatte und begann, eine andere Sehne aufzuziehen.

„Aber Vater, du hast den Bogen fast zwanzig Jahre nicht gebraucht."

„Das stimmt, Sohn, und zwar seit dem Tag, als ich deine Mutter heiratete. Ich versprach ihr damals, nicht mehr in den Kampf zu ziehen. Doch sie ist schon seit zwölf Jahren tot. Und außerdem ist diesmal alles anders. Ich muss nämlich unsere Stadt und damit unser eigenes Haus verteidigen." Die neue Sehne war aufgezogen und der Vater probierte den Bogen aus. Er war ein kleiner dünner Mann und schien zu wenig zu essen. Doch seine

Augen waren klar und braun und blitzten vor Kampfeslust.

Sein Sohn schaute ihm beunruhigt zu. „Bitte, Vater, bleibe hier und gib mir den Bogen. Ich bin jung und kann schneller laufen als du, sollten die Assyrer irgendwo durch die Mauer brechen. Ich kann auch noch besser sehen als du. Deine Augen sind nicht mehr die besten, nachdem du so viele Jahre als Schreiber gearbeitet hast."

„Hosea, sei still!" Sein Vater runzelte die Stirn. „Ich muss mich sonst schämen. Du redest ja wie eine von Furcht erfüllte Frau."

Hosea schüttelte ärgerlich den Kopf. „Ich bin keine Frau, Vater, und habe keine Angst. Aber du weißt, dass ich recht habe. Wenn du in die Sonne gehst, blendet sie dich so, dass du für längere Zeit Schwierigkeiten hast, etwas richtig zu sehen."

„Dir wird es eines Tages auch so gehen, mein Sohn, wenn du älter wirst", antwortete der Vater ruhig. „Dann wirst du auch verstehen, was es heißt, wenn man sein eigenes Heim verteidigen muss; besonders wenn man wie ich es schon vor so vielen Jahren verlassen musste."

„Für mich ist Samaria meine Heimatstadt. Dort wurde ich geboren und dort wäre ich heute noch, wenn der mittlerweile gestorbene König dich nicht aus der Stadt getrieben hätte, Vater. Doch dann lasse mich heute wenigstens mit dir gehen, um dir zu helfen."

Der Vater hatte eingewilligt. So hatten sich die beiden aufgemacht zur südlichen Mauer. Einige Stunden später war Hoseas geliebter Vater durch einen Pfeil in den Hals getroffen worden und unter großen Schmerzen gestorben. Nun brachten sie seinen toten Körper in das Familiengrab und Hosea würde allein sein.

Viele Gedanken gingen dem Sohn durch den Kopf, während er weinend der Bahre folgte. Er dachte daran, wie viel Freude seine Eltern und er in ihrem früheren

Haus erlebt hatten, in dem großen Steinhaus in Samaria, das mit delikaten Gerüchen erfüllt war, da seine feine Mutter mit Gewürzen und Parfümen handelte. Sein Vater hatte als Schreiber in der Bücherei des Palastes gearbeitet. Wenn er heimkam, hatte er mit seinem Sohn gespielt und geprüft, was dieser in der Schule gelernt hatte.

Er erinnerte sich an die schmerzliche Zeit, als seine Mutter an einem Fieber starb, das sie schon längere Zeit an das Bett gefesselt hatte. Er hatte seine Mutter und ihre tröstenden Arme sehr vermisst. Zum Glück kam die Mutter des Nachbarhauses jeden Abend herüber und hatte ihn in den Armen gehalten, bis er einschlief. Diese Mutter war klein und ziemlich rund und dunkel gewesen und hatte immer nach Brot und Schafswolle gerochen. Aber sie hatte ihn getröstet und beruhigt.

Doch da waren auch viele Tage voller Sonnenschein gewesen, wenn er mit dem Mädchen aus dem Nachbarhaus und ihrem übermütigen Cousin Dan gespielt hatte. Es war eine schöne Zeit, die dann so plötzlich durch den Zorn des harten Königs unterbrochen wurde.

Eines Tages war sein Vater in bei ihm unüblichen Zorn nach Hause gekommen und hatte eiligst begonnen, ihre wenigen Besitztümer in zwei große Säcke zu verpacken. „Wir verlassen Samaria, Hosea“, war alles, was er zu seinem verwunderten Sohn sagte. Dann war er zum nächsten Haus gegangen, um den Esel seines Nachbarn für ihre Reise zu kaufen.

Der Nachbar hatte ihnen den Esel schnell gebracht. Man konnte ihm ansehen, wie besorgt er war, als er sich durch seinen schwarzen Bart strich. Er sagte: „Du nimmst am besten die schmale Gebirgsstraße nach Norden, Beeri, und nicht die bequeme Straße in der Ebene. Jerobeams Soldaten werden dich sonst schnell finden, wenn er es sich anders überlegt und dich doch noch einsperren will.“

„Vielen Dank für deine Hilfe und für deinen Esel,

Diblaim“, hatte der Schreiber geantwortet, während er schon dabei war, den Esel mit ihren Habseligkeiten zu beladen. „Ich glaube nicht, dass wir je nach Samaria zurückkehren werden. Doch ich möchte dir noch sagen, dass ich nie einen besseren Freund hatte als dich, meinen alten Schulfreund. Ich werde unsere Sabbath-Zusammenkünfte vermissen, denn wo wir hingehen gibt es wahrscheinlich gar keinen anderen Gläubigen mehr.“

„Wohin willst du denn gehen, mein Freund?“, hatte Diblaim voller Sorge gefragt. „Ist es ein sehr weiter Weg?“

„Ja, bis an die Grenze. Ich gehe zurück in das Haus meiner Familie nach Dan, wo ich geboren wurde.“ Das Packen war beendet. Beeri forderte Hosea auf, seine Sandalen anzuziehen, damit sie sich auf den Weg machen konnten.

„Nach Dan?“ Diblaim schüttelte betrübt den Kopf. Es gelang ihm jedoch, den Jungen anzulächeln. „Dan ist ein so heidnischer Ort. Und dort soll dein Junge heranwachsen? Beeri, gibt es keinen anderen Platz, zu dem du gehen kannst? Du willst also bewusst nach Dan gehen, wo der erste König Jerobeam das Goldene Kalb errichtet hat, damit unsere Väter dort anbeten und nicht mehr nach Jerusalem ziehen? Dan ist eine völlig gottlose Stadt. Ich hörte, die sündigen Orgien, die man dort feiert, sind noch viel schlimmer als bei uns.“

Der Lärm dieser Orgien drang auch jetzt aus der Stadt bis hier zum Begräbnisplatz. Hosea ärgerte sich so sehr darüber, dass er fast übersehen hätte, dass sie am Grab seiner Familie angekommen waren. Die Männer, die ihn begleiteten, rollten den Stein vom Eingang des Grabes und legten seinen Vater hinein.

Auf dem Weg zurück zur Stadt bedankte sich Hosea bei den Freunden seines Vaters und wünschte ihnen eine gute Nacht. Dann bog er vom Weg in die Stadt ab, ging hinaus in die Felder und setzte sich auf einen Hügel. Der

Mond, der die Nacht erhellte, hing niedrig zwischen den Gipfeln der nördlichen Berge. Hosea dachte nach. Der Tag, an dem er und sein Vater müde und fußlahm mit dem Esel Dan erreicht hatten, schien ein ganzes Leben zurückzuliegen.

Beeris Zorn über das sündige Leben in Israel war seither nicht geringer geworden, mit der Zeit war nur noch tiefer Kummer darüber hinzugekommen. Diesen Kummer hatte er an seinen Sohn weitergegeben, der ihn jetzt besonders empfand. Es war ein Kummer über die bösen Wege seiner Mitbürger und die Sorge um das kommende Unheil, das er daraus entstehen sah. Er hatte gegen die Sünde gebetet und gekämpft, wann immer es ihm möglich war.

Es war dieser Kampf gegen die Sünde gewesen, der König Jerobeam so zornig auf Beeri gemacht hatte. Eines Tages war Beeri in der Beraterrunde des Königs aufgestanden und hatte, ohne dazu aufgefordert zu sein, aus den alten Rollen vorgelesen, die er gerade abschrieb. Es waren die Gesetze Moses, die in Israel nun laufend gebrochen wurden. Er hatte gefordert, der König solle dem Gesetz wieder Geltung verschaffen. Der König hatte seinen Schreiber zornig angeschrien und ihm eine Frist von einem Tag gesetzt, um Samaria zu verlassen. Andernfalls würde er das Gefängnis von innen sehen.

Beeri war bereit, um seiner Treue zum Gesetz Moses auch Gefangenschaft auf sich zu nehmen, doch er wollte seinen erst acht Jahre alten Sohn nicht in Gefahr bringen. Deshalb hatte er Samaria verlassen.

Hosea erinnerte sich daran, dass ihm Dan damals wie eine Zuflucht erschienen war. Doch sein Vater hatte ihn streng ermahnt, niemals in den Tempel am Marktplatz zu gehen, denn auch dort lauere das Böse. Nun schien Hosea die Stadt, die sie vor Jerobeam beschützt hatte und bei deren Verteidigung sein Vater das Leben verlor, dunkel und wie hohl, eine leere Hülle ohne Leben. Der Lärm, die Schreie und das Lachen, die von der Stadt bis zu ihm drangen, erschienen ihm töricht und in seiner Seele verfluchte er das Unheil. Wieder empfand er den Zorn und den Kummer, den schon sein Vater gehabt hatte. Den Zorn verstand er dabei, aber den Kummer nicht.

Das Gelächter von der Stadt her erinnerte ihn daran, dass er nun allein war und das Haus leer sein würde. Ein neuer Ansturm von Kummer überwältigte ihn und er stöhnte: „Vater, Vater, warum bist du von mir gegangen? Warum?"

Er saß auf einem kleinen Hügel, bemerkte aber wegen seiner Trauer nicht, dass das Gras rundum nass wurde und seine Kleider ebenso. Er versuchte zu beten. Doch der Gott seiner Kindheit, der Gott, den sein Vater ihm stets durch seine Gebete und das Lesen der heiligen Schriften so groß gemacht hatte, schien nicht anwesend zu sein. Hoseas Verlangen war groß, doch er sah immer nur sein leeres Herz. Er dachte an einen Psalm aus einer von Beeris liebsten Rollen und schluchzte laut in seiner Not: „Adonai, Adonai, warum bist Du so ferne von mir? Warum ist Dein Angesicht in dieser Zeit meiner Not vor mir verborgen?" Er dachte an König David, wie er in seiner Not schrie, erhob sich, hob die Hände zum Himmel empor und rief: „Mein Gott, mein Gott, warum hast Du mich verlassen? Warum bist Du so ferne von mir? Warum kannst Du mir nicht helfen? Warum hörst Du den Schrei meines Herzens nicht?"

Seine Worte schienen im Nichts zu verhallen. Hörte Gott ihn oder war Er nicht da? Hatten die Betrunkenen und Feiernden in Dan Recht, wenn sie sagten, Gott kümmere sich nicht um sie; das Einzige, was man tun könne, sei, dem Goldenen Kalb und den alten Göttern Kanaans Opfer zu bringen und dann ein ausschweifendes Leben zu führen?

Doch es kam keine Antwort vom Himmel. Hosea ließ seine Arme sinken und fühlte sich irgendwie unglücklich. Er fragte sich, was er eigentlich erwartet hatte. Es waren nur solche Männer wie Abraham und Mose, zu denen Gott sprach. Sogar zu dem großen David sprach Gott nur durch den Propheten Nathan. Wer war er denn, wenn er erwartete, Gott würde zu ihm reden, wenn er schrie und weinte wie eine Frau?

Irgendwie fand Hosea in der Dunkelheit seinen Weg zurück in die Stadt, denn der Mond war längst untergegangen und seine Augen waren vom Weinen angeschwollen. In den Häusern trieben die Menschen immer noch ihre sündigen Spiele, doch die Straßen waren mittlerweile leer geworden. So bemerkte niemand, wie der trauernde junge Mann in sein Elternhaus zurückschlich.

Hosea bemerkte nichts von der Schönheit der glitzernden Sterne und der weißen Häuser der Stadt. Er betrat sein Haus und schloß die Tür hinter sich. Eine geisterhafte Einsamkeit ergriff ihn nun, denn jetzt hörte er nicht einmal mehr den Lärm der Feiernden in den anderen Häusern.

6. Kapitel

AUFBRUCH

„Hosea, du hast doch nun lange genug um deinen Vater getrauert.“ Sein alter Schulfreund, ein großer und kräftiger Mann, der es gewöhnt war, andere Leute zu unterdrücken und zu schlagen, war zu ihm gekommen. „Besuche uns doch heute Abend, wir werden dir helfen, deinen Kummer zu vergessen.“

Hosea schüttelte den Kopf und blickte auf die Rolle hinunter, die er gerade abschrieb. „Nein, Beran, du meinst es gut mit mir und ich bin dir dankbar. Aber ich möchte lieber nicht kommen.“

„Warum nicht? Was ist los mit dir, Hosea? Als meine Mutter starb, hat mein Vater eine Woche um sie getrauert, aber du trauerst nun schon einen ganzen Monat. Mittlerweile ist mein Vater wieder glücklich verheiratet und ich erwarte jeden Tag, dass mir ein Bruder geboren wird. Gib dir einen Stoß! Wir werden all unsere alten Freunde bei uns haben und die Mädchen vom Tempel haben versprochen, auch zu kommen. Was könnte sich ein Mann noch mehr wünschen!“ Terans Stirn hatte sich verwundert in Falten gelegt.

Die Erwähnung der Mädchen des Tempels schloss Hoseas Hals vor Zorn zu, so dass er zunächst kein Wort heraus brachte. *Diese Narren!* dachte er. *Sie haben keinerlei Ahnung, wofür Gott sie eigentlich geschaffen hat und welch sündiges Leben sie führen. Wie kann man nur glauben, dass solche Frauen Priesterinnen eines Gottes sein können? Unser Gott im Himmel muss Sein heiliges Angesicht vor ihnen verbergen.* Er schüttelte den Kopf. „Nein!" war alles, was er noch sagte.

Teran merkte, wie nutzlos seine Bemühungen waren, verbeugte sich leicht und verließ das Haus. Wütend schmetterte er die Tür hinter sich zu. *Narr,* dachte auch er voller Verachtung. *Der Narr will seine Tage mit trauern verbringen, statt sich an seiner Jugend und Gesundheit zu erfreuen, solange er sie noch hat.* Dann sah er vor sich eines der Mädchen, die am Abend zu ihrem Haus kommen wollten, und grüßte sie. Das Mädchen flirtete mit ihm und er hatte Hosea schnell vergessen.

Jeden Abend, seit Beeri gestorben war, hatte Hosea sein Grab besucht und hatte dort gebetet. Diese Besuche waren auch von den Leuten in Dan beobachtet worden. Sie redeten über den verrückten Sohn Beeris, der immer noch zu dem alten Gott betete und offensichtlich auch Antwort von diesem Gott erwartete. Wusste er nicht, dass der Gott ihrer Väter sie schon lange vergessen hatte? Die wenigen, die noch an den Gott Israels glaubten, schüttelten ebenfalls den Kopf über ihn und meinten, er brauche nur zum Berg Gerizim zu gehen und ein fettes Kalb zu opfern, dann wäre alles in Ordnung. Niemand gab sich Mühe, seinen Kummer zu verstehen oder begriff das Suchen seiner Seeele nach dem verlorenen Trost, den er mit seinem Vater im Gebet und Anbetung gefunden hatte. All das schien mit Beeri verloren zu sein.

Hosea begann sich ernstlich zu fragen, wie es mit Gott bestellt war. Seine Gebete schienen umsonst zu sein und die Buchrollen, die früher sein Herz singen machten, schienen nun wie tot zu sein. Die Worte Moses über das Handeln Gottes bedeuteten ihm jetzt nicht mehr als die törichten Worte Terans. Er führte jedoch die Arbeit seines

Vaters fort und während die Monate vergingen, fand er darin ein wenig Abwechslung für seine Gedanken. Er hatte schon eine ganze Anzahl Rollen abgeschrieben. Auch von reichen Bürgern, die ihre Familiengeschichte oder geschäftliche Dinge aufgeschrieben haben wollten, bekam er Arbeit.

Dann hatte er eines Nachts viele Wochen nach Terans Besuch einen Traum. Es schien, als ginge er außerhalb der Stadtmauern durch die Felder. Die Finsternis um ihn war voller Furcht. Diese Furcht ergriff auch sein Herz und zitternd fragte er sich, warum das so war. Dann sah er das Goldene Kalb auf sich zukommen. Es schrie ihn an, er solle niederknien und es anbeten, dann würde die Furcht vergehen. Doch er ergriff einen Stein und warf ihn an die glänzende Kreatur, da rannte sie fort.

Dann traten aus dem Nebel ein Mann und eine Frau hervor. Ihre Kleider schimmerten wie geschmolzenes Gold und ihre Augen leuchteten wie Juwelen. Sie tanzten um ihn herum und die Frau griff nach ihm, als sie immer näher kam. Mit leiser, aber eindringlicher Stimme versuchte sie ihn zu überreden, mit ihr zu kommen, sie würde sein Leben füllen mit Ruhm und Reichtum. Der Mann spottete über Hoseas Kummer, wie die Einwohner von Dan es auch taten. Mit schriller Stimme forderte er Hosea auf, ein Held zu sein und Ehre im Krieg zu suchen. Er versprach ihm ewige Jugend.

Hosea bedeckte mit zitternden Händen seine Augen, um die beiden nicht mehr zu sehen, doch er hörte immer noch ihre Stimmen. Seine Furcht wurde so groß, dass er verzweifelt rief: „Gott, was habe ich mit diesen üblen Menschen zu tun? Warum sind sie hier? Und wo bist Du, o mein Gott? Wo bist Du?“

Das Lachen der leuchtenden Figuren wurde lauter. Sie sagten ihm, Gott gäbe es nicht mehr, denn sie hätten Ihn im Kampf um die Herzen der Menschen besiegt. Nur sie seien noch wirklich und Hosea sei ein Narr, wenn er ihnen nicht folgen würde. Doch er rief immer wieder zu Gott.

Da keine Antwort kam, sagte er: „Dann werde ich suchen, bis ich Dich wieder finde, o mein Gott. Ich werde nicht auf diese Lügner und Verführer hören, sondern werde Dich suchen, denn Du allein bist würdig, angebetet zu werden.“ Der Schrei, den er in seinem Traum ausstieß, weckte ihn auf.

Hosea saß schweißbedeckt auf seinem Lager. Doch er wusste, was er jetzt zu tun hatte, und zwar sofort, ehe die Morgendämmerung ihm sagte, er sei verrückt geworden. „Moloch, Aschera, Baal – ihr seid falsche Götter“, murmelte er, als er sich erhob und eine kleine Öllampe herbeiholte. Er zündete sie an und begann Nahrungsmittel zusammenzupacken. „Ihr Betrüger, wie ihr die meisten Menschen hier verführt habt, wollt ihr mich auch noch verführen. Aber das wird euch nicht gelingen. Gott mag jetzt ferne von mir sein, aber es gab eine Zeit, da habe ich Ihn gut gekannt, und damals als Kind habe ich Ihm vertraut. Und eines Tages, wenn ich Ihn wieder finde, wenn ich Seinen Geist in meiner Seele verspüre, da werde ich zufrieden sein.“

Als die Sonne aufging, lag Dan schon einige Kilometer hinter ihm – Dan mit seinem Spott und der Leere des Lebens darin. Im Süden rückten die Hügel des Sees von Galiläa näher, die nun, als sich der Morgennebel verteilte, sichtbar wurden.

7. Kapitel

Amoz

Es war Regenzeit und in den Tälern war es oft schlammig und gefährlich rutschig. Doch die Berge Jerusalems ragten fest und hoch durch Nebel und Wolken, der felsige Untergrund war hart und sicher. Die Bäume, welche die Höhen der Berge krönten, tranken das neue Leben der Feuchtigkeit in sich hinein und schienen sich nun noch höher in die Wolken zu erstrecken, die um sie herumzogen. Die Hänge rundum leuchteten von hellem frischen Grün und waren noch unberührt von der weißen Hand des Frostes. Der Mann, der zwischen dem Grünen und Blühen der Hügel ging, hätte vielleicht glauben können, er sei zurück im Garten Eden, an dem weit entfernten Ufer des Euphrats.

Hosea war der einsame Mann, der durch das grünende Land wanderte. Doch ob er die Schönheiten der Natur sah, war fraglich, denn er war tief in Gedanken versunken. Gerade hatte er eine Tamariske erreicht, unter der er sich niederließ, obwohl es vom letzten Regen her noch von den Zweigen tropfte. Seine Gedanken und Sorgen hielten ihn gefangen, so dass er kaum einmal einen Blick für seine Umgebung übrig hatte. Das Land, durch das er ging, hätte ebensogut eine öde Wüste sein können. Er hätte den Unterschied kaum bemerkt.

Seit der Nacht, da er Dan verlassen hatte, war er über

Nebenstraßen und Wege gewandert wie damals mit seinem Vater, als sie vor vielen Jahren aus Samaria geflohen waren. Er mied mit Absicht die Städte und Dörfer, die an der großen Nord-Süd-Handelsstraße lagen. Seine Reise war schwierig und oft auch gefährlich gewesen. In mancher Nacht hatte er das dumpfe Grollen eines Löwen gehört, der auf der Jagd war, obwohl er nie einen zu sehen bekam.

Die Räuber, die in der Wildnis wohnten, hatten ihn aufmerksam beobachtet, aber nicht belästigt. Es war deutlich zu erkennen, dass er arm war und dass man bei ihm nichts holen konnte. Die Räuber ließen die armen Leute gewöhnlich in Ruhe. Sie hielten sich an die Reichen, die Händler und an die Assyrer, die ihre Dörfer ausplünderten und in Brand steckten.

Hosea hatte also unbelästigt seine Straße ziehen können. Meist war ihm gar nicht bewusst, wie viele wilde Augen von Menschen und Tieren ihn beobachteten. Er betete immer noch bei Sonnenaufgang und bei Sonnenuntergang, obwohl seine leere Seele noch keine Stärkung oder Segnung empfangen hatte. Er bat den Gott Israels um Schutz auf der Reise und nahm diese Bewahrung wie selbstverständlich hin. Hatten doch seine Vorväter bei ihrer Wüstenwanderung von Ägypten nach Kanaan jeden Tag Nahrung empfangen und ihre Kleidung war für Jahrzehnte nicht alt geworden. Waren ihre Feinde nicht vor ihnen geflohen? Wenn er darüber nachdachte, befahl er sich immer wieder der wachsamen und bewahrenden Hand Gottes an. Das gab ihm immer wieder einige Hoffnung. Denn wenn Gott über ihm wachte, dann würde Er sich eines Tages auch finden lassen.

Fast in jeden Bauernhof, an dem er vorüberkam, schaute er hinein. Mit dem uralten Friedensgruß verband er dann die Frage, welchen Gott die Bewohner des Hofes anbeteten. Mit jedem Tag wurde er dabei trübseliger und verzagter, denn viele lachten ihn nur aus, manche betrachteten ihn bei dieser Frage mitleidig, und die meisten zuckten nur gleichgültig mit den Schultern.

Nur einmal während seiner Wanderschaft durch die Berge und Hügel Israels hatte er die große Freude erlebt, dass man ihn herzlich willkommen hieß, als er den Hausherrn fragte, ob er immer noch zu dem Gott ihrer Väter betete. Er war in dem Haus für mehrere Tage als Gast geblieben und seine Seele war gestärkt worden, als er dem Bauern zuhörte, wie der von seinen Zeiten des Gebets zu Gott in den Feldern sprach. Für eine richtige Sabbathfeier bekam er nie die nötige Anzahl von Gläubigen zusammen. Hosea und der Bauer waren als Brüder voneinander geschieden, jeder hatte noch für den anderen um den Segen und Schutz Gottes gebetet.

Doch in den kleinen Dörfern fand er auf den Marktplätzen zu oft solche häßlichen Figuren der Götter, die er in seinem Traum gesehen hatte, von Moloch, Astarte und Baal. Hosea schien es, als starrten ihre steinernen Gesichter ihn mit Verachtung an. Die Anbeter der Götter betrachteten den fremden Reisenden, der keine Opfergaben vor den Göttern ließ, mit Erstaunen. Die Priester und die Leviten, die nicht mehr länger ihren alten von Aaron überkommenen Aufgaben nachgingen, hörten sich seine Fragen an, lachten darüber und redeten ihm zu, doch auf die Stimmen der Götter des Landes zu hören, die älter und reicher seien als der Gott Moses. Die Leviten feierten immer noch die heiligen Festtage, denn sie glaubten, so erklärten sie Hosea, jedem Gott dienen zu sollen. Doch das Fest der Erstlingsfrüchte bedeutete ihnen nicht mehr als das Neumondfest der Astarte, der Göttin allen Lebens, und das Neujahrsfest im Frühling wurde auch als das Fest Baals gefeiert, der sich dann von den jungen Frauen des Dorfes eine Astarte erwählte.

Hosea sagte gewöhnlich nichts mehr dazu, wenn er solche zweideutigen Antworten bekam oder wenn man über seine Entschiedenheit lachte, sondern verließ das Dorf jeweils so schnell er konnte. Er fragte fast nie nach den Namen der Dörfer, durch die er kam, deshalb bemerkte er es auch nicht, als er die Grenze zwischen Israel und Juda überschritt und das feindliche Südreich betrat. Die Not seines Herzens war immer noch nicht gestillt und die quälenden Schreie seiner Gedanken stiegen jede Nacht zum Himmel empor. *Mein Gott, mein Gott, hast Du uns wirklich verlassen? Hast Du Dich nun von dem Volk abgewandt, das schon so lange nicht mehr nach Dir fragt? Gibt es keine Hoffnung mehr, mein Adonai? Wo sind die Israeliten, die noch zu dir halten, mein Gott? Wo sind die Treuen, die immer noch Deinen unaussprechlichen Namen anrufen, deren Gebete das Übel und die Sünde von unserem Land abhalten?*

Er war auf seinem Weg nach Süden am Berg Gerizim vorübergezogen, denn sein Vater hatte ihm gesagt, dass die Anbeter dort in voller Unwissenheit über die Welt um sie herum lebten und in ihrer Furcht vor ihr kindisch und abergläubisch geworden wären. Deshalb vermied Hosea den Besuch dieses heiligsten Ortes in Israel, wo die Israeliten das erste Mal die Segnungen des Bundes mit Gott unter der Führung Josuas ausgerufen hatten. Es fiel ihm nicht leicht, am Gerizim vorüberzugehen, denn er sehnte sich nach Gemeinschaft mit Gläubigen, die noch wie er den Gott Abrahams anriefen. Es hätte ihm so viel Befriedigung gegeben, zu sehen, dass er mit seinem Glauben nicht allein war. Doch ihm war andererseits klar, dass ihre Antworten seine Fragen nicht befriedigen würden. Deshalb zog er weiter seinen einsamen Weg und suchte Gott in den Herzen der Menschen.

Nun saß Hosea unter einer vom letzten Regen noch tropfenden Tamariske. Ihm war nicht bewusst, wie weit er schon in Juda vorangekommen war und noch weniger ahnte er, dass schon hinter den nächsten Hügeln das Heiligtum stand, das noch alle Juden und Israeliten in ehrfürchtiger Anbetung auf ihre Knie brachte: der herrliche goldene Tempel Salomos, den der König zur Verherrlichung des unaussprechlichen Namens Gottes gebaut hatte. Er strahlte auch an den trübsten Regentagen in seiner Schönheit über den Dächern Jerusalems und schien alle, die ihn betrachteten, zu rufen, zu ihm zu kommen und darin ihren Schöpfer anzubeten.

Hosea saß müde unter dem Baum und meinte in seinen Beinen nicht mehr die Kraft zu haben, den Hügel hinaufzugehen. Doch endlich stand er doch wieder auf und schleppte sich den Hügel hinauf. Er bemerkte, wie sehr sein nasses Gewand um seine Beine schlug, und versuchte nun es auszuwringen. Die Leute, mit denen er in den Bauernhöfen und Dörfern gesprochen hatte, waren ihm zunächst gewöhnlich sehr höflich begegnet, denn sie sahen an seiner Kleidung, dass er ein Gelehrter aus den Städten war, ein Mann, der wie ihre wenigen Rabbis lesen und schreiben und über die Dinge des Geistes diskutieren konnte. Dieser Stellung hatten die Leute zunächst immer Respekt entgegengebracht und erst später gespottet, als sie merkten, dass er noch an dem alten Gott ihrer Väter festhielt.

Er fühlte sich schmutzig und ungekämmt, als er jetzt müde den Berg hinaufstieg. Er fragte sich, wann er wohl sein Ziel erreichen würde. Immer wieder ein neuer Tag und ein anderes Dorf. Er hatte die Orte schon nicht mehr gezählt, durch die er gegangen war. *Wie lange noch, o mein Gott,* seufzte er innerlich, *bis Du mir zeigst, wo ich Dich finden kann und wenn Dein Friede wieder mein Herz erfüllt?* Er dachte an die anderen Götter, die er unterwegs gesehen hatte und wie viele Reichtümer und Segnungen diese Götter ihren Anhängern versprachen und wie viel Kraft sie angeblich haben sollten. *Doch keiner ist wie Du,* überlegte er. *Keiner von ihnen hat unser Volk aus Ägypten geführt, nur Du. Keiner von ihnen hat uns geholfen, die bösen und sündigen Kanaaniter aus dem Land zu vertreiben, deren Opfer menschliches Blut erforderten und deren Rituale so unmoralisch waren. Nur Du hast uns geholfen, der Gott, der sagte, Sein Name sei ICH BIN.*

Hosea blieb erschreckt stehen. *Ich habe den heiligen, den unaussprechlichen Namen ausgesprochen,* dachte er. Er sank auf seine Knie und bedeckte die Augen. Seine Kleidung wurde wieder mit dem noch feuchten Schmutz befleckt. Er wartete voller Furcht darauf, dass Gott ihn nun in Seinem Zorn bestrafen würde, dass sich in Seinem Zorn der Donner entladen würde. Er wartete – und wusste nicht worauf.

Hosea wartete, doch nichts rührte sich. Nur das ständige Tropfen von den Bäumen war zu hören und das freudige Singen der Vögel, die sich freuten, dass der Regen aufgehört hatte, drang an sein Ohr. Die Sänger begrüßten die Sonne, die sich nun wieder durch die grauen Wolken hindurchschob.

Er erhob sich wieder von den Knien. Sein Gesicht war bitter und seine Augen starr. Reagierte Gott nicht einmal mehr auf eine Lästerung Seines heiligen Namens? Plötzlich schien ihm die letzte Zeit, in der er sich aufgemacht hatte Gott zu suchen, unnütz und vergeudet zu sein, eine Torheit, über die selbst ein Kind gelacht hätte. *Kein Wunder, dass sie mich alle verspottet haben,* dachte er, als er sich den Hang hinaufschleppte. Er seufzte und spürte Tränen in den Augen. Vom Leben hatte er sich anderes erhofft.

Die Sonne trocknete schnell seine nassen Gewänder und das Haar. Er blickte sich aufmerksam um. Die vor ihm liegenden Berge schienen niedriger zu sein als der, den er gerade hinaufging. *Ich komme ziemlich hoch hinauf,* dachte er überrascht. *Ich frage mich, wo ich bin und wie die Menschen hier sein werden. Ich bin so müde. Ich hoffe, dass jemand ein Plätzchen für mich hat heute Nacht, wo ich mich niederlegen kann. Ich habe lange genug unter dem freien Himmel geschlafen. Die Nächte werden langsam zu kalt, um wie ein Schafhirte zu leben.*

Seine großen braunen Augen konnte er vor Müdigkeit kaum mehr offen halten, als er sich nun weiterschleppte. Sein Gesicht war hager geworden von den kargen und wenigen Mahlzeiten, die er in letzter Zeit zu sich genommen hatte. Er konnte kaum noch die Füße heben und stolperte mehrere Male über Steine, die aus dem nassen Boden schauten. Er wusste, er würde nicht mehr länger weitergehen können.

Endlich hatte er den flachen Gipfel des Berges erreicht und blickte mit müden Augen auf die vor ihm ebener weitergehende Straße. Seine Aufmerksamkeit wurde nun durch einen alten Mann gefangen genommen, der auf der Umfassung eines Brunnens saß, der neben der Straße lag. Der Alte sah ziemlich vertrocknet aus, hatte viele Falten im Gesicht und einen langen weißen Bart. Doch seine Augen blitzten noch sehr lebendig unter den buschigen Brauen. Der alte Mann winkte ihm zu und rief lächelnd: „Hallo, Fremder, bist du durstig? Komm her und trinke und preise unseren Gott dafür, dass Er hier einen Brunnen hergesetzt hat, aus dem auch du dich erquicken kannst!“

Hoseas Seele wurde bei diesen Worten von einem freudigen Gefühl durchzogen und er fühlte sich gleich wieder kräftiger, als er sich jetzt dem Brunnen näherte. Das kniehohe Gras neben der Straße ließ sein Gewand wieder nass werden, als er sich nun mit den letzten Kräften zum Brunnen schleppte. Der Alte reichte ihm ein Gefäß mit köstlichem kühlen Wasser. Hosea meinte, noch nie so gutes Wasser getrunken zu haben. Als er sich durch den Trunk gestärkt hatte, ließ er sich mit einem Seufzer der Erleichterung auf dem Brunnenrand nieder. Langsam fühlte er, wie er wieder zu Kräften kam.

Er wischte sich den Mund mit dem Ärmel seines Gewandes ab und reichte dem Alten die Kelle zurück. Dabei verbeugte er sich und sagte: „Vielen Dank. Mag unser Gott dich für deine Freundlichkeit segnen.“ Seine Stimme zitterte ein wenig, denn er ahnte, welche Antwort er dieses Mal erhalten würde. So fuhr er fort: „Es erfreut mich zu hören, dass jemand von unserem Gott spricht, wie du es soeben getan hast, Fremder. Es ist schon lange her …“ Die Stimme versagte ihm. Er schwieg, als er sich jetzt an die Zeit erinnerte, als er mit seinem Vater vor den Mahlzeiten freudig Gott gedankt hatte, weil Er sie so gut versorgte. Im Lächeln des alten Mannes schien er nun ein Echo dieser lange vergangenen Zeit zu sehen.

Der Alte wurde jetzt sehr lebendig. Er sprang von der Brunneneinfassung herunter wie eine junge Ziege, ergriff Hoseas Arm und sagte: „Es ist immer gut, den Namen Adonais zu preisen und an Seine Güte uns gegenüber zu denken.“ Seine Stimme war voller Freude und Ehrfurcht. „Willkommen in Jerusalem, Fremder! Darf ich fragen, woher du kommst?“

Hosea blickte den anderen erstaunt an. Langsam sagte er: „Jerusalem? Sagtest du Jerusalem?“ Viele Gedanken gingen ihm durch den Kopf. Eine große Begeisterung packte ihn und vertrieb die Furcht, die ihn zuerst ergreifen wollte, weil er in Judäa war. Jerusalem! Der Tempel! Die heilige Bundeslade! Die Stadt Davids!

Der alte Mann strahlte nun, wobei sich sein Gesicht in unzählige Falten zog. „Ja, junger Fremder – Jerusalem! Die Stadt aller, die Gott anbeten wollen. Ich sehe, dass du eine weite Reise hinter dir hast. An deiner Kleidung hängen viele Kilometer von Schmutz.“ Seine Neugier war wie die eines Kindes, offen und furchtlos. „Bist du von Juda oder Benjamin? Oder bist du ein wandernder Levit?“

Hosea wagte kaum zu antworten, weil er die Ablehnung der Juden gegenüber den Israeliten fürchtete, denn

Israel hatte den wahren Gott vergessen. Er rieb sich die Augen und ging noch ein Stück weiter, bis er zu einem Platz kam, wo er in das jenseitige Tal hinabsehen konnte. Ja, da war er, der gesegnete Tempel, den der weise Salomo erbaut hatte. Seine goldenen Mauern waren durch den Regen vom Staub befreit und leuchteten in der Morgensonne. Sein Herz klopfte schneller. Vielleicht war das Gottes Antwort. Vielleicht fand er in diesen heiligen Mauern wieder die Gewißheit und Sicherheit von Gottes Gegenwart und Führung.

Er kehrte zu dem alten Mann zurück, der sich wieder auf den Brunnen gesetzt hatte und ihm interessiert entgegenblickte. Hosea vergaß die Sorge, dieser Mann könnte ein fanatischer Jude sein, weil ihn der Gedanke erfüllte, dass er nun in der Nähe des Tempels war. Vielleicht war seine lange Suche nun vorüber. „Es ist der schönste Anblick der ganzen Welt“, sagte er leise und in seine müden Augen war neuer Glanz gekommen. „Ich bin einen weiten Weg gegangen, doch nun sehe ich ihn.“

Der Alte blickte ihm lange ins Gesicht. „Junger Mann, du hast mir noch nicht gesagt woher du kommst. Ich bin aber ein neugieriger alter Mann, der die Namen von Leuten, die neu nach Jerusalem kommen, gern weiß. Du sprachst vorhin davon, dass du den Namen Gottes, der dir so viel Freude macht, nur selten zu hören bekommst. Ich weiß, dass in unserem Land nicht so viele wirklich Gläubige leben, wie es eigentlich sein sollten, aber so selten sind sie auch nicht. Sage mir, junger Freund, wo ist deine Heimat?“

Hosea zögerte nur einen Augenblick. Was konnte ihm schon geschehen, er konnte diesem alten Mann in jedem Fall davonlaufen. „Ich bin Hosea Ben Beeri, geboren bin ich in Samaria, doch zuletzt wohnte ich in Dan.“

Die Augen des alten Mannes wurden groß vor Staunen. „Schau, schau, ein Kind von Israel kommt nach

Jerusalem. Und du bist in unserem Land bisher nicht belästigt worden?“

Hosea nickte. Er runzelte ein wenig die Stirn, als er an die letzten Tage dachte. „Bis ich dir begegnete, hatte ich noch nicht einmal bemerkt, dass ich schon in Judäa bin. Ich bin in den letzten Tagen in keines der Dörfer gegangen, an denen ich vorüberkam, weil ich allein sein wollte.“

„Warum?“ Für einen neuen Bekannten, vor allem in einem feindlichen Land, stellte der alte Mann sehr viele Fragen. Doch Hosea fand, er könne einem Menschen gegenüber nicht ärgerlich werden, der als erster seit langer Zeit mit ihm über Gott sprach. Doch er war immer noch vorsichtig, von dem zu reden, was ihn eigentlich antrieb, weil er nicht wusste, wie der andere es aufnehmen würde. „Ich muß über viele Dinge nachdenken“, antwortete er. „Deshalb wollte ich allein sein und beten.“

Der alte Mann lachte nicht über diese Worte. Seine Augen nahmen einen verständnisvollen Ausdruck an. „Ja“, sagte er ernst und nickte mit dem Kopf, „es ist gut für einen Mann, ab und zu einmal allein zu sein. Und noch besser ist es, wenn er in dieser Einsamkeit Gott sucht, denn Er erhört stets unsere Gebete.“

„Tut Er das?“ fragte Hosea. In dem Ton seiner Antwort lag ein wenig von der Bitterkeit und dem Kummer seiner vergeblichen Suche während der letzten Monate.

„O ja!“ antwortete der alte Mann, der den Zweifel in Hoseas Stimme wahrgenommen hatte und deshalb die Stirn runzelte. „Zweifle nicht daran, junger Mann. Ich sehe an deiner Kleidung, dass du lesen und schreiben kannst. Hast du keine Abschrift von dem, was Mose geschrieben hat? Hast du nicht gelesen, wie Gott für unsere Väter sorgte, als Er sie in dieses Land brachte? Und kennst du die Gebete Davids und der Priester des Tempels? Sind manche nicht voller Eifer und Sorge und andere voller freudigem Lobpreis?“

Hosea setzte sich wieder neben den Alten, da ihm seine Füße immer noch schmerzten. Er zog die Sandalen aus und betrachtete die abgenutzten Sohlen, die Zeugnis von seiner langen Reise gaben. Als er jetzt begann den Staub von seiner Kleidung zu putzen, rümpfte er dabei selbst mißbilligend die Nase. Er hatte sich zu lange nicht richtig waschen können, stellte er fest, und fragte sich, ob er es wagen konnte, in die Stadt zu gehen und die öffentlichen Teiche zu benutzen.

Der alte Mann schwieg jetzt still, doch Hosea bemerkte, dass sich seine Lippen bewegten. *Er betet ja wirklich,* dachte er und eine Welle der Erleichterung durchbrach die Mauer von Bitterkeit, die sich in den letzten Monaten in ihm aufgebaut hatte. Als der alte Mann ihm nach einer ganzen Weile wieder das Gesicht zuwandte, wusste Hosea, dass er ihm seine Geschichte getrost erzählen konnte.

Während die Sonne immer höher stieg, unterhielten sich Hosea und sein neuer Freund ruhig, aber eifrig miteinander. Alle Fragen und Zweifel, alle Ungewissheit über seinen Glauben, den der junge Mann in letzter Zeit erlebt hatte, kamen heraus und wurden freundlich und klar von dem alten Mann behandelt. „Und deshalb, Vater, suche ich nach dem Wissen über Gott, das mein Vater hatte, das David hatte, das Mose und Abraham schon vor so langer Zeit hatten. Die Leviten konnten mir nicht helfen. Nun hoffe ich, dass ich vielleicht im Tempel Gott wieder finden kann."

„Du kannst also die Hand Gottes in deinem eigenen Leben nicht erkennen, und deshalb suchst du immer noch nach Ihm", überlegte der alte Mann und strich sich dabei bedächtig durch seinen Bart.

„So ist es, und ich werde lieber sterben, ehe ich meine Suche aufgebe." Hosea sprang auf. Er hatte seine Hände zu Fäusten geballt und seine Augen schienen Feuer zu sprühen.

Der alte Mann lachte leise. Er schien von der Aufregung des Jüngeren unbeeindruckt zu sein, als er jetzt nach dessen Arm griff. „Ich glaube dir ja, mein Sohn, ich glaube dir. Und du scheinst dem Tod schon ziemlich nahe zu sein, denn einen dürreren Mann habe ich selten gesehen, sogar in der Straße der Bettler nicht. Wann hast du eigentlich das letzte Mal gegessen?"

Hosea blickte auf das Bündel hinab, das neben den Füßen des alten Mannes im Gras lag. Wie lange war es her, seit er den letzten Bissen Nahrung verzehrt hatte?

„Ich habe dir meinen Namen noch nicht gesagt, Hosea, doch ich glaube, es wäre gut, wenn du ihn erfährst", schmunzelte der Alte. „Dann werde ich dich als guter Gastgeber einladen, mit mir nach Hause zu kommen und zu essen."

Hosea betrachtete den alten Mann näher und stellte dabei fest, dass sein Untergewand, das er trug, sein einziges Kleidungsstück zu sein schien. „Nein", sagte er zögernd, „das ist wirklich nicht nötig. Du bist so schon dem Fremden in deinem Land gegenüber freundlich genug. Ich denke, ich kann irgendwo …"

„Hör auf, Hosea!" rief der alte Mann, der nun laut lachen musste. „Du siehst meine spärliche Kleidung und denkst: ‚Er ist so dürr, dass sogar ein Löwe ihn als Mahlzeit verschmähen würde.'" Er erhob sich, und plötzlich umgab ihn eine neue Würde, als er sich zuerst ein wenig verbeugte und dann mit erhobenem Haupt sagte: „Ich bin Amoz Ben Juda. Mein Familienname geht in ununterbrochener Linie zurück auf den ersten Fürsten unseres Hauses, den Sohn Jakobs. Der Reichtum, den der erste Juda mit seinen Karawanen und Schafherden erwarb, hat uns nie verlassen. Sogar während der ägyptischen Gefangenschaft war immer Gold in unseren Truhen. Alle Männer unserer Familie haben sich in Purpur gekleidet und es war unser Dienst und unsere Freude, stets in der Nähe des

Königs zu sein und ihm als Berater und Heerführer zu dienen.“

Hosea wusste nicht, was er sagen sollte. Er kam sich recht töricht vor wie ein unwissender Landstreicher, den man beim Schafe stehlen erwischt hatte. Amoz sah ihm an, wie er sich fühlte und amüsierte sich darüber. „Komm, junger Mann“, kicherte er, „deine Fehleinschätzung war ganz natürlich, denn du hast mein Gewand nicht gesehen. Es hängt dort drüben in dem Baum, wo ich es nach dem Morgenregen trocknen lasse. Außerdem bin ich ziemlich klein geraten, so dass man in mir nicht gleich einen Prinzen erkennt. Hättest du dagegen meinen Sohn gesehen – na, genug davon. Es wäre ganz gut, wenn du ihn auch kennen lernen würdest, wenn Gott es will. Deshalb bin ich hier am Brunnen. Ich warte hier auf meinen riesigen Sohn.“

„Wo ist er denn?“, fragte Hosea höflich und überlegte, welche Aufgabe der Sohn dieses kleinen alten Prinzen wohl zu erledigen hatte.

Amoz blickte ihn nun durchdringend an, als könne er seine Gedanken lesen, so dass Hosea sich etwas ungemütlich fühlte. „Mein Sohn ist zur Zeit in der Ebene von Moab, auf der gegenüberliegenden Seite des Jordans. Er ist dort aus demselben Grund, der dich auf deine lange Wanderschaft getrieben hat.“

Hoseas Interesse wurde sofort noch größer. „Ich bin also nicht allein mit meiner Suche“, stellte er fest. „Auch andere sehen es als wichtig an, fortzugehen, um Gott zu begegnen.“

Amoz setzte sich wieder und nickte bedächtig. „Ja, junge Männer sind sich in vielem ähnlich. Ihr könnt nicht still sitzen und die Hand Gottes um euch herum am Wirken sehen. Statt dessen müsst ihr in unbekannte Gegenden gehen, wo ihr Schwierigkeiten bekommt, ehe ihr erkennt, dass Seine Hand über euch ist und euch bewahrt.

Dann erst glaubt ihr. – Doch halt, ich tue euch sicher Unrecht. Einige Männer, wie du und mein Sohn, müssen Gott in besondere Weise suchen. Für euch sind die Opfer und Gebete nicht genug, und auch unsere heiligen Feste bringen euch nicht genug Freude."

„Die Feste werden in Israel seit vielen Jahren nicht mehr ordentlich gefeiert", antwortete Hosea bekümmert. „Einige unserer wenigen noch treuen Familien kamen zwar zusammen, besonders zum Fest der Erstlingsfrüchte, doch sie mussten auch diese Feierlichkeiten aufgeben, denn die Anbeter der alten Götter unterbrachen unsere Feiern und entweihten die Opfer. Mein Vater hat mir das erzählt. Auch er selbst hat seit er als Junge noch in Dan lebte nicht mehr erlebt, dass eines der levitischen Feste gefeiert worden wäre. Nur auf dem Berg Gerizim werden noch die jährlichen Opfer gebracht, sonst nirgends mehr. Außer den Sabbathfeiern, zu denen in den Städten die wenigen noch treuen Familien in verschiedenen Häusern zusammenkamen, gibt es die alten Gottesdienste für den Gott unserer Väter nicht mehr." Man konnte Hoseas Stimme den Kummer und auch den Ärger darüber anhören.

Amoz schüttelte betrübt den Kopf. Tränen waren ihm bei den Worten Hoseas in die Augen getreten und liefen ihm nun über das Gesicht. „Ach mein Gott, wie kannst Du das noch ertragen?" murmelte er. Er richtete seinen Blick weit nach Osten zum Jordan hin. „So schlimm ist es in Judäa noch nicht. Jotham hat den Tempel noch nicht geschlossen. Mein Sohn und ich konnten das verhindern. Doch es ist nur eine Frage der Zeit, bis das geschehen wird. Die religiösen Feste werden hier immer noch gefeiert, doch es nehmen heute viel weniger Menschen daran teil als zu der Zeit, da König Usijah noch jung war. Nun stirbt er langsam in der Einsamkeit außerhalb der Mauern von Jerusalem in seinem privaten Haus, weil er wegen einer Gotteslästerung aussätzig wurde. Deshalb geht mein Sohn in die Wüste und fastet dort. Er sucht eine Antwort darauf, warum immer mehr Menschen aus unserem Volk von Gott abfallen, und er fühlt, dass er etwas dagegen unternehmen muss. Aber was er tun sollte, weiß er noch nicht. Er hat noch keine klare Berufung empfangen. Und dir, Hosea, geht es ebenso. Doch wenn ich sehe, dass zwei von euch danach suchen, einer von Israel und einer hier von Judäa – wer weiß, vielleicht will Gott in diesen Tagen etwas Neues in unserer Mitte tun."

Die Stimme des alten Mannes wurde immer erregter bei diesem Gedanken. „Könnte es nicht sein, dass Gott meint, die Schriften Moses redeten nicht mehr laut genug zu Seinem Volk und dass es notwendig ist, Männer zu senden, die Seinen Willen laut verkündigen? Doch nein, es ist nicht meine Angelegenheit, dir von so etwas zu reden, Hosea."

Doch Amoz' Worte waren schon in Hoseas Herz gefallen und erzeugten dort neue Hoffnung und neues Verlangen. Sollte dieser alte Mann Recht haben? Hatte Gott ihn den weiten Weg bis hierher geführt, damit er hörte, dass es noch einen anderen Mann gab, der genauso auf der Suche war wie er? Sollte er hier mehr erfahren von der bisher noch geheimen Absicht Gottes, die so heilig und ehrfürchtig war, dass er wünschte, seinen Kopf mit der Kapuze zu verdecken, zu Boden zu sinken und zu beten?

Doch er wollte sich nicht länger mit diesem Gedanken beschäftigen, denn dieser war sicher zu groß für ihn. Und er war doch nur ein Mensch voller Furcht. Statt dessen versuchte er den Gedanken mit einer Handbewegung beiseite zu schieben. Er schüttelte dabei den Kopf über seine innere Ungewissheit.

Hosea erhob sich und ging langsam wieder zu der Stelle, von der aus er auf Jerusalem hinabblicken konnte.

Da stand der Tempel groß und stolz in seiner glänzenden goldenen Herrlichkeit und leuchtete in der Mittagssonne. „Amoz“, sagte er leise, „vielleicht sollte ich hinübergehen. Ich brauche ja niemandem zu sagen, wer ich bin. Und vielleicht …“ Er ließ den Gedanken unvollendet.

Amoz runzelte wieder die Stirn und fuhr sich mit den Fingern durch den Bart. „Ich weiß nicht, ob das klug wäre, Hosea“, sagte er langsam. Er ahnte instinktiv, dass der junge Mann seine Worte als Leitung von Gott ansehen würde. „Mein Sohn geht in die Wüste, weil er im Tempel die Gegenwart Gottes scheinbar nicht finden kann. Die Priester haben das Gesetz Moses mißbraucht und verändert. Sie versuchen, uns mit ihren Auslegungen von dem, was Mose vor so langer Zeit gab, an sich zu ketten. Jesaja fand, die Priester wären erstarrt in äußeren Formen und Gesetzlichkeiten. Er fand dort nicht die Freiheit, Gott so anzubeten wie er es wünschte oder beim Singen die Freude zu finden, die König David empfand. Es ist ja schon so weit gekommen, dass sogar jene, die öffentlich bekennen, dass sie andere Götter anbeten, in den Tempel gehen dürfen, solange sie sich in der rechten Weise kleiden und vor den Mahlzeiten waschen.“

Amoz’ Stimme war jetzt voller Zorn. „Ja, sieh dir nur den Tempel an, er ist wunderschön und es gibt kein zweites so schönes Bauwerk in der Welt. Doch manche unter uns finden die Priesterinnen der Astarte schöner und tanzen mit ihnen an den hohen Plätzen in ganz Israel und Judäa. Hosea, im Inneren unseres prachtvollen und goldenen Tempels herrschen Korruption und Verworfenheit. Ich meine, der Tempel ist nicht der Ort, wo Gott dir begegnen will. Gewiß, er wird zu anderen reden, wenn sie vor dem Altar beten, aber nicht zu dir. Du würdest dich zu sehr über die Priester ärgern und könntest dich deshalb nicht genug auf deine Gebete konzentrieren.“

Amoz schaute wieder nach Osten hin, wie er es schon

einige Male getan hate. Hosea empfand auf einmal, dass er sich wünschte, der Sohn von Amoz möge finden, was er dort in der Wüste suchte. Er dachte: *Wie treu ist dieser Vater doch, dass er jeden Tag auf diesen Berg kommt und bis es dunkel wird nach seinem Sohn Ausschau hält. In Amoz' Charakter ist wahre Größe zu finden. Hoffentlich ist der Sohn diese Haltung auch wert.* „Verbringt dein Sohn viel Zeit in der Wüste?“ fragte er.

Amoz nickte lächelnd. „Ja, nach meiner Meinung und der des Königs sogar zu viel Zeit.“

Hosea staunte. „Geht er denn immer noch zu Usijah?“

„Natürlich, Hosea“, bestätigte er. „Er ist der engste Freund des Königs, nachdem alle anderen Prinzen sich an das Vorbild des jungen Jothams halten. Er übertritt das Gesetz nicht, was den engen Kontakt mit Aussätzigen verbietet, wenn dir das Sorge macht, sondern er hält immer die vom Gesetz geforderte Entfernung ein. Einmal kam er erst nach dreitägiger unerklärter Abwesenheit zurück, doch ich wusste, dass er sich dem Reinigungsritual unterzogen hatte. Ich glaube, dass er dem König aus Mitleid manchmal doch etwas zu nahe kommt, wenn sie sich unterhalten. Der Aussatz bedeckt mittlerweile Usijahs ganzen Körper, berichtet mir Jesaja, und er verfällt immer mehr in seinem Leid und seiner Reue. Er bittet Gott nicht, Er möge ihm den Aussatz wegnehmen, denn er denkt, dass er als Aussätziger sterben sollte als Strafe für seine Gotteslästerung. Es ist nicht leicht, von allen getrennt zu sein, wenn man noch nicht alt und noch kräftig ist. Doch Usijah redet nur noch vom Tod, berichtet Jesaja, obwohl er eigentlich noch länger leben könnte als ich.“

„Wie sieht er aus? Ich habe noch nie einen Aussätzigen gesehen.“

Amoz meinte achselzuckend: „Sein ganzer Körper ist seit etwa zwei Jahren mit weißem Ausschlag bedeckt. Ansonsten ist er genauso wie alle anderen Menschen. Er braucht noch nicht zu sterben, er muss nur getrennt von allen anderen Menschen bleiben. Manchmal werden Aussätzige auch wieder gesund, aber im Falle des Königs ist das unwahrscheinlich."

In Hoseas Seele begann sich erneut ein Drängen bemerkbar zu machen, ein Verlangen, die Unterhaltung zu beenden, obwohl der alte Mann sehr hilfreich und freundlich gewesen war, um wieder allein zu sein. Er hob sein Bündel auf und sagte: „Es ermutigt mich zu wissen, dass dein Sohn ebenfalls hungrig ist nach mehr als dem, was wir von den alten Rollen und den Opferdiensten empfangen können. Amoz, du hast mir sehr geholfen. Ich danke dir."

Amoz wischte die Worte mit einer Handbewegung beiseite. „Warte, bis Gott zu dir gesprochen hat, junger Mann, und dann danke **Ihm.**"

Hosea spürte wohl den leichten Tadel in Amoz' Worten. „Glaubst du denn, dass Gott tatsächlich mit mir reden wird, wie er es mit Mose tat?"

Amoz schaute wieder in die Ferne und erklärte dann zögernd: „Jesaja sagt, er wartet auf die Stimme Gottes, denn er wünscht sich so sehr, den Tempel und den Königspalast mit den Worten Adonais in seinem Mund zu betreten, um den Männern dort ihre Gottlosigkeit zeigen zu können. Er sagt, nur Worte, die von Gott kommen, können das tun, nicht seine eigenen. Ja, ich weiß, du bist anders. Du verspürst den Drang nicht, dein Land zu reinigen und wieder zu erwecken. Doch du selbst hast mir gesagt, dass Israel trocken und unfruchtbar ist und neues Leben benötigt. Du hast in Israel so viel Übel gefunden, dass du den ganzen Weg nach Jerusalem gekommen bist und mit mir gesprochen hast, ehe du wusstest wie es weitergehen soll. Warum, glaubst du, hat Gott dich nach hier gebracht. Und Er war es, der dich nach hier brachte, daran gibt es keinen Zweifel. Wenn du Ihn weiter ernstlich suchst wie bisher, dann wird Er dich an den Ort führen, an dem Er dir begegnen will. Hosea, warum solltest du hier gerade mich treffen? Doch nur, damit ich dir sage, du solltest denselben Weg gehen wie mein Sohn."

Amoz blickte Hosea nun direkt ins Gesicht und seine Augen strahlten mit einem tiefen Feuer. Er zitterte vor Erregung und hatte die Hände wie zum Gebet gefaltet. „Ja, ich sage nochmals, gehe in die Ebene Moab wie Jesaja es tat, und dort in der Einsamkeit der Wüste lausche auf die Stimme Gottes. Jesaja tut das schon seit Jahren. Es kann also sein, dass auch du noch eine lange Zeit warten musst. Doch irgendwie glaube ich, es wird nicht so sein."

Hosea war wie betäubt. Er wusste nicht, was er auf diese Worte antworten sollte. Er beobachtete Amoz, der zu dem Olivenbaum ging, in den er sein Obergewand zum Trocknen gehängt hatte. Der alte Mann hob einen großen Packen auf, der am Stamm lag, und brachte ihn zum Brunnen. „Hier ist Nahrung", sagte er einfach und reichte Hosea das große Bündel. „Ich habe sie für Jesaja mitgebracht, denn immer wenn er zurückkommt ist er ausgehungert. Nimm die Nahrung, Hosea, und gehe in Frieden. Mag Adonai dich weiter beschützen, wie Er das schon dein ganzes Leben lang getan hat."

Hosea nahm das in Ziegenhaut verpackte Paket. Er wollte Amoz nochmals danken, doch sein Hals war wie zugeschnürt. Er zog seine Sandalen wieder an und wandte sich nach Osten. Er sah, wie sich der Pfad den Berg hinunterwand. Es war derselbe Pfad, auf dem er sich vor einiger Zeit müde und verzweifelt heraufgeschleppt hatte. Nun hatte er ein Ziel vor Augen, als er hinabschritt, eine neue Hoffnung, weil er wusste, wohin er gehen würde.

Nochmals wandte er sich zu dem alten Mann um, der über das ganze Gesicht strahlte. „Nun habe ich zwei Söhne, auf die ich warte, statt nur auf einen", sagte er mit einem besonderen Unterton in seiner Stimme.

„Gottes Friede sei mit dir, Amoz. Ich werde zurückkehren oder sterben.“ Hosea wandte sich um und ging entschlossen den Berg hinunter.

8. Kapitel

Die Wüste von Moab

Die Ebene Moabs, die östlich der morastigen braunen Schlange des Jordanflusses beginnt und sich bis zu den jäh erhebenden majestätischen Bergen erstreckt, birgt für den Mann, der sie durchquert, Schönheit und Schrecken zugleich.

In der endlosen Schwärze der Nacht scheinen die Sterne nahe zu sein und stehen blinkend am Himmel. Ein Mann kann seine Hand ausstrecken und meinen, er könne diese Himmelslichter damit fast erreichen. Der kalte Hauch des Wüstenwindes, der bei Nacht über ihn dahinstreicht, mag ihn glauben lassen, er sei gestorben und die Sterne seien Cherubim und Seraphim Gottes, die ihren Aufträgen nachgehen.

Es waren solche Gedanken, die Hosea bewegten, als er seine erste Nacht in der Wüste verbrachte, nachdem er den Jordan an einer seichten Stelle durchquert hatte. Mit den Armen unter dem Kopf lag er auf dem Boden und bestaunte die wunderbare Schöpferkraft Gottes. Eine neue Ehrfurcht ergriff ihn, als er in die Unendlichkeit der Nacht blickte. Wie konnte der heilige ICH BIN des Universums sich herabbeugen und auf das Gebet eines solchen Menschen wie ihn hören? Wie konnte er auch nur wagen zu glauben, Gott würde zu ihm reden?

Nachdem er Stunden auf einer Grasnarbe zwischen

den Felsen auf dem Rücken gelegen hatte, setzte Hosea sich auf, gähnte und streckte sich. Er war zu aufgeregt, um schlafen zu können, zu voll dieses neuen Gefühls, dass er sich nun endlich auf dem richtigen Weg befand. Der leise Wind, der ihn umwehte, wurde stärker. Er wusste, dass die Nacht nun bald vorüber war. In diesem Augenblick bemerkte er den ersten grauen Streifen am Horizont und die schwarzen Klumpen der fernen Berge hoben sich mehr und mehr gegen den Himmel ab.

Auch die Stille um ihn veränderte sich in eine gespannte und intensive Erwartung, die seine Gedanken beruhigte und ihn zur Aufmerksamkeit rief. Von den nicht sichtbaren Bäumen im Westen, die das Ende des letzten Stücks fruchtbaren Bodens markierten, war das Geräusch des Morgenwindes zu hören und der Himmel vor ihm begann sich rot zu färben.

Plötzlich schob sich die Sonne hinter den Bergen hervor und verwandelte den Himmel in einen See von Blau und Gold. Hoseas Herz jubelte und füllte sich mit Musik angesichts dieser Schönheit. Die Sonnenstrahlen umschmeichelten sein Gesicht und brachten die erste Wärme mit. Die Tautropfen auf den Felsen glitzerten und verwandelten sich in kleine Regenbogen.

Hosea hatte nun die Schönheit der Wüste erfahren. Doch als die Stunden voranschritten, erlebte er auch ihre Schrecken. Es gab schon lange keine Bäume mehr, nur hier und da klammerten sich einige kleine Büsche zwischen Felsen, wo noch etwas guter Boden übrig geblieben war, zäh an die Erde. Vor der Hitze der Sonne gab es kein Entrinnen. Auf den Bergen vor Jerusalem hatte Hosea sogar einen leichten Anflug von Frost in der Luft verspürt, doch hier in der Ebene Moabs regierte die Sonne mit Macht und entzog allem, was sich bewegte, das Wasser und den Saft. Nur ab und zu verbarg sich die Sonne auf ihrem Weg westwärts über den Jordan einmal kurz hinter einer kleinen vorüberziehenden Wolke.

Von Zeit zu Zeit konnte man zwischen den Felsen eine Gazelle sehen, die auf dem Weg zum Jordan war, um zu trinken. Einmal jagte ein Rudel Schakale mit heraushängenden Zungen und glitzernden gelben Augen vorüber. Außer diesen Tieren und den Eidechsen, die ihn auf Steinen sitzend beobachteten, war er allein.

Doch erstaunlicherweise fühlte er sich nicht allein. Ein Gefühl beobachtet zu werden wurde immer stärker. Einige Male hatte er sich schon umgeblickt, um zu sehen, ob ihm jemand folgte, doch er sah niemand.

Als der Tag sich dahinzog und ihm des Schweißes wegen die Kleidung am Leib klebte, begann sein Kopf wegen der heißen Strahlen der Sonne zu schwimmen. Wäre er doch in einem anderen Monat gekommen, wenn die kühlen und feuchten Winde der Regenzeit über die Ebene zogen.

Die glühende Hitze brannte in seinem Gesicht, als er bemerkte, dass er auf dem felsigen Hang eines kleinen Hügels lag. Er konnte sich nicht erinnern, dass er sich hingelegt hätte oder gefallen wäre und ihm wurde wie durch einen Schleier bewusst, dass er viel müder gewesen war als er dachte. *Elia ging durch die Wüste,* dachte er, *Mose musste die Wüste auch durchqueren und Jesaja lebt hier für viele Tage – und ich breche schon am ersten Tag zusammen.*

Beschämt blickte er sich nach allen Seiten um. Er vergaß die vielen Kilometer, die er vorher schon gegangen war, ehe er nach Jerusalem kam. *Ich bin schwach, verzagt und ohne Glauben und kein Mann auf dessen Gebete irgendein Gott hören würde.* Dann erinnerte er sich daran, dass Gott Elia gestärkt hatte, als dieser vor Isebel floh und wegen Nahrungsmangel ohnmächtig wurde. Er schaute sich nach dem Päckchen mit Nahrung um, das Amoz ihm gegeben hatte. Doch es war nicht vorhanden. Er musste es unterwegs verloren haben, als er langsam bewusstlos wurde.

Er spürte, wie Panik ihn ergreifen wollte und musste hart kämpfen, um sie zu bezwingen. Hatte Gott nicht Seine Engel in Gestalt von Raben zu Elia gesandt, um ihn zu ernähren? Gott hatte ihn in seiner Schwachheit gestärkt und zu seinem Volk zurückgesandt.

Hosea fragte sich, woher jetzt diese Gedanken kamen, denn er hatte seit Jahren von Elia nichts mehr gelesen. Und doch drängten sich diese Gedanken immer mehr auf und brachten einen seltsamen Frieden und Zufriedenheit mit sich, etwas, das ganz verschieden war zu allem, was er bisher erlebt hatte.

Plötzlich wurde das Gefühl, jemand würde ihn beobachten, ganz stark. Obwohl er so müde und kraftlos war, setzte er sich auf und blickte sich um. Da sah er hinter sich einen Mann auf einem großen Felsblock sitzen.

Der Mann trug die einfache Kleidung eines Bauern. Sein Gesicht lag im Schatten, denn er hatte den Rücken der Sonne zugewandt, die sich im Westen nun langsam dem Horizont zuneigte. Hosea fand keine Zeit sich zu fragen, woher der andere gekommen war, denn der Mann wandte sich um und blickte ihn an. Hosea begann zu zittern. Er fühlte sich wie die kleinste der Wünstenameisen vor der übermächtigen Gegenwart dieses EINEN, der auf dem Felsen saß. Vor wenigen Augenblicken schien der Andere noch ein Mensch zu sein, doch nun wurde Hosea bewusst, dass dieser EINE dort die ganze Welt in Seiner Hand hielt.

Der Blick des Mannes hielt die Augen Hoseas fest, in denen alle Erkenntnis und Freude und auch aller Kummer zu lesen war. Hosea war nicht in der Lage, etwas zu sagen oder zu denken. Es war keine Kraft mehr in ihm.

Der Mann erhob sich und kam zu Hosea, der nur mit

Mühe seine sitzende Stellung beibehalten konnte. Der Andere blickte auf ihn herab. Mühsam und mit vor Kraftlosigkeit, aber auch Ehrfurcht zitternden Knien gelang es ihm endlich, eine kniende Stellung einzunehmen. Doch sein ganzer Körper wurde jetzt bis ins Innerste von diesem Zittern geschüttelt, so dass Hosea glaubte, er würde auseinanderfallen. Mit offenem und ausgedörrtem Mund und einem leisen Seufzer hauchte er: „Adonai!“

Der Mann blickte voller Freundlichkeit auf ihn herab, als würde Er auf Sein Kind blicken, das Er liebte. Von diesem Blick floss eine so überwältigende Liebe in Hoseas leeres und bekümmertes Herz, dass er wusste, er musste wieder sprechen, sonst würde er sterben. „Adonai“, flüsterte er wieder und fiel dem anderen bewusstlos zu Füßen.

Gott war endlich doch zu ihm gekommen.

9. Kapitel

Am Brunnen

Der alte Amoz hatte seinen bloßen Rücken gegen die glatte Steinwand des Brunnens gelehnt. Die Steine waren schon alt gewesen, als David diese Berge einnahm, um Jerusalem zu erobern, in dem zu jener Zeit die Jebusiter wohnten. Der Kopf des Prinzen fiel immer weiter auf seine Brust herab, als er in der Nachmittagssonne langsam einschlummerte. Ab und zu schlug er mit seinen Händen nach den lästigen Fliegen, die ihn ärgerten. Er wurde wieder wach, weil es an seinem Bein wohl durch einen Insektenstich kräftig zu jucken begann und kratzte sich an der Stelle.

„Gottes Friede sei mit dir, Amoz!“ rief eine schrille Stimme. Er sprang auf und verbeugte sich grüßend vor der alten Leah, die vom Markt in Jerusalem kam und auf dem Heimweg war. Die arme Frau hatte sieben Enkel zu ernähren, denn ihre Tochter und der Schwiegersohn waren in eine Aussätzigenkolonie verbannt worden. Nur Gott wusste, wie die kleine alte Frau es schaffte, alle Enkel satt zu bekommen, da sie ja sonst keine Verwandten in der Stadt hatte. Nur einige freundliche reiche Leute sorgten dafür, dass sie Arbeit hatte, denn sie war nicht nur alt, sondern hatte auch Arthritis.

Einmal in der Woche kam sie auch in Amoz’ großes Haus, um zu säubern – nachdem er selbst vorher es schon zum größten Teil geputzt hatte, um ihr die Arbeit abzunehmen. Für diesen wöchentlichen Putzdienst erhielt sie jedesmal ein Lamm. Amoz hatte dem betrübten Schwiegersohn vor seiner Abreise in die Aussätzigenkolonie versprochen, für seine Familie zu sorgen, damit sie nicht hungern musste. Doch das Lamm war alles, was die stolze alte Frau jedesmal annehmen wollte. Die alte Leah hatte ihr ganzes Leben lang schwer gearbeitet und behielt ihren Kummer für sich selbst.

Zwischen den Bäumen am Westhang des Berges spielten die Kinder der Stadt. Ihr Lachen und fröhliches Geschrei drang bis zu ihm herauf. Ihr Lehrer, Rabbi Kathan, war seit ihrer Kindheit ein enger Freund von Amoz. Er hatte einst bei ihm geklagt, dass er kaum wisse, wie er mit diesen Kindern von heute fertig werden sollte. Sie hätten zu wenig Achtung vor den älteren Menschen und ihre zu nachlässigen Eltern würden sie total verwöhnen. Amoz hatte innerlich gelächelt, als er daran dachte, wie viel Ärger sie als Kinder ihrem Rabbi bereitet hatten. Doch er hatte ernst genickt und seinem bekümmerten Freund versichert, er habe sein aufrichtiges Mitgefühl.

„Abba! Abba! Bist du da! Oder bist du schon wieder eingeschlafen?" Ein lauter Ruf drang vom östlichen Hang des Berges herüber. Amoz lief zu der Stelle, von wo aus er den Weg nach oben einsehen konnte. Den Pfad herauf kamen Jesaja und Hosea. Ihre Kleidung war mit Staub bedeckt, aber ihre Gesichter leuchteten vor Triumph.

„Hältst du immer treu Ausschau nach mir, Abba?" fragte sein Sohn, und im nächsten Augenblick verlor sich der Vater in der gewaltigen Umarmung seines großen Sohnes. Beide lachten und weinten gleichzeitig. Hosea konnte nichts sagen, doch sein übervolles Herz jubelte vor Lobpreis zu seinem Adonai. Sie waren beide zurück und ihre Augen strahlten vor Freude.

Jesaja setzte seinen Vater wieder auf die Erde und warf

sich selbst in das neben dem Brunnen wachsende Gras. Er zog seine Sandalen aus und rief: „Wo ist deine Schöpfkelle, Abba? Meine Füße sind genauso durstig wie meine Kehle!" Seine lachenden schwarzen Augen begegneten denen seines Vaters. Die beiden waren für einen Augenblick still und erfreuten sich jeweils an der Gegenwart des anderen. Hosea blickte von einem zum anderen und wandte sich dann ein wenig ab. In seiner Kehle schien ein Knoten zu stecken, als er an seinen Vater dachte.

Jesaja erhob sich wieder, stillte seinen Durst und blickte dann auf die anderen beiden herab. Er ragte ein ganzes Stück über sie hinaus. Sein farbiges Gewand war von der Sonne ausgebleicht, seine Arme und Beine waren mit Staub bedeckt, doch von seinem ganzen Wesen gingen Autorität und Vornehmheit aus. Hosea hatte keinen Zweifel, dass dieser Mann ein Fürst war. Doch neben dem vornehmen Wesen war auch viel Menschlichkeit und Demut zu spüren, denn er konnte aufmerksam zuhören, wenn andere erzählten. Deshalb hatte Hosea ihm vom ersten Augenblick an Vertrauen geschenkt.

Amoz zupfte seinen Sohn am Ärmel und blickte zu ihm auf. „Ja, Abba?" fragte Jesaja lächelnd. Seine mächtige Baßstimme dröhnte.

„Ein wenig leiser, mein Sohn", bat Amoz. „Du bist nicht im Königspalast, wo du versuchst, deine Feinde einzuschüchtern. Wir hier sind deine Freunde. Ich habe euch zu essen mitgebracht. Setzen wir uns doch noch ein wenig an den Brunnen und essen, während wir uns unterhalten. Dabei könnt ihr mir erzählen, was ihr erlebt habt und wie ihr euch fandet.

Einige Augenblicke später saßen die drei Männer lachend und plaudernd neben dem Brunnen und labten sich an zarten Aprikosen. Ein Levit, der vom Tempel kam und in sein Heimatdorf unterwegs war, hatte beim Vorübergehen bemerkt, dass sie übersehen hatten, die Früchte zu waschen, ehe sie aßen. Mit zusammengepressten Lippen machte er sich eine Notiz, um dem Hohenpriester davon zu berichten, wenn er das nächste Mal in Jerusalem Dienst hatte. Das Haus von Amoz würde eines Tages die Gesetze einmal zu oft brechen.

Den drei Männern war die Reaktion des Leviten nicht aufgefallen, weil sie sich so eifrig unterhielten. Hosea berichtete von seiner Begegnung mit dem Mann in der Wüste. Amoz konnte kaum an sich halten. „Der Engel Adonais, der Adonai selbst ist, gepriesen sei Er!“ rief er immer wieder. „Seit der Zeit der Richter, seit Hunderten von Jahren, ist Er nicht mehr im Land unserer Väter gesehen worden. Preis sei Ihm! Ja, Gott tut Neues für Sein Volk in diesem Land. Seine Gnade und Barmherzigkeit hat Ihn zu dir gebracht, Hosea, so dass du es anderen erzählen kannst, wie du es uns berichtet hast. In Seiner Gnade kommt Er zu uns, obwohl dieses Land nur Seinen Zorn und Sein Gericht verdient hätte. Preis sei Seinem heiligen Namen!“

Hoseas hageres und von der Sonne tief gebräuntes Gesicht strahlte vor Freude. In seinen braunen Augen leuchtete ein neues Feuer. Er fühlte sich innerlich wie ein ganz neuer Mensch und seine Worte schienen Flügel zu haben. Wie sie die Ohren der beiden Zuhörer erreichten, entzündeten sie auch in ihren Herzen große Freude. Hosea berichtete: „Ich kann die Freude und den Jubel, die Er mir ins Herz gab, nicht beschreiben. Als ich Ihn sah, fiel ich zu Seinen Füßen nieder, doch Er legte Seine Hand auf mich, gab mir Wasser und segnete mich. Dann sprach Er lange zu mir. In Seiner Stimme lagen Macht und Kummer und Freude zugleich. Wie soll ich das erklären können?“

„Ich verstehe es trotzdem“, sagte Amoz leise. „Gott ist bekümmert über uns, aber Er freut sich, weil Er uns liebt. Aber wer kann das fassen?“

Hosea blickte ihn verwundert an. „Genauso hat es

mein Vater auch immer gesagt. Der Zorn Gottes und der Kummer Gottes seien das Gleiche, und beides käme daher, dass Er uns liebt. Ich weiß nicht, wie lange der Mann zu mir geredet hat, aber es müssen Tage gewesen sein. Ich erinnere mich noch daran, dass ich mich verlaufen habe, als er mich verlassen hatte. Fast wäre ich wieder ohnmächtig geworden, bevor ich die Bäume in der Nähe des Jordans erreichte."

„Dort unter den Bäumen habe ich ihn dann gefunden, Abba, er sah aus wie der Tod!" rief Jesaja, der meinte, er habe nun lange genug geschwiegen. Sein Lachen scheuchte die Vögel hinweg, die über ihnen in dem Baum saßen. Doch er hielt inne, als er die Hoffnung in seines Vaters Augen sah. „Nein, Abba, schau mich nicht auf diese Weise an. Glaubst du nicht, dass auch ich diese Hoffnung hatte, nachdem Hosea mir von seinem Erlebnis berichtete. Ich habe den Mann nicht gesehen und auch keine Stimme in der Wüste gehört. Doch Hosea hat meiner Hoffnung neuen Mut gegeben. Ich weiß nun in hier", dabei schlug er sich auf seine breite Brust, „dass Gott auch zu mir reden wird. Ich weiß es, aber ich werde vielleicht noch einige Jahre warten müssen, bis diese Zeit für mich kommt. Im Augenblick ist es noch meine Aufgabe, mich um König Usijah zu kümmern. Ich habe ihn schon wieder zwei Wochen allein gelassen. Hosea, willst du nicht für einige Tage mit uns nach Hause kommen?"

Hosea erhob sich und Jesaja ebenfalls. „Ich kann nicht, mein Freund. Euch mag meine Herkunft nicht stören, aber die Menschen in eurer Stadt hassen mich, weil ich ein Israelit bin, ein Angehöriger der Stämme, die den Tempel verließen. Außerdem ruft mich die Stimme Gottes in mir. Ich fühle eine neue Not in mir, nach Israel zurückzukehren und ihnen die wunderbare Nachricht mitzuteilen, dass Er sie trotz ihrer Bosheit und Sünde immer noch liebt und sich um sie sorgt.

Amoz nickte, als er sein Obergewand um seine Schultern legte. „Vergiss das nie, junger Mann, denn ich zweifle, dass sie Ihn in den kommenden Jahren noch oft hören werden. Denke daran, dass sich das Leben eines Boten Gottes in den alten Rollen recht gut lesen lässt, doch der Weg ist oft hart und einsam und nur andere mit der gleichen Berufung werden dich und das, was du tust, verstehen können. Sogar anderen Gläubigen wird es nicht gefallen, wenn du gegen die falschen Götter predigst und gegen die Sünden, in denen die Götzendiener jeden Tag leben. Werde deshalb nicht verbittert, denn es ist Gottes Weg, auf dem Er dich führt.

Hoseas Augen strahlten immer noch. Wie konnte der alte Mann so reden? „Mache dir keine Sorgen um mich, Amoz. Habe ich nicht unseren Schöpfer gesehen? Was könnte mir im Leben schon noch widerfahren, um mich Seine Liebe vergessen zu lassen?"

Amoz erinnerte sich an den Ärger, der das Herz des jungen Mannes erfüllte, als sie sich zum ersten Mal begegneten, und seufzte innerlich. *Die Jungen sind immer so sicher,* dachte er. „Ich gehe jetzt, damit ihr euch voneinander verabschieden könnt", sagte er. „Nein, nicht von mir, denn ich hasse Abschiedsszenen. Gott leite dich auf all deinen Wegen, mein Sohn." Er hob segnend seine Hand und machte sich auf den Weg in die Stadt.

Die beiden jungen Männer blieben allein zurück. Zunächst wusste keiner von ihnen, was er sagen sollte. Endlich räusperte sich Jesaja und begann: „Hosea, es mag durchaus sein, dass wir uns in diesem Leben nicht wiedersehen." Er strich über seinen kurzen gekräuselten Bart und überlegte die nächsten Worte. Ihm ging es ähnlich wie seinem Vater, er mochte keine Abschiedsgesten. Er fuhr fort: „Du hast mich während der letzten Woche ermutigt. Ich werde immer daran denken, dass Gott in Israel Seinen Propheten Hosea hat, und ich werde für dich beten."

Hoseas Augen wurden feucht, doch er hielt sich tapfer und blickte nordwärts in Richtung Israel. „Ich werde mich nun nicht mehr einsam fühlen, mein Freund“, antwortete er, „da ich weiß, dass du hier in Jerusalem im Auftrag Gottes redest, so wie ich es in Israel tun werde.“

Die Verlegenheit zwischen beiden nahm zu, da keiner wusste, was er noch sagen sollte. Dann breitete Hosea seine Arme aus und zog Jesaja an sich. „Mag unser Gott dich allezeit reichlich segnen“, brachte er mühsam hervor, wobei ihm bewusst wurde, wie viel dieser Mann ihm mittlerweile bedeutete und wie schwer ihm dieser Abschied fiel. Doch Gott rief ihn, und deshalb musste er gehen.

Jesaja blieb noch lange auf dem Berg stehen und schaute Hosea nach. Noch einmal drehte sich der Israelit um und winkte zurück, dann war Hosea den Blicken Jesajas entschwunden.

10. Kapitel

Diblaim

Diblaim stand hinter dem Tisch seiner Marktbude und verbarg seine zitternden Hände hinter einem Stapel Ware, damit kein Kunde es bemerkte. Der Lärm rundum tat seinen Ohren weh und die Sehkraft seiner Augen ließ mit den Jahren immer mehr nach, so dass er oft Einzelheiten, die am entfernten Ende des Marktes geschahen, nicht mehr gut erkannte. *Ich werde alt,* dachte er. *Ich brauche einen Sohn, der das Geschäft weiter führt, so dass ich manchmal daheim ausruhen kann. Doch ich habe keinen Sohn und Dan zeigt kein Interesse an dem Geschäft.*

Er musterte die vielen Menschen, die den Markt bevölkerten. Seinen Rücken hielt er immer noch gerade und den Kopf aufrecht. Dabei war er sich wohl bewusst, dass er von vielen verstohlen betrachtet wurde. Seit zwei Jahren beobachteten die Leute von Samaria ihn auf diese Weise, und die Kinder, die früher kamen und mit Nathan spielten, rannten davon, wenn er sie nur anblickte. Er wusste warum, und die Tatsache, dass die Leute ihn mehr verurteilten, weil er seine Tochter so in Gefangenschaft hielt, als Gomer für ihre Sünde, schmerzte ihn sehr.

In Diblaims Gesichtszügen war sein Kummer zu lesen, und er hatte außer Gott niemand, mit dem er darüber reden konnte. Doch sein fortwährendes seufzendes Beten brachte ihm auch keinen Trost. Seine Frau erwähnte ihre

Tochter auf dem Dach niemals und seine Rachel schaute ihn mit ihren sanften Augen nur fragend an und sagte nichts. Sein Herz schrie ihnen Worte zu, die er nie aussprechen konnte. *O meine liebe Frau, o meine Rachel, es zerreißt auch mein Herz, wenn ich an Gomer denke, die auf dem Dach leidet.* Jedesmal wenn ein nächtlicher Sturm über die Stadt wehte, stand er am Fenster und lauschte zu dem kleinen Zelt hinauf, das direkt über seinem Schlafzimmer auf dem Dach stand und das mit seinen dünnen Wänden Regen und Wetter aushalten musste. *Bist du sicher, geht es dir gut?* schrie er in seinem Herzen, aber sein Mund blieb geschlossen.

Jeden Abend trug seine Frau eine Schüssel mit Suppe und einen Teller mit Brot und Käse die Stufen hinauf und ließ sie oben stehen. Sie wartete, bis sich der dunkle Umriss ihrer Tochter am anderen Dachende am Zelteingang zeigte und ging dann wieder nach unten. Diblaim wusste, das Schana nie ein Wort mit der in grobes Leinen gekleideten Tochter wechselte, denn ihr Kummer war zu groß. Doch er wusste auch, dass Rachel nach dem Abendessen heimlich hinausschlüpfte und auf das Dach ging, um mit der Schwester zu flüstern und für sie zu beten. Für die jüngere Tochter war diese Behandlung unverständlich, doch sie hatte volles Vertrauen in ihren Vater und zog sein Handeln nie in Zweifel. Dafür war er dankbar.

Seit zwei Jahren lebte Gomer nun schon auf dem Dach. Während all dieser Zeit hatte er nie einen Blick auf sie geworfen. Er spürte, dass sie ihn hasste, und das traf ihn noch tiefer als die Verachtung der Samariter. *Ich habe getan, was notwendig war, und nun liegt alles Weitere in Gottes Hand,* sagte er zu sich selbst, und so betete er auch.

Meine Tochter ist eine Hure, dachte er, während er mitten in dem bunten Markttreiben stand. Mit diesen Worten hatte er sich immer wieder vor sich selbst entschuldigt, seit Sedetiah seine Tochter bei ihm verklagt hatte. *Meine schöne Tochter ist eine Hure.* Dieser Gedanke hatte ihm schon viele schlaflose Nächte bereitet, die nur mit Beten und Weinen gefüllt waren.

Immer wieder kamen diese Überlegungen zu ihm zurück und ließen ihm keine Ruhe. Er konnte kaum noch an etwas anderes denken. *Sie hätte gesteinigt werden müssen, und zwar zusammen mit meinem Freund Senu-Amen draußen vor der Stadtmauer. Dort hätte sie sterben müssen in ihrer Gotteslästerung und Sünde.* Doch sein Herz schreckte vor diesem Gedanken zurück, obwohl er wusste, dass die Gesetze, die Gott vor vielen hundert Jahren am Berg Sinai zu Mose gegeben hatte, dies forderten. Diblaim hatte, als er noch jünger war, oft viele Stunden lang mit seinem damaligen Nachbar Beeri die Gesetze und die Geschichtsbücher Moses studiert.

Er wusste auch, dass Israel immer in Not gekommen war, wenn sie Gott verlassen und Seinen Gesetzen nicht gehorcht hatten. Erst in ihren Schwierigkeiten hatten sie dann immer zu Gott zurückgefunden und bei Ihm Hilfe gesucht. Not und Elend bringt die Menschen zu Gott, das hatte Diblaim daraus gelernt. Und das war auch der Grund, weshalb er Gomer so behandelte. Er hoffte, sie würde dadurch zu Gott zurückfinden. Doch wer in Israel verstand diese Gedanken noch?

Sein Volk hatte sich wieder von Gott abgewandt, seit Jerobeam gegen Salomons Sohn rebelliert und die nördlichen Stämme zum Götzendienst verführt hatte. Wer war noch übrig, der sich an die Gesetze Moses und die alten Feste hielt? Nur wenige! Es waren vielmehr die alten Götter, die früher in Kanaan angebetet wurden, denen sich Israel nun zuwandte.

Mein Volk ist todkrank, dachte Diblaim und schloss seine müden Augen, als er hinter seinem Stand saß. *Sie haben kein Verlangen, zu dem Heiligen Israels zurückzu-*

kehren, obwohl sie so in Schwierigkeiten sind. Assyrien unterdrückt uns von Norden her, unsere Brüder von Judäa beunruhigen uns aus dem Süden, und von Osten und Westen werden wir von Vasallen Assyriens bedrängt. Doch Israel singt und tanzt in sein Elend hinein statt zu Gott zurückzukehren.

Wie lange wirst Du noch Geduld mit ihnen haben, mein Gott? Wie lange hältst Du Deinen Zorn noch zurück? Hast Du immer noch Hoffnung, dass sie zu Dir zurückkehren, so wie ich auch noch für meine Gomer hoffe? Ihm war, als würde in seinem Herzen ein Messer immer und immer wieder umgedreht.

„Diblaim?" Eine leise, zögernde Stimme unterbrach seine Gedanken. Diblaim öffnete die Augen und erhob sich. Neben seinem Stand gewahrte er einen schlanken jungen Mann, der Nathan sanft hinter den Ohren kratzte. Seine dunklen Augen betrachteten aufmerksam den Kaufmann. Irgendetwas kam Diblaim an dem Fremden bekannt vor, doch er bezweifelte, dass er ihn schon jemals gesehen hatte.

Er verbeugte sich leicht. „Ich bin Diblaim", antwortete er. „Womit kann ich behilflich sein?"

Der Fremde lächelte. Auf seinem hageren, müden Gesicht lag eine tiefe Wärme, und Diblaim fühlte sich sofort zu ihm hingezogen. Rund um sein Kinn begann ein schwarzer Bart zu wachsen und sein langes schwarzes Haar hing ihm bis auf die Schultern. Sein Gewand war so ausgebleicht, dass nicht einmal das geschulte Auge des Kaufmanns mehr sagen konnte, welche Farbe es einst gehabt hatte.

Der junge Bursche brauchte dringend ein Bad und einen Haarschnitt, überlegte Diblaim. Und außerdem auch ein neues Gewand. Er sah aus wie ein Ismaelit aus der Wüste, doch andererseits verriet der Schnitt seines Kleidung, dass er ein studierter Mann sein musste. *Er ist arm und schmutzig,* dachte der Kaufmann. Vielleicht will er mich anbetteln.

Der Fremde hatte Nathan noch einen letzten Klaps gegeben, kam nun in den Stand hinein und ergriff den erstaunten Diblaim bei den Oberarmen. Seine Stimme war bewegt, als er sagte: „Du scheinst dich nicht mehr an mich zu erinnern, Diblaim. Doch ich weiß noch sehr gut, wie freundlich und hilfreich du zu meinem Vater gewesen bist, und in seinem Namen bin ich gekommen, um dich zu grüßen. Sein Name war Beeri Ben Obed."

„Hosea!" Diblaim zog den jungen Mann in seine Arme, und plötzlich machte ihm der Schmutz nichts mehr aus. Das war der Sohn seines alten Freundes und nichts war zu gut für ihn! Er legte seine zitternden Hände auf Hoseas breite Schultern und blickte in seine strahlenden Augen. „Hosea! Preis sei Gott, der dich nach so langer Zeit wieder zurückgebracht hat. Es müssen nun zwölf Jahre her sein? Doch wo ist Beeri? Geht es ihm gut?"

Über Hoseas Gesicht huschte ein schmerzlicher Zug. „Mein Vater starb vor mehr als einem Jahr, als die Männer von Dan ihre Stadt vor einer Horde betrunkener assyrischer Soldaten verteidigten", antwortete er.

Diblaims Schultern sanken herab. „Wieder ist einer der wenigen noch treuen Gläubigen gegangen und Israel ist ärmer geworden. Mein Herz trauert mit dir, mein Freund. Ich denke noch gern an die Jahre der Gemeinschaft mit Beeri. Doch wir wollen daran denken, dass König David sagte, er würde seinen Sohn im nächsten Leben wiedersehen. Sicher hat Gott noch einen anderen Platz neben dem dunklen Scheol, wohin die Seele eines reinen Mannes wie Beeri gehen wird. Er ist in Gottes Hand."

Diblaim setzte sich wieder und bot Hosea ebenfalls einen Stuhl an. Er musste daran denken, dass es der gleiche Stuhl war, auf dem Senu-Amen gesessen hatte. Das machte ihn für einen kurzen Augenblick ärgerlich. Doch

Hosea war ein Israelit, den sein Vater im Glauben und den Gesetzen ihres Gottes aufgezogen hatte. Wäre es Hosea gewesen, der sich Gomer gewünscht hätte, dann wäre alles ganz anders gekommen. Doch welcher Mann, der Gott und Seinen Gesetzen folgte, würde Gomer überhaupt noch anschauen wollen? Der alte Kummer wollte ihn wieder bedrängen und er schwieg einige Augenblicke, während er mit seinen Gedanken kämpfte.

Hosea betrachtete in der Zwischenzeit den Marktplatz und verglich ihn mit der Szene vor zwölf Jahren. Es gab jetzt unter König Menahem viel mehr Fremde hier als damals unter Jerobeam II. Er sah Männer in der Kleidung der Ägypter, der Philister, der Assyrer. Traditionelle Feinde Israels kauften und verkauften nun offen auf dem Marktplatz Samarias ihre Waren. Die Frauen trugen jetzt viel buntere Kleidung als damals und auch viel mehr Schmuck.

Hosea fragte sich, warum diese Menschen so sorglos redend und lachend umhergehen konnten, wo doch von jeder Ecke Gefahr auf sie blickte. Denn überall standen assyrische Soldaten, die mit harten Gesichtern und verächtlichen Blicken auf die Israeliten schauten.

„Diblaim", sagte er langsam. Der Kaufmann blickte ihn fragend an. „Ich bin durch unser Land gegangen und habe nirgends soviel Reichtum gesehen wie hier. Die Karawanen kommen nicht bis nach Dan, wegen der immer wieder ausbrechenden Kriege mit Syrien, und die Leute in Bethel und Silo sind fast alle arm. Es ist fast nicht zu glauben, dass dies dasselbe Land ist."

Diblaims Interesse war erwacht. „Du bist also durch unser Land gezogen. Hast du nach Arbeit gesucht?"

Hosea lächelte. Es war eine Wohltat, einmal mit jemandem zu sprechen, von dem man verstanden wurde. Amoz hatte Recht gehabt; in den meisten Städten und Dörfern hatte man ihn nur ausgelacht, wenn er versucht hatte zu den Leuten zu sprechen. Einige Male war er sogar von Soldaten ziemlich grob aus der Stadt gejagt worden. Doch die Freude, die sein Herz seit dem Wüstenerlebnis erfüllte, war immer noch vorhanden. Er war überzeugt davon, dass bald viele Leute auf ihn hören und Buße tun würden. Wie konnte es anders sein, da Gott sich doch so um Sein Volk sorgte? „Weißt du, Diblaim", antwortete er, „das ist eine lange Geschichte und du bist in der Mitte deines Arbeitstages. Sieh, hier kommt gerade ein Kunde."

In diesem Augenblick trat eine alte Frau an den Stand und betastete prüfend einen Ballen blauen Wollstoffes. Wegen des Rheumatismus ging sie ziemlich gebeugt und stützte sich auf einen Stock. Sie war in ein abgetragenes graues Leinengewand gekleidet. Der Kaufmann sprang auf, um sie zu bedienen, denn sie war eine der reichsten Frauen der Stadt. Sie versteckte ihren Reichtum gern unter alter Kleidung und hoffte, auf diese Weise hier und da von den Händlern aus Mitleid einen guten Preis zu erzielen. Doch die Kaufleute hatten ihre Tricks schon lange durchschaut.

„Komme mit mir zu uns zum Abendessen, Hosea", sagte Diblaim, während er den Stoff ein wenig ausrollte, damit die Frau ihn besser betrachten konnte. „Meine Frau wird sich freuen, dich zu sehen."

„Und deine Töchter?" fragte Hosea mit einem fröhlichen Lächeln. Er wusste, dass es gefährlich war, einem Vater heiratsfähiger Töchter diese Frage zu stellen, denn es wurde sofort vermutet, dass er Interesse hatte. Hosea fand plötzlich selbst Gefallen daran, Diblaims Töchter wiederzusehen. Rachel war damals ein kleines molliges Kind gewesen, die immer noch fiel, wenn sie zu laufen versuchte. Doch ihre schwarzen Augen hatten immer gelacht. Doch an Gomer erinnerte er sich viel besser, denn von ihr war immer ein Schein wie von der Sonne ausgegangen, wenn sie gemeinsam in den Wiesen gespielt hatten. Er hatte sie immer bewundernd angeschaut, wenn ihr langes goldenes Haar glänzte und sie vor Freude fröhlich lachte. Er hatte sich schon als Knabe ihr gegenüber wie eine Art Sklave gefühlt und konnte ihr keinen Wunsch abschlagen.

Ich hatte sie vergessen, dachte er überrascht, *vergessen dieses siebenjährige Mädchen, das wie die Tochter eines Königs aussah und jeden, der in ihre Augen blickte, bezaubern konnte.* Lachend wandte er sich wieder Diblaim zu, um ihm zu sagen, woran er sich gerade erinnert hatte. Doch da bemerkte er das verbissene Schweigen des anderen und den Kummer, der sich auf seinem Gesicht ausdrückte.

Hosea legte dem älteren Mann die Hand auf die Schulter. „Was bedrückt dich, mein Freund? Solltest du dich nicht besser wieder setzen?"

„Nein, nein, ich bin in Ordnung, Hosea." Diblaim wandte sich wieder der Kundin zu. Seine Gedanken gingen durcheinander. Seine Töchter … Da waren die unvermeidlichen Fragen, die zögernden Ausreden und das unvermeidliche Schweigen, hinter dem er sich verstecken würde. *Gott, hilf mir! Was soll ich tun? Hosea, Hosea, warum konntest du nicht zwei Jahre früher zurückkommen?*

Schana blickte vom Feuer auf, als sie hörte, wie die Tür geöffnet wurde. Sie hatte so geheizt, dass auf dem oberen Regal des Ofens das Brot erhitzt wurde. Diblaim mochte es weich und heiß.

In der offenen Tür standen zwei Personen. Doch ihre Augen, die soeben noch in das Feuer gestarrt hatten, mussten sich erst daran gewöhnen, um die zweite Person zu erkennen. Eine plötzliche wilde Hoffnung schoss ihr durchs Herz. Brachte Diblaim endlich Gomer nach unten?

Diblaims Stimme dröhnte durch die Küche. Schana war bei ihrem Klang sehr überrascht. Wieso war er so fröhlich? „Frau, wir haben einen Gast zum Abendessen. Komm her und sieh, ob du ihn erkennen wirst!“ Es war also nicht Gomer.

Sie legte den Schürhaken beiseite und erhob sich langsam, dabei versuchte sie ihre Enttäuschung zu verbergen. Sie würde den Gast schon aus dem Grunde willkommen heißen, weil er ihren Gatten in eine freudigere Stimmung gebracht hatte. Lächelnd trat sie zu den beiden Männern.

Hosea stand noch neben der Tür und zog seine Sandalen aus, als Diblaim die Tür schloß. Er blickte sich im Raum um und dachte daran, wie Schana und seine Mutter hier oft das Essen für den Sabbath zubereitet hatten und sich dabei fröhlich unterhielten. Dort drüben stand der große Tisch, an dem man das Passahfest gefeiert hatte. In einer Ecke lagen immer noch die Stapel gebleichten Leinen. Sie schienen jetzt kleiner zu sein, als sie damals dem kleinen Jungen erschienen waren, der immer versucht hatte hinaufzuklettern.

Schana stand jetzt vor ihm. Er verbeugte sich. Wie grau und müde erschien sie ihm mit ihren hängenden Schultern und dem gebeugten Rücken. Damals hatte sie einen gesunden und lebensprühenden Eindruck gemacht. Konnten zwölf Jahre einen Menschen so verändern?

Schanas große schwarze Augen blickten immer noch warm und so tröstend wie in jener Nacht, als seine Mutter gestorben war. Sie blickte ihn aufmerksam an und lächelte dann ein wenig. „Es ist Yonas Sohn“, sagte sie und gab ihm die Hand. „Du bist willkommen um deiner Mutter willen, die meine geliebte Freundin war.“

Der Name seiner Mutter trieb Hosea Tränen in die Augen. Er breitete seine Arme aus und Schana zog ihn an sich. Für einen langen Augenblick schmiegten sie sich aneinander. Beide spürten das Leid des anderen, ohne um die Ursache zu wissen.

Vom Arbeitsraum her waren Schritte zu hören. Hosea

entließ Schana aus seiner Umarmung und blickte erwartungsvoll nach dort. Ein Mädchen mit einer brennenden Öllampe kam aus dem dunklen Raum. Es ist Rachel, sagte er sich und bemerkte, dass er ein wenig enttäuscht war. In ihren schwarzen Augen war Freude zu lesen und um ihren Mund spielte ein Lächeln. Sie legte den Stoff auf den schon vorhandenen Stapel und wartete darauf, dass der Vater sie bekannt machte.

Diblaim begrüßte freudig seine Tochter und küßte sie auf die Stirn. „Meine Rachel, erinnerst du dich noch an Hosea? Tochter, das ist der junge Mann, der vor vielen Jahren mit seinem Vater fortgegangen ist, als du noch gar nicht richtig laufen konntest."

„Ich erinnere mich, dass Gomer von ihm gesprochen hat." Sie lächelte. Doch dann schlug sie die Hände vor den Mund und blickte ihren Vater ängstlich an. Hatte sie etwas Falsches gesagt? Die Worte hatten sich ganz natürlich ergeben.

Diblaim presste die Lippen zusammen, überhörte aber, was sie gesagt hatte. „Sie ist mit ihrem Cousin Dan verlobt, Hosea. Erinnerst du dich an den Jungen meines Bruders, der Landwirt ist? Du hast mit ihm gespielt, wenn …" Er unterbrach sich und ärgerte sich über sich selbst, weil er an die alten Zeiten erinnert hatte. Musste jede Unterhaltung zu Gomer führen?

Hosea war mittlerweile völlig verwirrt. Rachel war zum Feuer gelaufen, als sei sie von einer Schuld verfolgt. Was hatte sie denn Schreckliches gesagt? Und Diblaim sah aus als müsse er schreckliche Schmerzen ertragen. Er öffnete schon den Mund, um nach der anderen Tochter zu fragen, als er das stille Drama bemerkte, das sich beim Feuer abspielte.

Rachel hatte ein Tablett ergriffen und ging zur Tür, als ihr Vater ihr in den Weg trat und sie mit einer zornigen Geste auforderte, das Tablett wieder abzustellen. Sie tat es, doch ihr Gesicht nahm einen erstaunten und betrübten Ausdruck an. Hosea bemerkte Brot, Käse und eine Schüssel Suppe auf dem Tablett.

Schana aber schien vom Ärger ihres Gatten unbeeindruckt zu sein. Sie erhob sich schnell vom Feuerplatz, wo sie gesessen hatte, ergriff das Tablett und ging entschlossen und verärgert zur Tür. Hosea hatte sie noch nie so empört gesehen, und seine Verwirrung nahm noch zu. Was ging hier vor?

Diblaim hob seufzend die Hände, als seine Frau die Tür hinter sich zuschlug. Einen Augenblick später konnte man ihre Schritte auf der äußeren Treppe hören, die zum Dach hinaufführte. Gab es eine kranke Dienerin auf dem Dach, fragte sich Hosea? Wenn es so war, warum dann diese stumme Aufregung?

„Das Fleisch, Rachel!“, befahl Diblaim. Das Mädchen, das wie versteinert vor dem Ofen stand, die Hände wrang und Hosea verzweifelt anblickte, wurde wieder lebendig. Einen Augenblick später kehrte Schana zurück und verteilte die Suppe in die Teller, ohne ihren Gatten dabei anzuschauen. Einen Moment später saßen alle vier am Tisch und aßen.

Nachdem Hosea einige Löffel Suppe gegessen hatte, lobte er Schana wegen ihrer Kochkünste. Die Hausfrau nickte nur dankend. Niemand sagte ein Wort. Endlich hielt es Hosea nicht länger aus. Er begann: „Du hast mir nichts über meine Spielkameradin gesagt, Diblaim. Habe ich ihre Hochzeit nicht mitbekommen oder ist sie unterwegs, um Verwandte zu besuchen?“

Diblaim wurde ganz blass. Hosea bemerkte, wie er um Worte kämpfte. Endlich sagte er: „Sie ... sie ist nicht mit uns, Hosea.“ Das war alles.

Hosea bemerkte, daß Schana ihn mit einem seltsamen Funkeln in ihren sonst so sanften Augen beobachtete. Das beunruhigte ihn ziemlich. Er wäre ziemlich erschrocken, hätte er gewusst, dass Schana gerade überlegte, wie er das Mittel werden könnte, um Gomer aus ihrer Gefangenschaft zu befreien. Wie das zu bewerkstelligen sei, war ihr selbst nicht klar. Doch noch während sie aß begann sie innerlich inbrünstig zu beten. *Lasse es so werden, Adonai. Lasse diesen jungen Mann, der sich an meine Tochter erinnert, den sein, der ihr das Leben wieder schenkt.*

Nach dem Abendessen machten es sich die beiden Männer am Feuer bequem. Rachel begann wieder zu nähen und Schana bereitete den Brotteig für den nächsten Tag vor. Beide Frauen schwiegen, doch ihre Ohren waren weit offen, um zu hören, was zwischen Diblaim und ihrem Gast gesprochen wurde.

Sie lauschten aufmerksam, als Hosea von seinen Reisen erzählte, nachdem er Dan verlassen hatte, und sie weinten dabei. War es denn wirklich so, dass fast niemand mehr an den allmächtigen und barmherzigen Gott Israels glaubte?

Hosea berichtete, dass nur ein einzelner Farmer von allen, denen er unterwegs begegnete, an ihrem alten Glauben festhielt. Er beschrieb die sündigen Orgien, die er in Dörfern und Städten gesehen hatte, wobei er zögerte, Einzelheiten zu beschreiben. „Es gibt keine Sünde, die dabei von unseren israelitischen Brüdern und Schwestern nicht begangen worden wäre“, war alles, was er dazu sagen wollte, während ihm vor Kummer die Tränen über das Gesicht liefen.

Diblaim verstand ihn. „Ich habe das alles auch hier in Samaria gesehen“, nickte er und dachte dabei an das Mädchen auf dem Dach in ihrem einfachen wollenen Gewand, das Mädchen, das ihn wahrscheinlich für den Rest ihres Lebens hassen würde.

Hosea rückte noch ein wenig weiter nach vorn und erzählte nun von seiner Begegnung mit Amoz, von den Tagen in der Wüste Moab und von dem Mann, der ihm dort begegnete und sein Leben so radikal veränderte. „Ich habe unseren Adonai von Angesicht zu Angesicht gesehen und lebe trotzdem immer noch“, sagte er voll tiefer innerer Bewegung. Es war, als würde sein Gesicht dabei von innen her leuchten.

Dann erzählte er davon, wie der riesige Sohn des Amoz ihn halbtot in der Wüste gefunden hatte. Sein Name war Jesaja und er war ein Mann etwa in seinem Alter, der Gott ebenso suchte, wie Hosea es getan hatte. „Es gibt noch einige in Juda und Israel, Diblaim. Deshalb gib die Hoffnung nicht auf. Einige Männer suchen unseren Gott immer noch.“

Dann erzählte er von seiner Wanderung zurück nach Israel, während der Gott ihn wunderbar beschützte, denn niemand machte ihm unterwegs Schwierigkeiten oder belästigte ihn. Er war dabei auch nach Bethel gegangen, um zu sehen, ob das Goldene Kalb, ein Ebenbild von dem, das in Dan stand, immer noch existierte.

„Sie haben für das Goldene Kalb einen neuen Tempel gebaut. Ein Mann sagte mir, ein Baumeister aus Griechenland habe den Tempel für diesen Götzen gebaut. Er sieht von außen prächtig aus, ist aber innen ganz dunkel, mit Ausnahme des Opferfeuers, auf dem diesem falschen Gott Kinder geopfert werden.

An dem Tag, an dem ich dort eintraf, stand vor diesem Tempel ein Mann und predigte. Ich hörte ihm voller Freude zu. Er sprach von unserem Gott und ermahnte die Leute, Buße zu tun, um dem kommenden Verderben zu entfliehen, was sicher kommen würde, wenn sie weiter diesen sündigen und unheilvollen Weg gehen würden. Er war aus Judäa und die Leute bewarfen ihn mit Dreck und Steinen. Doch er predigte Tag für Tag. Er ist schon ein älterer Mann. Doch er muss Adonai wirklich sehr lieben, weil er Sein Wort trotz aller Verfolgung und Verachtung predigt. Er sagte mir, sein Name sei Amos, und er kennt meine Freunde Jesaja und Amoz. Als ich ihn das letzte Mal sah, wurde er von assyrischen Soldaten aus der Stadt vertrieben. Sie drohten, ihm das Geschlechtsteil abzuschneiden, sollte er nochmals nach Israel zurückkehren. Mag Gott auch mir solchen Mut geben, wenn meine Zeit gekommen ist."

Diblaim lauschte voller Spannung diesen Worten. Sogar das Zittern seiner Hände hatte aufgehört. Doch seine Stimme bebte vor Erregung, als er fragte: „Deine Zeit, Hosea? – Deine Zeit? Dann … Er war so bewegt, dass er den Satz nicht zu Ende brachte.

Hosea lächelte ihm und den beiden Frauen zu, die immer näher zum Feuer gekrochen waren und ihm ebenfalls voller Spannung lauschten. „Unser Adonai hat zu mir von Israel gesprochen und Seine Stimme war voller Kummer wegen der üblen Sünden Seines Volkes. Doch Er sagte mir auch, dass Er uns immer noch liebt. Er hat mir Hoffnung gemacht, dass unser Volk sich durch meine Worte wieder Seiner Liebe zuwenden wird. Gestern stand ich am Berg Garizim und habe Adonai Opfer gebracht, denn ich musste gereinigt werden für die Aufgabe, die Er mir übertragen hat. Ich wusste dann, dass ich nach Samaria gehen sollte, um Sein Wort zu predigen. Wer weiß, vielleicht kommt König Menahem selbst zum Marktplatz und hört die Worte Gottes von meinen Lippen. Dann wendet sich vielleicht unsere ganze Nation wieder zu Gott, ehe das Unheil über uns kommt."

„Kann das möglich sein?" stammelte Diblaim und in seinen Augen erwachte wieder ein Funke der Hoffnung.

Hosea erhob sich. Mit zitternden Lippen sagte er: „Mein Freund, hilf mir bei dieser Aufgabe. Sie ist so groß, und Adonai hat mich erwählt, sie zu tun. Ich staune immer noch darüber, wie dies nur möglich ist."

Doch Rachel bemerkte, dass auch ein wenig Stolz in

seinen Worten mitschwang. Ein wenig Furcht um diesen Mann kam in ihrem Herzen auf. Ob er wirklich selbst ganz verstand, zu welcher Aufgabe Gott ihn berufen hatte? Oder sah er vielleicht sich selbst nicht nur als Sprachrohr, sondern als den großen Bekehrer seines Volkes an, als den Mann, der den König beraten und führen sollte? Hatte er völlig verstanden, wie groß Gottes Kummer war, so wie ihr Vater es verstanden hatte?

Auch Diblaim hatte sich nun erhoben. Er legte seine Hände auf Hoseas Schultern. „Gott tut etwas Neues in dir, Hosea, und mit deinem Freund Jesaja und mit diesem Judäer Amos. Er gibt dir Worte, die unsere Herzen treffen und erfüllen und die du reden musst, wie Er sie früher Abraham und Mose gab. Deine Ohren hören und verstehen Ihn, während unsere Ohren taub sind. Wir haben nur die Schriftrollen, um von Ihm zu wissen, was nötig ist, du aber hast direkt den Geist von unserem Gott empfangen."

Lange Zeit war Stille im Raum. Dann knieten Hosea und Diblaim nieder, um zu beten. Rachel und Schana blickten sich an. Beide dachten dasselbe. War Hosea nicht noch zu jung, um wirklich die Worte zu verstehen, die er sprach? Machte die Freude ihn blind für das Leid und den Kummer?

Die Mutter legte ihre Hand auf die des Mädchens und flüsterte: „Wir können nur beten, es sind die Männer, die handeln müssen." Rachel erkannte, dass Schanas wichtigstes Gebetsanliegen immer noch Gomer galt.

11. Kapitel

Stadt in der Finsternis

Die ersten goldenen Strahlen der Sonne erhellten am nächsten Morgen die Dächer von Samaria. Auch die ersten Frühaufsteher konnte man schon in den Straßen sehen. Nach Osten ausgerichtet erhoben sich auf dem höchsten Punkt der Stadt die Mauern des prächtigen königlichen Palastes, den vor rund zweihundert Jahren Omri gebaut hatte und der von seinem Sohn Ahab erweitert worden war. Die Mauern des Palastes waren die ersten, die in den Strahlen der Sonne leuchteten. Marmor und poliertes Elfenbein glänzten im Sonnenlicht, während die Menschen durch die Straßen gingen, die so früh noch im Schatten lagen.

Vom Palast aus führte die breite Straße hinunter zum Marktplatz, auf dem auch schon das Leben begann. Diener, Sklaven und Kaufleute gingen an ihre täglichen Arbeiten. Doch hinter den prächtig geschmückten Palastmauern, die über ihnen leuchteten, lagen König Menahem und seine Adligen noch in tiefem Schlaf, das wussten sie. Doch die Leute auf dem Marktplatz machten trotzdem Lärm, denn sie wussten, es würde noch lange dauern, bevor der König und seine Saufgefährten sich von der trunkenen Orgie der letzten Nacht erholt hatten und wieder ausgeschlafen waren.

Das einfache Volk stürzte sich zwar auch oft genug in

solche sündigen Vergnügungen und Feiern, doch sie mussten trotzdem früh aufstehen, um ihrer täglichen Arbeit nachzukommen. Nur die Reichen konnten es sich leisten, bis in den hohen Tag hinein zu schlafen.

Samaria war keine große Stadt – so behaupteten es wenigstens die assyrischen Soldaten, die einen Teil ihres Dienstes hier zubringen mussten. Sie war ursprünglich erbaut worden, um König Omri einen zentralen Mittelpunkt der Regierungsgewalt über seine zehn Stämme zu geben. Deshalb breitete sie sich auch kaum über die doppelte Stadtmauer aus, die zu ihrer Sicherheit errichtet worden war.

Natürlich konnte Samaria keinen Vergleich mit der sich riesig ausbreitenden Stadt Niniveh, der Hauptstadt Assyriens, aushalten, an die die assyrischen Soldaten gewöhnt waren. Niniveh bestand mittlerweile aus ursprünglich fünf kleinen Städten und zusätzlich noch aus dem Regierungsviertel und dem königlichen Palast. Samaria war dagegen nur ein Provinznest, das kaum mehr als 3000 Einwohner hatte. Die Hälfte davon lebte im Königspalast. Doch die Samariter arbeiteten lange und fleißig, so dass ihre Stadt recht reich war. Sie sahen keinen Grund, sich für geringer zu halten als die spöttisch auf sie herabsehenden assyrischen Soldaten von Tiglath-Pileser.

Das Land für Samaria hatte König Omri von Schemer gekauft. Dann hatte er in der für ihn charakteristischen Großzügigkeit die Stadt nach dem ursprünglichen Landbesitzer benannt, von dem aber unter der Masse der Straßen und Gebäude schon längst keine Spur mehr zu finden war. Die königliche Prachtstraße und der Marktplatz waren außer dem Königspalast die einzigen vorgeplanten Bauten innerhalb der Mauern. Alle anderen Gebäude waren dahin gebaut worden, wohin der Erbauer es wünschte und wo sich noch Raum fand. So war nach und nach ein Gewirr von Straßen und Gassen entstanden. Die einzige

Grundregel, der man folgte, lautete: Je näher man zum Palast hin baute, umso reicher musste man sein, damit die Schönheit des Gebäudes zum Ansehen der Stadt beitrug und das Auge des Königs nicht verärgert wurde, wenn er vom Palast aus darauf blickte.

Vom Palast aus gesehen am anderen Ende der Stadt und am weitesten den Hang hinunter erhob sich das Osttor. Hier hatten früher die gewohnt, die sich an das Gesetz und die alten Wege Israels gehalten hatten und die nicht wünschten, an den heidnischen Festen, die auf dem Marktplatz abgehalten wurden, teilzunehmen noch etwas davon zu sehen. Dieses Viertel wurde als vornehm angesehen und niemand versuchte, dort in die Häuser einzudringen, um darin eine Orgie zu feiern.

Das Ergebnis davon war mittlerweile, dass die meisten Familien, die dort wohnten, zu den ärmsten Samarias zählten. Denn kein moderner Israelit hatte großes Interesse daran, mit den Frommen, deren Lebenswandel und deren Worte ein beständiger Tadel für sein sündiges Leben waren, in nähere Geschäftsbeziehung zu treten. Während der zweihundert Jahre hatte sich außerdem die kleine Zahl der treuen Gläubigen immer mehr verringert. Diblaim war unter den Gläubigen einer der wenigen, die einen bestimmten Wohlstand erreicht hatten. Das hatte er seiner geschäftlichen Partnerschaft mit Senu-Amen zu verdanken. Doch nur wenige seiner Nachbarn waren so mit Reichtum gesegnet worden.

Das also war die Stadt, zu der Hosea nun zurückgekehrt war.

Schana erhob sich schon eine Stunde vor Sonnenaufgang von ihrem Nachtlager und kleidete sich, ohne die Öllampe anzuzünden und Licht zu machen, so leise wie möglich an, um Diblaim nicht zu stören, der neben ihr schlief.

Nachdem sie im Dunkeln so gut es ging ihr Haar geordnet hatte, bemühte sie sich so geräuschlos wie möglich die Treppe hinunterzugehen.

Als sie die Küche betrat, blickte sie zum Feuerplatz hin und lächelte leicht. Hosea lag lang ausgestreckt und noch fest schlafend neben den Resten der Glut. Am Abend vorher war er wegen der langen Wanderung vom Berg Gerizim bis nach Samaria völlig erschöpft gewesen.

Schana ging zu dem großen Mehlbottich, neben dem auch ihr eiserner Topf stand, öffnete ihn und füllte den Topf mit Mehl. Es war einer der wenigen eisernen Töpfe, die es in der Stadt gab. Diblaim hatte ihn vor langer Zeit für zwei Längen persischer Seide von einem griechischen Händler gekauft. Schana fragte sich auch jetzt noch manchmal, ob der Topf diesen Preis wert gewesen war. Aber jedenfalls hatte er bis jetzt zwanzig Jahre gehalten, dachte sie, als sie das Mehl einfüllte. Und kein Tontopf konnte sich rühmen, eine so lange Zeit überdauert zu haben.

Obwohl sie so leise wie möglich arbeitete, erwachte Hosea davon. Schnell setzte er sich auf und blickte sich um. „Schana, es – es tut mir leid. Ich hindere dich sicher bei der Arbeit." Er sprang eilig auf und wurde sich erst dabei der Tatsache bewusst, dass seine kurze Tunika kaum halb seine Oberschenkel bedeckte. Außerdem war sie total verknautscht. Schnell griff er nach seinem Obergewand, das er auf die Bank gelegt hatte. Dabei rutschte ihm der Umhang, mit dem er sich für die Nacht zugedeckt hatte, von der Schulter. Er wurde rot, als er Schanas amüsierten Blick sah, und verhedderte sich auch noch mit den Ärmeln des Obergewandes, weil er es besonders eilig anlegen wollte.

„Ich habe dich früher als Kind oft draußen im Schmutz spielen sehen, das weißt du doch noch. Damals hattest du überhaupt keine Kleidung an", erinnerte Schana ihn augenzwinkernd. Hosea lächelte zurück, doch sein Gesicht war immer noch rot. Schana wandte ihren Blick ab, damit er sich wieder fassen konnte. Sie ging zum Feuerplatz und entzündete mit dem Rest der Glut ein neues Feuer. „Hast du gut geschlafen und hattest du es warm genug?“ fragte sie.

„Ich habe gut geschlafen und es war warm genug. Die Glut hat ja bis jetzt ein wenig Wärme verbreitet und mein Umhang hat mich vor Zugluft bewahrt. Doch ich werde mich heute nach einem Zimmer umsehen, denn ich möchte euch nicht fortwährend in dieser Weise belästigen.“

Schana blickte ihn ernst an. Für einen Augenblick ließ sie die Arbeit ruhen. „Du hast wieder Freude in unser Haus gebracht, Hosea, das so lange keine Freude mehr gekannt hat“, sagte sie. Doch sie konnte ihn nicht auffordern, bei ihnen zu bleiben. Wer weiß, was Diblaim dazu gesagt hätte? Außerdem war da auch noch Gomer auf dem Dach.

Als Diblaim herunterkam, zog schon der feine Geruch gewürzter Linsensuppe durch das Haus, die in einem Topf auf dem Feuer kochte. Rachel bestrich fleißig ungesäuertes Brot mit wildem Honig. Sie begrüßte ihren Vater mit einem freudigen Kuss. „Guten Morgen, Abba, ich dachte, ich könnte von dem Honig nehmen, den Dan uns von seinem Hof gebracht hat, da heute ja ein besonderer Tag ist.“

Hosea blickte sie ein wenig unsicher an. „Habe ich einen Festtag vergessen? Was ist an diesem Tag so besonders?“

„Du bist hier, mein Freund, das ist es“, antwortete Diblaim. Seine Stimme klang froh und herzlich. Die Zeit, die er und Hosea am vergangenen Abend im Gebet zubrachten, hatte ihn so erfrischt, dass er sich wünschte, der jüngere Mann wäre sein Sohn, so dass er ihre Familie nie mehr verlassen müsste.

Eine knappe Stunde später stand Hosea allein vor Diblaims Haus. Er war eingeladen worden, die Familie zu Dans Bauernhof zu begleiten, wo man am Abend gemeinsam den Sabbath feiern wollte. Doch er hatte mit der Begründung abgelehnt, er würde erst später nachkommen. „Ich möchte mich in der Stadt umsehen“, erklärte er. Dabei war ihm nicht entgangen, wie Diblaim die Stirn gerunzelt hatte. „Ja, ich weiß, dass die Stadt böse und voller Sünde ist und du möchtest nicht, dass ich das alles sehe. Doch ich muss. Unser geliebter Adonai hat mich nach hier gebracht, um in dieser Stadt Sein Wort zu predigen. Deshalb muss ich wissen, wie die Verhältnisse hier sind unter denen ich sprechen werde.“

Die Drei hatten ihm Gottes Segen gewünscht und hatten sich auf den Weg zu Dans Hof gemacht. Niemand hatte auch nur ein Wort über Gomer gesagt und Hosea war darüber sehr verwundert. Doch er schob den Gedanken beiseite, da er sicher war, dass er Gomer früher oder später begegnen würde. Dann würde er ja sehen, wie sich die Spielkameradin seiner Kindheit entwickelt hatte.

Da waren zwei Dinge in Samaria, die Hosea besonders störten, als er durch die Stadt ging. Er würde eine ganze Zeit brauchen, bevor er sich daran gewöhnen konnte, wie die Einwohner das offensichtlich getan hatten. Diese beiden Dinge waren der Gestank und der Lärm. Der erste war Übelkeit erregend und der zweite betäubend.

Hosea dachte daran, dass der Geruch in der Stadt Dan lange nicht so schlimm war. Der häufige Gebirgsregen wusch die Straßen oft so sauber, dass sich Unrat und Abfälle gar nicht lange ansammeln konnten. In Samaria warf man allen Abfall entweder vor oder hinter die Häuser und weigerte sich ihn wegzuräumen. Die Einwohner hatten sich daran gewöhnt, dass sie in der Trockenzeit, wenn es viele Wochen nicht regnete, oft knöcheltief in diesem Unrat wateten. Dann war die ganze Stadt mit dem Gestank der verwesenden Abfälle erfüllt. Die Besucher schüttelten zwar den Kopf darüber, konnten aber an der Sache auch nichts ändern. Erst wenn es längere Zeit geregnet hatte, wurden diese Abfälle mit den Hang hinuntergespült, an dem Samaria gebaut war. Hosea, der die ganze Zeit durch die freie Natur gewandert war, fand den Gestank unerträglich.

Der Lärm war noch eine ganz andere Sache. Der Gestank belästigte nur seine Nase, doch der Lärm drang durch seine Ohren in seinen Kopf, bis er glaubte, dieser müsse zerplatzen. Die Stille auf den Landstraßen hatte ihn nicht darauf vorbereitet, dass die Hauptstadt voller Geschrei der streitenden Bürger, habgierigen Händler und spielenden Kinder war. Dazu kam noch das Gebrüll der Tiere. Verärgerte Kamele, dickköpfige Esel und Schafe, die verkauft wurden, konnten einen Lärm verursachen, der in der ganzen Stadt zu hören war.

Ab und zu kamen auch Reiter vorüber, die gewöhnlich im Dienst des Königs waren. Doch diese störte es nicht, wenn die Hufe ihrer Pferde in den Unrat einsanken.

Hosea stand längere Zeit vor Diblaims Haus und beobachtete die Menschen auf dem Platz am Tor sowie jene, die hereinkamen oder die Stadt verließen. Er fühlte sich plötzlich zu gering und unfähig für die Aufgabe, die ihm übertragen war. Etwas kitzelte ihn an seinem Fuß. Als er hinabblickte, sah er, dass es eine dicke Ratte war, die es sich genau an seinem Fuß gemütlich gemacht hatte und irgendetwas fraß. Er schleuderte sie voller Ekel mit einem Fußtritt fort und beobachtete, wie sie in einer dunklen Ecke verschwand. Er fragte sich, wie lange die Ratten Samarias schon so frech und kühn waren, am hellen Tageslicht sich Menschen so zu nähern?

Nein, Samaria, dachte er verzweifelt, *deine Finsternis ist viel größer als deine Schönheit.* Er erinnerte sich, wie beeindruckt er gestern von dem ersten Blick auf die Stadt gewesen war, als er sich ihr näherte. Ihm hatten die festen Mauern, die schönen Häuser, der prächtige Palast auf dem Berg und die rundum wohlbestellten Felder gefallen.

Doch nun stand er innerhalb der Mauern inmitten von Unrat und Ratten. Er hörte die unflätigen Worte der Jugendlichen, die vorübergingen, das zweideutige Gerede der Frauen, die am Brunnen bei dem Tor Wasser holten. Er sah die Begierde in den Augen derer, die ihn anblickten, und er wusste, dass Gott ihm keine leichte Aufgabe übertragen hatte.

12. Kapitel

Wiederherstellung

Weil sein Gastgeber darauf bestand, blieb Hosea eine ganze Woche als Gast in Diblaims Haus und schlief nachts neben dem Feuerplatz. Obwohl er die Speisen und die Gemeinschaft mit dem alten Freund seines Vaters genoss, wurde ihm doch bewusst, dass im Haus eine unerklärliche Spannung herrschte. Noch seltsamer fand er die Tatsache, dass er immer, wenn er zur Außentreppe ging, um einmal auf das Dach zu steigen, höflich aber fest davon zurückgehalten wurde.

Doch der Abend kam, an dem Hosea ungewöhnlich unruhig war. Er hatte nun sieben Tage im Haus geschlafen und war sieben Tage durch die Straßen der Stadt und vor allem über den Marktplatz gewandert und hatte den Menschen zugehört. Nun sehnte er sich danach, wieder einmal unter dem freien Himmel zu sein und die Sterne zu betrachten, die er während seiner Wanderschaft so gut kennengelernt hatte.

Das Abendessen war gerade vorüber. Schana und Rachel saßen vor dem Feuer und besserten fleißig beschädigte Gewänder aus. Diblaim hatte sich auf der Bank und am Tisch breit gemacht und beschäftigte sich mit seinen Abrechnungen. Da im Augenblick niemand sich um ihn kümmerte, öffnete Hosea leise die Haustür und trat in die Abenddämmerung hinaus.

Es war Rachel, die als erste die Schritte auf der Außentreppe hörte. Sie sprang auf. „Abba, wo ist Hosea? Ich glaube, ich hörte …“

„Nein!“ Das Wort kam mehr gehaucht als gesprochen von Diblaims Lippen. Er bemerkte ein leichtes Lächeln, das um den Mund seiner Frau spielte, als sie den Schritten lauschte, die das Dach erreicht zu haben schienen. Plötzlich wurde ihm klar, dass sie auf diesen Augenblick gewartet hatte. Die Furcht und der Ärger, die er so lange in seinem Herzen genährt hatte, schienen zu verschwinden.

Er stützte ergeben den Kopf in beide Hände. Wollte Gott ihm zeigen, dass die Zeit der Änderung gekommen war?

Als Hosea das Dach erreichte, atmete er tief durch und ließ sich von der kühlen Luft seine Lungen füllen. Der widerliche Geruch der Stadt wurde vom Abendwind, der vom großen Meer herüberwehte, hinweggeblasen. Über seinem Kopf leuchteten die Sterne in ihrer Schönheit und vertrieben die Depression aus seiner hungrigen Seele, die ihn während der vergangenen Tage wieder ergriffen hatte. Ihr reiner und klarer Glanz erinnerte ihn an Gott, der sie geschaffen hatte. Er fand den Frieden wieder, den er in der Wüste Moabs erlebt hatte.

Langsam ging er zur Ecke des Daches und summte eine Melodie aus seiner Kindheit vor sich hin. Samaria mit all seinen Sünden und den Sorgen, die er sich darüber machte, schien hundert Kilometer weit entfernt zu sein.

Er lehnte sich an der Stelle an die niedrige Mauer, von der aus man das Tal überblicken konnte. Mit einem zufriedenen Seufzer blickte er nach Westen, wo die Berge immer noch von einem letzten Lichtstreifen der untergegangenen Sonne umrahmt waren. Kühl und dunkel, lau und dunstig breitete sich Israel vor ihm aus. Ihm war, als könne er das ganze Land in seinen offenen Händen halten.

Plötzlich hörte er hinter seinem Rücken ein leises schnaufendes Geräusch. Er drehte sich um und erwartete Diblaim zu sehen, der ihm Gesellschaft leisten wollte. Doch außer ihm selbst war niemand auf dem Dach zu sehen. Er runzelte nachdenklich die Stirn. Waren hier oben etwa auch Ratten und nicht nur unten auf den Straßen? Wenn so, dann wollte er seinen Gastgeber einen Gefallen tun und sie vertreiben, ehe sie den Flachs fraßen, der hier zum Trocknen aufgehängt war und aus dem später Stoffe entstehen sollten.

Langsam ging er zu der Stelle, von der das Geräusch gekommen war. Er blickte sich aufmerksam um und wartete darauf, dass die Ratten davonlaufen würden. Doch es geschah nichts. Dann bemerkte er etwas, das ihn verwunderte. Hinter dem aufgehängten Flachs stand ein kleines Zelt aus Ziegenhaut. Waren die Ratten etwa darin? Oder lebte darin vielleicht eine kranke Dienerin, der Schana jeden Tag das Essen brachte?

Er kniete vor der dunklen Öffnung des Zeltes nieder, blickte hinein, und da hörte er das Schnaufen wieder. „Hallo!“ sagte er gespannt. „Gott gebe dir Frieden. Ich will dir nichts Böses tun.“

Schweigen antwortete ihm. Vielleicht waren es doch nur Ratten? Oder wer auch immer darin war hatte Angst? Er rückte noch näher und konnte nun am anderen Ende des Zeltes eine zusammengekauerte Figur erkennen. „Geht es dir gut, mein Freund?“ fragte er. „Oder brauchst du vielleicht Hilfe?“

Ein unterdrücktes Schluchzen war die Antwort. Er sah, wie eine schmale Hand die dunkle Robe noch enger um sich zog. Hoseas Erstaunen wuchs. Was war hier nicht in Ordnung?

Plötzlich war er entschlossen, das Geheimnis zu erforschen, das es in Diblaims Haus zu geben schien. Er griff in das Zelt hinein und berührte die Hand. *Ich bin nicht nur ein Mann,* dachte er. *Ich bin ein Mann Gottes und muss meine Hand zu Seinen Kindern ausstrecken. Sollte dies hier eine Frau sein, dann muss ich ihr das erklären, sonst breche ich die Vorschriften, die Mose über das Berühren von Frauen gab.*

Doch bevor er etwas sagen konnte, wurde die Hand weggezogen und verbarg sich in der Robe. Die offensichtliche Not dieser Person berührte Hoseas Herz. Er begann von neuem: „Bitte, glaube mir, ich will nichts Böses. Gott hat mich nach Samaria gesandt, um den Menschen hier zu sagen, dass Er sie immer noch liebt und dass sie Buße tun sollen über ihre Sünden. Du scheinst hier oben so allein zu sein. Diblaim hat nie von dir gesprochen. Kannst du nicht Gott mit Seiner Gegenwart deine Einsamkeit erleichtern lassen wie Er mir die meine erleichtert hat? Doch du kennst ja meinen Namen nicht. Ich bin Hosea Ben Beeri und bin hier …“

Ein schmerzlicher Seufzer unterbrach ihn. Die Person rutschte noch weiter von ihm fort bis in den äußersten Winkel. Er streckte wieder die Hand aus und wunderte sich über diese Reaktion auf seinen Namen. „Bitte …“ Er begann nochmals, doch dann gefroren ihm die Worte auf den Lippen.

Eine Haarlocke war aus der Kapuze herausgerutscht, die den Kopf der geheimnisvollen Person verdeckte. Obwohl es dunkel war im Zelt, leuchtete die Locke hell. Dieses Haar kannte er. Nie hatte er es vergessen können, weil es so außergewöhnlich war. Es hatte damals, als sie noch Kinder waren, den Kopf seiner Spielgefährtin mit seinem hellen Glanz umrahmt.

In diesem Augenblick hörte er hinter sich schwere Schritte. Er drehte sich um und sah Diblaim am oberen

Ende der Treppe stehen. Hosea erhob sich und ging zu seinem Gastgeber hinüber, immer noch verwirrt von dem, was er gerade entdeckt hatte. Die zwei Männer blickten sich fest in die Augen.

„Hosea, ich wollte nicht, dass du hier auf das Dach kommst."

„Ich musste heute Abend den Sternenhimmel betrachten, ehe ich schlafen ging. Du hast mir nie gesagt, dass ich nicht auf das Dach gehen soll." Hoseas Stimme kam ihm selbst fremd vor und es machte ihm Mühe, über diese seltsame Sache nicht ärgerlich zu werden, vor der er hier stand. „Sage mir, mein Freund, wer befindet sich in dem Zelt hinter uns?"

Er sah Hoffnung in Diblaims Augen erwachen. Er schien zu glauben, Hosea habe es noch nicht entdeckt. „Es … es ist die Dienerin meiner Frau, Hosea. Sie hat Ausschlag an ihrem Körper. Dies ist der einzige Platz, wo sie bleiben kann, bis sie wieder rein ist."

Hosea fühlte nun doch Ärger in sich erwachen, als er den Worten lauschte, von denen er wusste, dass sie eine Lüge waren. Diblaim bemerkte, dass sein Gast ärgerlich wurde, und redete nicht weiter. Er sah, wie sich die Gesichtszüge des jungen Mannes verhärteten, und spürte, wie hohl seine Worte klangen.

Als könne er den Anblick seines Gastgebers nicht länger ertragen, drehte Hosea sich um und ging wieder zu dem Zelt zurück. Er musste sich eisern beherrschen, um den Mann, den er von seiner Kindheit an so hoch geachtet hatte, nicht anzuschreien oder gar zu schlagen. Warum belog er ihn? Welches schreckliche Geheimnis konnte diesen Mann dazu bringen, das Gesetz Moses zu brechen?

Nun stand er wieder vor dem Zelt. Er riss die Ziegenhaut von dem Zeltgestänge und fühlte eine dunkle Befriedigung dabei.

Die Person, die in dem Zelt verborgen war, sah sich

plötzlich dem hellen Mondlicht ausgesetzt und stieß einen leisen Schrei aus. Diblaim stöhnte laut auf, als würde ihm der Hals zugeschnürt. Er stolperte zurück zur Treppe, denn er wollte nicht sehen, was Hosea als nächstes tun würde. Er wollte auch die Worte nicht hören, die gesagt wurden.

Hosea warf die Ziegenhaut beiseite und blickte auf die zusammengekauerte Figur hinab. Der Mann Gottes stand vor der Hure von Samaria.

Gomer, die sich ganz eng in die aus rauhem Stoff bestehende Kutte gewickelt hatte, zitterte vor Furcht und biss sich in die Hand, um nicht laut schreien zu müssen. Seit zwei Jahren war sie nun allein gewesen und plötzlich stand sie diesem Fremden aus der Vergangenheit gegenüber. Ihr war, als müsse sie jeden Augenblick den Verstand verlieren und durchdrehen. Da sie nicht wusste, was jetzt geschehen würde, blieb sie wie versteinert sitzen. Durch einen schmalen Spalt sah sie den Mann, der über ihr stand.

Hosea … Eine freudige Erinnerung fand den Weg durch ihre Furcht, ein Gedanke an einen Jungen, der sie anbetete, und an seine helfende Hand, die sie auf einen Felsen zog, den sie allein nicht bezwingen konnte. Sie hatte geweint, als er mit seinem Vater nach Dan verzogen war. Er war der einzige unter den Jungen gewesen, der ihren Geschichten zugehört und sie nicht länger als kleines Baby behandelt hatte. Nun stand er vor ihr und hatte sich deshalb gegen ihren Vater gestellt. Sie hatte gesehen, wie er sich von dem alten Mann abwandte, der sie einst so hart und herzlos geschlagen hatte.

Was würde geschehen, wenn er ihr Gesicht sah. Die einst so glatte Haut war durch die Sonne ausgetrocknet. Auch ihre Hände waren rauh, geschwollen und rot von der täglichen Arbeit. Hier und da ragten ihre Knochen durch die Haut, so dünn war sie geworden von dem spärlichen Essen, das ihre Mutter ihr täglich brachte. *Geh fort,* dachte sie. *Geh fort, damit du meine Schande nicht siehst.*

Hosea reichte ihr seine Hand und beugte sich zu ihr hinunter. Es dauerte eine längere Zeit, bis sie diese Hand ergriff. Langsam und sanft zog Hosea sie hoch. Als sie auf den Füßen stand, glitt die weite dunkle Robe von ihren Schultern zu Boden. Nun stand sie im vollen Licht des Mondes und Hosea erschrak über ihr Aussehen.

Er hob ihr Kinn an und blickte ihr in die Augen. „Gomer?" Plötzlich wusste er, dass er bei ihr bleiben und ihr die Freude zurückbringen musste, von der sie einst erfüllt gewesen war. Er musste ihr Liebe und Freundschaft geben, die sie offensichtlich so lange nicht gehabt hatte.

„Ho… Hos…" Sie versuchte zu sprechen, doch ihre lange nicht gebrauchte Stimme versagte ihr den Dienst.

Sein Mitleid machte ihn ganz zart. „Ja, Gomer, ich bin es, dein Hosea. Ich bin heimgekommen zu dir, Gomer." Er lächelte ihr in ihre überraschten Augen. In dem Augenblick des Schweigens, der folgte, versuchte sie zu verstehen, warum er solche Dinge zu ihr sagte. Hosea dankte Gott dafür, dass Er ihn nach Samaria gebracht hatte. *Ich will sie lieben wie Du Israel liebst, mein Adonai,* versprach er. *Ich werde sie lieb haben und alle Furcht aus ihr vertreiben, nur lasse sie aufblühen in Deiner Schöneit und Deiner Freude, wie eine Tochter erblühen sollte, die sich zu dir wendet. Was immer sie hier in dieses Zelt gebracht hat, soll vergessen werden.*

Er bemerkte, dass sie vor Schwäche wieder die Augen geschlossen hatte und fallen wollte. Also hob er sie auf und zog sie an seine Brust. Er bemerkte, wie sie sich entspannte. *Sie vertraut mir,* dachte er und fasste den Entschluss, sie als seine Frau zu gewinnen.

Hosea trug sie die Treppe hinunter und betrat mit ihr auf den Armen das Haus. In seinen Schritten war eine neue Männlichkeit zu spüren. Schana und Rachel standen nebeneinander in der Mitte des Raumes. Diblaim saß auf der Bank neben dem Feuer. Er hatte seine Bücher vergessen und klopfte nervös mit den Fingern auf die Bank. Er blickte auf, als Hosea den Raum betrat, und eine seltsame Erleichterung schien sein Gesicht zu entspannen, als er Gomer sah. Also war die Zeit nun wirklich gekommen.

Zuerst bewegte sich niemand. Hosea stand noch unter der Tür. Mit grimmigem Gesicht hielt er das in Sackleinen gekleidete Mädchen in den Armen. Schana erkannte, dass er sie so vorsichtig trug, als wäre sie ein neugeborenes Baby. Sie wusste, dass sie sich in diesem Mann nicht getäuscht hatte. „Rachel, bring ihr Essen“, sagte sie ruhig.

Rachel rannte zum Feuerplatz und griff nach dem Tablett, das sie vorbereitet hatte, um es auf das Dach zu tragen. Auch sie war verwirrt und glücklich zugleich. Sie war ohne zu fragen bereit, alles zu tun, was die Mutter ihr auftrug.

Gomer öffnete mühsam ihre Augen. Als sie das Gesicht ihrer Mutter erblickte, sagte sie leise: „Imma?“

Dieses kleine Wort zerbrach die äußere Haltung, die Schana in den letzten beiden Jahren nach außen hin aufrechterhalten hatte. „Meine Tochter“, schluchzte sie und drückte ihre verarbeiteten Hände an ihre Brust. Es war schon lange her, dass diese Augen vertrauensvoll zu ihr hingeblickt hatten. Zu lange hatte sie dieses Wort nicht mehr von Gomers Lippen gehört. Zu lange schon hatte Sedetiah seine üblen Geschichten über Gomer verbreiten können und hatte dadurch Unruhe auch in das Herz der Mutter gebracht. „O meine Tochter“, sagte sie sanft, während ihr die Tränen über die Wangen liefen. „Meine Gomer! Dank sei Gott, dass Er sie mir zurückgegeben hat! Dank sei Gott!“

Gomer schloss ihre Augen wieder und fragte sich, warum ihre Mutter Gott dankte und nicht Hosea. Aber ihre Familie war immer etwas seltsam gewesen. Sie war zu müde, um weiter darüber nachzudenken, und außerdem brachte das Feuer eine angenehme Wärme zu ihrem fröstelnden Körper.

Hosea trug Gomer in ihren alten Raum und legte sie dort vorsichtig nieder. Schana und Rachel bereiteten schnell das Bett für Gomer vor. Die Augen der beiden strahlten vor Dankbarkeit. Er ließ die Frauen allein und begab sich wieder in den Wohnraum.

Diblaim blickte auf, als Hosea näher an das Feuer rückte. Der Schmerz in seinen Augen ließ den Mut des jungen Mannes sinken. Er fragte sich, welches Recht er hatte, sich in die Familienangelegenheiten seines Gastgebers einzumischen. Der Kummer des Vaters war doch zu tief. Doch da Hosea Gomer zur Frau wünschte, musste er reden.

„Diblaim, ich muss dich um Vergebung bitten für das, was ich heute getan habe.“

„Nein.“ Der Kaufmann schüttelte niedergeschlagen den Kopf. Mühsam fügte er hinzu: „Gott hat dich nach hier gesandt; und was immer du tust, werde ich als von Ihm getan hinnehmen.“

Hosea wurde durch diese Worte überrascht und für einen Augenblick wollte die Furcht ihn ergreifen. „Ich muss dich bitten, nicht so zu denken. Ich bin nur ein Mensch“, antwortete er.

„Auch ich bin nur ein Mensch, Hosea – nur ein Mensch.“ Diblaim strich sich müde über das Haar. „Doch ich bin auch ein Vater. Und deshalb musste ich so handeln wie ich glaubte, dass Gott es haben wollte.“

„Diblaim“, begann Hosea zögernd, „kannst du mir sagen, warum?“

Schweigen breitete sich im Raum aus. Nur vom Feuer her kam ein leises Knistern. Nach einiger Zeit seufzte Diblaim tief und richtete sich gerade auf, so dass er Hosea in die Augen blicken konnte. „Meine Tochter ist eine Hure“, sagte er dumpf.

13. Kapitel

Die Verhandlung

Hosea zog sich auf den großen Felsblock hinauf, der über der Quelle von Samarias Fluß lag. Er setzte sich auf das feuchte grüne Moos, mit dem der Stein bedeckt war. Seine bloßen Füße ließ er in das aufspritzende Wasser hängen. Er blickte sich um und genoss die friedliche Szene, die sich nur reichlich zehn Minuten Fußweg vom Osttor entfernt und den Berg hinauf vor seinen Augen ausbreitete. *Ich kann hier in Ruhe nachdenken,* sagte er zu sich selbst. *Hier, wo Gottes Bäume und Vögel mich umgeben. Zumindest hoffe ich, dass ich nachdenken kann.*

Die Geschichte, die ihm Diblaim am vergangenen Abend erzählt hatte, war auch an diesem schönen klaren Morgen noch schlimm genug. Beide Männer hatten geweint, ehe sie schlafen gegangen waren. Ihr herzzerbrechendes Schluchzen war in dem draußen strömenden Regen untergegangen. Die Dankbarkeit darüber, dass Gomer nun die Regenstürme nicht mehr ertragen musste, hatten Hoseas Kummer und Schmerz ein wenig erleichtert. Doch er konnte keine Entschuldigung finden für das, was sie getan hatte. Aber hatte sie wirklich …? Nein, sie konnte es nicht getan haben. Nicht Gomer!

„Meine Tochter ist eine Hure.“ Diese Worte Diblaims hatten ihn getroffen wie ein Hammerschlag. Kein Wunder, dass Diblaim so gealtert war und dass Schana froh war, als Hosea neue Freude und gute Nachrichten ins Haus gebracht hatte. Er war sicher, dass Rachel nicht wusste, warum ihre Schwester so bestraft worden war. Doch er wusste, wie sehr sie sich über Gomers Wiederaufnahme freute. *Rachel ist so rein und unberührt,* dachte er. *Ich bin sicher, dass Dan nicht einmal ihre Hand hält, wenn sie über ihre gemeinsame Zukunft sprechen.*

Aber Gomer? Sie sollte also einen Mann, noch dazu einen Heiden, im Widerspruch zu allen Lehren ihres Vaters verführt haben? Nein, das schien ihm unmöglich zu sein. Zwei Schwestern konnten nicht so sehr verschieden sein. Und die Gomer, die er kannte, war gut unterrichtet worden in Moses Lehren und in der Furcht vor Adonai. Sie war als Kind ziemlich wild gewesen, das stimmte schon. Doch was zählte das schon? Sie war nun eine Frau und weit über das Alter hinaus, in dem die meisten Mädchen verheiratet wurden.

Hosea sprang von seinem Sitz herunter und ging auf dem Gras am Ufer hin und her. Seine Gedanken befanden sich in Aufregung. Da waren nur zwei Dinge, deren er sich sicher war: Das eine war, dass Gott ihn nach Samaria gebracht und zu Gomer geführt hatte; und das andere, dass sie keine Hure war. Er dachte an die Jahre seiner Kindheit zurück und an Sedetiah. Erst jetzt wurde ihm bewusst, dass dieser dürre Mann schon damals an Gomer ein besonderes Interesse gezeigt hatte. Immer wieder hatte er versucht, sie mit den Händen zu berühren, wenn sie wie ein Schmetterling an ihm vorbeihuschte.

Als er vor einer Woche nach Samaria zurückgekehrt war, hatte es Hosea keinesfalls überrascht zu sehen, dass dieser dürre Mann nun Diblaims Nachbar war und in dem ehemaligen Haus seiner Familie wohnte. Sein Vater Beeri hatte Sedetiah nie recht getraut. Hosea blieb bei diesem Gedanken überrascht stehen und starrte nachdenklich in das Wasser. War hier die Lösung seiner Frage? Diblaim hatte alles, weshalb er Gomer verurteilte und bestrafte, von Sedetiah erfahren. Wenn diese Quelle nun falsch war? War es möglich zu zeigen, dass hier Lügen im Spiel waren? So konnte vielleicht Gomers Name wieder reingewaschen werden und der Vater konnte seine Tochter wieder aufnehmen.

Mit geschlossenen Augen und erhobenen Händen betete Hosea mit brennendem Herzen nun zu Gott: „Adonai, Adonai, höre mich, mein geliebter Adonai! Höre mein Rufen und hilf mir in dieser notvollen Sache. Ich brauche Deine Führung, o mein Gott!"

Er öffnete seine Augen wieder, und plötzlich tauchten aus seinem Gedächtnis bestimmte Unterweisungen seines Vaters aus den Gesetzen Moses auf, die ihm damals als Knabe nicht viel zu sagen hatten. Jetzt aber wurden sie lebendig. Während ihres ersten Jahres in Dan hatte er eine Gerichtsverhandlung miterlebt. Anschließend fragte er seinen Vater nach den Gründen der Strafe, die ihm so hart zu sein schien. Beeri hatte ihm verschiedene Fälle erzählt, als Männer und Frauen gesündigt hatten. Er hatte aber auch immer wieder darauf hingewiesen, dass im Gesetz Vorsichtsmaßnahmen eingebaut waren, die verhindern sollten, dass es zu einem Fehlurteil kam.

Ganz klar standen jetzt die damals sehr deutlichen Erklärungen seines Vaters in seiner Erinnerung. Er lachte laut vor Freude. „Vielen Dank, mein Adonai! Gepriesen sei Dein Name für immer!" rief er laut, denn er sah, welchen Weg er jetzt zu gehen hatte.

❧

Gomer erwachte von der Berührung einer sanften Hand auf ihrer Stirn. Ängstlich öffnete sie die Augen. Heller Sonnenschein erfüllte den Raum und ließ auch Rachels

Augen strahlen, die sich lächelnd über ihre Schwester beugte. *Träume ich etwa noch?* dachte Gomer. *Habe ich mich in meiner Phantasie wieder in unsere Kindheit zurückbegeben?*

Doch der Duft der Linsensuppe überzeugte sie, dass es kein Traum war, und sie richtete sich mühsam auf. Rachel unterstützte sie dabei, bis Gomer ihren Rücken gegen die Wand lehnen konnte. Rachel redete die ganze Zeit fröhlich: „War es nicht gut von Hosea, dich wieder herunterzubringen, Gomer? Und Abba – ich habe ihn noch nie so still gesehen wie heute Morgen. Imma sagt, er sei am Überlegen, was er mit dir tun soll. Ich kann die ganze Sache nicht verstehen. Mir hat nie jemand gesagt, was du getan hast. Ich bin aber sicher, dass du keines der Gebote gebrochen hast, denn das würdest du doch niemals tun." So ging es in einem fort weiter. Gomer hörte Rachels Worten voller Zuneigung zu ihrer Schwester zu, während diese ihr das Frühstück am Bett zubereitete.

Eine Stunde später blickte Gomer in Schanas Augen. Die Mutter legte das Weberschiffchen beiseite und betrachtete aufmerksam ihre Tochter. Im Türrahmen zum Arbeitsraum standen Gomer und Rachel. Die Ältere lehnte sich schwer auf den stützenden Arm der Jüngeren. Gomer schien wie verwandelt und Schana konnte für einige Augenblicke nur staunen. Sollte dies wirklich das elende Geschöpf sein, das Hosea gestern Abend ins Haus getragen hatte?

Rachel hatte Gomers Haar gewaschen und gebürstet, bis es seinen alten Glanz wieder erhalten hatte und nun dick und lang fast bis zu ihren Hüften herabhing. In Gomers großen Augen lagen immer noch Unruhe und Scheu. Doch um ihren Mund spielte ein leichtes Lächeln, als sie jetzt ihre Mutter anblickte. Rachel hatte eines der farbigen Gewänder aus der alten Truhe geholt, das nun in leuchtendem Grün ihre zu schlanke Figur umgab. Es war fast, als wäre es wieder die alte Gomer aus der glücklichen Zeit der Jahre, bevor sie den Ägypter kennenlernte.

Schana fühlte, wie ihr die Tränen wieder kommen wollten. Doch sie hielt sie mit Gewalt zurück. Geweint hatte sie nun genug in den letzten zwei Jahren. Sie erhob sich, ging zur Tür hinüber und breitete weit ihre Arme aus. „Meine Töchter", sagte sie leise, als sie beide gemeinsam in ihre Umarmung zog.

Gomer stand vor den sechs Männern, die in der Küche vor dem Feuer saßen. Ihr Hals schien wie zugeschnürt und ihre Augen wanderten voller Furcht von einem zum anderen, denn sie wusste, warum sie gekommen waren. Hosea stand neben dem Tisch und beobachtete sie aufmerksam. Irgendwie war ihr diese Aufmerksamkeit unangenehm.

Auf den beiden Bänken saßen die Männer, die in Samaria immer noch den Namen des Gottes ihrer Väter anriefen. Ihr Cousin Dan machte in seiner einfachen Robe einen armseligen Eindruck neben Sedetiah in seinem leuchtend blauen Gewand. Doch Dan wenigstens betrachtete sie voller Mitgefühl, während der alte Mann sie rachsüchtig anstarrte.

Ebenfalls aus dem Tal waren Jephthah und Elnathan mit Dan gekommen. Sie waren Cousins, aber nicht verwandt mit der Familie Diblaims. Ihre Gesichter waren von der Sonne gebräunt, aber ganz ruhig. Ihre Augen blickten ernst, aber freundlich. Gomer war, als stünde ihre Seele nackt vor diesen Männern, und sie fürchtete sich.

Ihr Vater saß am Ende des Tisches. Sie wusste, dass er besorgt und nervös war, denn seine Finger trommelten unablässig einen seltsamen Rhythmus auf die Tischplatte.

Nach einem ruhigen Tag mit ihrer Mutter und Schwester war Gomer völlig unvorbereitet gewesen auf die Begegnung mit diesen Männern. Sie hatte geglaubt, alles sei nun geregelt. Doch als Hosea die Männer ins Haus brachte, war sie in ihren Raum gerannt und hatte sich dort zitternd an das Fensterbrett gelehnt. Erst als ihre Mutter den Raum betrat und ihr lange zuredete, hatte sie sich beruhigt und war mit ihr hinuntergegangen zu den Männern. Wie man es auch betrachtete, dies hatte wohl zu kommen. Sie musste das Urteil der Männer erwarten und auf sich nehmen.

Hosea trat an den Tisch und begann mit einer Verbeugung zu ihr hin. Das verwirrte sie. War er nicht der Richter? Warum dann diese höfliche Geste? Sie war sicher, dass diese Männer gekommen waren, um sie zu verurteilen, und dass die Steinigung, vor der sie vor zwei Jahren bewahrt worden war, nun auf sie wartete.

„Verehrter Gastgeber und liebe Freunde von Samaria", begann Hosea, „es ist viele Jahre her, als mein Vater und ich noch unter euch wohnten, aber ich kann mich noch an jeden von euch erinnern." Hosea blickte nun direkt Sedetiah an, doch dessen Aufmerksamkeit galt allein Gomer. „Mein Vater Beeri Ben Obed war durch seine Mutter ein Nachkomme der Fürsten von Dan, doch wir üben schon seit langer Zeit die Dienste eines Schreibers aus. Wir haben in aller Treue die Schriften von Mose immer wieder abgeschrieben und sie so wortgenau von Generation zu Generation weitergegeben. Auch ich habe das getan und kenne deshalb die Gesetze und unsere bisher niedergeschriebene Geschichte sehr genau. Ich werde unsere alten Rollen auch bald nach Samaria bringen, damit alle sie lesen können, die dazu in der Lage sind.

Meine Brüder, wir haben beim Abschreiben der Rollen immer sehr genau darauf geachtet, dass keines der Worte in den Gesetzen Gottes, die uns durch Mose überliefert wurden, verloren ging oder verdreht wurde. Da ich, wie ich eben schon erwähnte, durch das viele Abschreiben die Gesetze sehr genau kenne, bin ich durchaus in der Lage, als Richter tätig zu werden und in den einzelnen Fällen zu beurteilen, ob eine Person nach den Regeln unserer Gesetze schuldig oder unschuldig ist."

Das Kopfnicken der Männer und murmelnde Zustimmung machte klar, dass alle mit dem weiteren Ablauf der Dinge einverstanden waren. Auch Sedetiah nickte wie abwesend mit dem Kopf, weil er sich immer mehr auf Gomer konzentrierte. Er hatte in ihren Augen die Furcht bemerkt und sah sich schon am nächsten Morgen den ersten Stein erheben und auf sie werfen, als Rache dafür, dass sie ihn und seine Annäherungsversuche immer ignoriert hatte.

Hosea fuhr mit ruhiger und fester Stimme fort: „Brüder, wir haben eine Frau vor uns, die der Hurerei beschuldigt wird. Das ist in Israel eine Verschuldung, die nach unseren Gesetzen mit dem Tod durch Steinigung zu bestrafen ist. Doch statt dessen wurde sie von ihrem Vater deshalb auf dem Dach seines Hauses seit zwei Jahren gefangen gehalten. Sie wohnte dort in einem Zelt und bekam gerade so viel zu essen, damit sie überleben konnte, denn sie arbeitete von Sonnenaufgang bis zum Einbruch der Dunkelheit. Ihr Vater meinte, durch diese Strafe …" Hier unterbrach er sich und fügte hinzu: „Es ist wohl besser, wenn er selbst erklärt, was er dabei gewollt und empfunden hat."

Diblaim seufzte. Langsam erhob er sich und warf seiner Frau einen Blick zu, die gemeinsam mit Rachel im Hintergrund des Raumes stand. Sie nickte ihm ermutigend zu. Er wagte es nicht, Gomer anzuschauen, da er sicher war, in ihren Augen den Hass zu sehen, den sie ihm gegenüber empfand. Er verbeugte sich vor Hosea, was Sedetiah mit einem Stirnrunzeln zur Kenntnis nahm. *Wer ist dieser Sohn von Beeri, dass wir ihm solchen Respekt ent-*

gegenbringen sollten? dachte er. Doch Diblaim erklärte: „Durch den Mund des Boten Gottes bin ich nun aufgefordert zu sprechen, deshalb werde ich vor euch meine Seele ausbreiten."

Sedetiah, der die ganze Zeit vorgebeugt und auf die Tischplatte gestützt gesessen hatte, richtete sich nun auf und betrachtete Hosea, den er als wilden Jungen in Erinnerung hatte, zum ersten Mal genauer. Zum ersten Mal fragte er sich, ob diese Verhandlung so ausgehen würde, wie er es bisher erwartet hatte. Doch er schob seine Besorgnis beiseite. Nach dem Gesetz hatte Gomer zu sterben, wenn er erst seine Aussage gemacht hatte. Zufrieden blickte er auf seinen bekümmerten Nachbarn und wartete auf dessen Worte.

Diblaim begann: „Mein ganzes Leben lang, Brüder, habe ich mich bemüht, in der Furcht vor dem Gott meiner Väter zu leben, und ich habe mich bemüht, meine Kinder dies ebenfalls zu lehren. Viel Sorge hat es mir deshalb bereitet, als ich hörte, dass meine ältere Tochter, als sie heranwuchs, viel Zeit auf dem Markt damit verbrachte, den Geschichten der Heiden zuzuhören und mit ihren Kindern zu spielen. Als die Zeit ihrer Kindheit zu Ende ging, verbot ich ihr, weiter auf den Markt zu gehen, außer wenn sie mit ihrer Mutter einkaufen ging. Später verbot ich ihr auch noch diese Besuche, denn ich vernahm, dass sie sich mit den jungen Männern am Brunnen und vor unserem Haus vergnügte. Ich fürchtete für ihre Sicherheit, da die Männer darauf warteten, dass sie auf die Straße kam. Und ich weiß, dass die Herzen der Samariter böse sind."

Zum ersten Mal bewegte die Besorgnis ihres Vaters das Herz Gomers. Sie begriff, welche Gefahr er in ihrem unschuldigen Flirten gesehen hatte, da er mit den Männern Samarias Handel trieb und wusste, was sie untereinander redeten. Sie war nun älter und, seit Senu-Amen ihre

Jugendträume zerstört hatte, auch etwas verständiger geworden im Blick auf die Männer. Sie musste sich eingestehen, dass ihr Vater Recht hatte und seine scheinbar zu große Strenge nur zu ihrem Schutz dienen sollte. *Warum habe ich das nicht früher begriffen?* dachte sie. *Doch es war nun zu spät, viel zu spät, und man wird in mir eine Hure sehen. Wenn ich dem Vater nur gesagt hätte, dass der Ägypter mir versprach, mich zu heiraten. Vielleicht hätte er dann begriffen, dass ich ihm nicht weh tun wollte.*

Diblaim, der nicht wusste, was im Herzen seiner Tochter vorging, fuhr mit der ihn tief schmerzenden Geschichte fort: „Eines Tages kam Sedetiah zu mir und sagte, Gomer habe einen Mann, mit dem ich Handel trieb, verführt, in meiner Abwesenheit in mein Haus zu kommen. Es war ein Ägypter. Ich fürchtete fortwährend um die Tugend und Unschuld meiner Tochter, musste aber an dem, was mein Nachbar mir sagte, erkennen, dass es schon viel zu spät war. Er machte auch Andeutungen, dass sie diese wohl schon lange vorher verloren hätte."

Diblaims Stimme bebte vor Gefühlen. Er schämte sich vor diesen Männern. Gomer zitterte nun vor Zorn, als sie erkannte, dass Sedetiah die Ohren und das Herz ihres Vaters in all diesen Jahren mit Lügen gefüllt hatte. Sie wusste, sie würde all diese Lügen zerreißen können, wenn sie eine Gelegenheit bekäme zu sprechen.

Diblaim schwieg einen Augenblick, um sich neu zu sammeln. „Mein Nachbar sagte mir, der Heide sei weggegangen. Als ich mein Haus betrat, fand ich Gomer hier auf den Stoffen liegend, die ich in der Woche darauf verkaufen wollte. Ich brauche wohl kaum zu erwähnen, dass ich sie am nächsten Tag alle verbrannt habe. Ich wusste, dass Gomer nicht gesteinigt werden konnte, wie das Gesetz es erforderte, obwohl sie diesmal in ihrer Hurerei ertappt war. Deshalb habe ich sie geschlagen und seitdem auf dem Dach eingesperrt. Ich kenne das Herz Gottes und weiß, dass Er nicht möchte, dass Seine Kinder umkommen, sondern dass sie Buße tun. Deshalb habe ich Tag und Nacht gebetet, meine Tochter möge ihre Sünde bekennen und auf dem Berg Garizim ein Opfer zu ihrer Versöhnung bringen. Ich wäre zu jeder Zeit bereit gewesen, mit ihr nach dort zu gehen, wenn sie darum gebeten hätte. Einmal in jeder Woche beauftragte ich meine Frau, Gomer zu fragen ob sie dazu bereit sei, aber ich erhielt nie eine Antwort."

Hosea litt in seinem Herzen für Gomer, doch nach außen blieb er völlig ruhig. *Natürlich hat sie nicht Buße getan,* dachte er. *Sie tat ja nichts Böses.* Für zwei Jahre ein so elendes Leben zu führen und trotzdem nie zu klagen – er bewunderte ihren Mut und liebte sie nur noch mehr. Er wandte sich nun an den Nachbar. „Sedetiah, wir wollen nun hören, was du zu sagen hast."

Der alte Mann sprang mit einem bösen Lächeln auf und betrachtete die Frau, die vor ihm stand. Sie starrte an ihm vorüber, wie sie es immer getan hatte. *Aber nicht morgen, du Hure, nicht morgen,* dachte er. „Ich werde berichten, was meine beiden Augen sahen. Hört gut zu, meine Brüder, ich werde die Wahrheit sagen wie Mose auf dem Berg Sinai, und niemand wird es abstreiten können, nicht einmal du, Hure."

„Höre damit auf", unterbrach ihn Hosea. „Es ist noch kein Urteil gesprochen. Berichte uns, was du gesehen hast."

Sedetiah murmelte etwas, das niemand verstehen konnte, und begann dann: „Ich stand an jenem verhängnisvollen Tag schon früh am Tor meines Hauses und sah Diblaim" – er verbeugte sich vor seinem Nachbarn – „zum Stadttor gehen. Ich erinnere mich noch, dass er ein Geschenk für den Führer der Karawane, die vor dem Tor lagerte, dabei hatte."

Wie konnte er das wissen? überlegte Diblaim erstaunt

und ein wenig verärgert. Dann erinnerte er sich daran, dass Sedetiah der Herumträger aller Stadtneuigkeiten war und die Dinge oft schon wusste, wenn sie noch kaum geschehen waren.

Sedetiah fuhr fort: „Dann verließen seine gute Frau Schana und seine hübsche Tochter Rachel ebenfalls das Haus und gingen zum Markt, wie sie es vor jedem Sabbath tun. Gewöhnlich geht Gomer um diese Zeit jeden Tag auf das Dach, um dort zu arbeiten. Doch an diesem Tag tat sie es nicht."

Diblaim runzelte ein wenig die Stirn. Ihm war nie aufgefallen, dass der alte Mann seine Familie jeden Tag so aufmerksam beobachtete. Hier schien irgendetwas nicht ganz in Ordnung zu sein. Hatte der Eselshändler nichts Besseres zu tun?

„Dann sah ich einen großen Mann in Wüstenkleidung durch das Stadttor hereinkommen", erzählte Sedetiah weiter. „Genau in diesem Augenblick verließ Gomer das Haus und ging mit einem Krug zum Brunnen. Sie lief schnell, um dem Mann zu begegnen, und die beiden sie … nun, sie begegneten sich so, dass ein Sohn Jakobs sich schämt, es zu beschreiben. Ich hörte Gomer sagen, sie sei allein, und die beiden gingen in das Haus. Ich habe oft gesehen, wie sie so etwas tat, und habe mich oft gefragt, ob ich ihren Vater warnen sollte. Doch er hat meine vorsichtigen Andeutungen ignoriert, und die Männer waren immer schon wieder gegangen, bevor jemand von der Familie zurückkam. Doch ich dachte, dieses Mal würde es anders kommen. Ich meinte, Diblaim würde jeden Augenblick in die Stadt zurückkommen, und dann war als Bestätigung meiner Worte der Mann im Haus. Doch Diblaim kam erst nach einer Stunde zurück und der Mann ging kurz zuvor. Brüder, was konnte ich tun? Diese Frau zerstörte den guten Namen ihres Vaters. Konnte ich, ein Sohn Jakobs, erzogen in den Gesetzen Moses, länger schweigen? Deshalb ging ich zu Diblaim, als er vom Tor zu seinem Haus ging, und erzählte ihm, was ich gesehen hatte, so wie ich es euch jetzt berichtet habe."

Er setzte sich mit einer Verbeugung und gab sich Mühe, sein triumphierendes Lächeln zu verbergen. Elnathan, der neben Sedetiah saß, rückte unmerklich ein wenig von ihm ab, als er sich setzte.

„Hat noch jemand etwas dazu zu sagen?" fragte Hosea. Als alle den Kopf schüttelten, erklärte er: „Dann werde ich reden." Sein Gesicht hatte einen grimmigen Ausdruck angenommen, weil Sedetiahs Geschichte ihm Kummer machte. Er war sicher, dass das Meiste erlogen war und aus einem bösen Herzen kam. Alle lauschten aufmerksam. „Wir haben gehört, was vorgebracht wurde, meine Brüder, und ich habe nur zwei Dinge zu sagen.

Erstens: Eine Frau, die mit einem Mann liegt, ist noch keine Hure. Und wir wissen Genaues nur um einen Mann, über den Ägypter. Alle anderen sind namenlose Schatten und uns sind keine Tatsachen bekannt, die zeigen, dass sie je existiert haben. Wenn ein Mann mit einer nicht verlobten Jungfrau zusammen liegt, dann muss er den Brautpreis bezahlen und sie heiraten, wenn der Vater der Heirat zustimmt. Stimmt der Vater nicht zu, wie in diesem Fall, da es sich um einen Ägypter handelt, muss der Mann trotzdem den Brautpreis bezahlen, da er einer Tochter Israels die Unschuld genommen hat. Hat der Ägypter mit Gomer zusammen gelegen, sollte er also das Geld bezahlen. Doch er war fort, ehe Diblaim erfuhr, was geschehen war.

Zweitens: Und dies ist sehr wichtig! Alles, was gegen Gomer vorgebracht wurde, kam von einem Mann – von Sedetiah. Das Gesetz fordert aber, dass in einem Fall, bei dem jemand für ein Vergehen gegen das Gesetz verurteilt werden soll, mindestens zwei Zeugen vorhanden sein müssen, die diese Sache bestätigen. Ein Zeuge genügt nicht.

Ich sage deshalb, dass wir Gomer nicht auf das Wort dieses einen Mannes hin für schuldig befinden können. Außerdem sollten wir Gomer nie mehr eine Hure nennen, da nur dieser eine Mann es gesagt hat und kein anderer es bestätigen will. Vor dem Gesetz ist sie eine echte und gehorsame Tochter Israels."

Tränen rannen nun über Diblaims Gesicht, der sich befreit fühlte von den Jahren des quälenden Kummers durch den Spruch der Barmherzigkeit. Ein freudiges Hosianna entschlüpfte Schanas Mund. Doch Gomer stand so still in der Mitte des Raumes, als wäre sie aus Stein.

Sedetiah saß für einige Augenblicke überrascht und mit offenem Mund auf der Bank. Dann schrie er schrill: „Sie hat es getan! Sie hat es getan!"

Hosea trat schnell zu ihm, zog ihn von der Bank hoch und sagte: „Alter Mann, du hast dieser Familie genug Kummer bereitet. Geh nun!" Er schob ihn nicht sehr zart zur Tür hinaus und schloss sie hinter ihm.

„Was sollen wir nun tun, Hosea?" Diblaim hatte sich erhoben und blickte hilflos auf den jungen Mann. Schnell führte Hosea ihn wieder zur Bank und bat ihn sich zu setzen. Dan legte sanft seinen starken Arm tröstend um Diblaims Schulter.

„Wir werden alle mit Gomer von vorn beginnen, mein Freund", lächelte Hosea. „Wir wissen nun, was geschehn ist, und können sie annehmen wie früher, als eine wahre Tochter ..."

„Darf ich auch etwas sagen?" Gomers Stimme unterbrach ihn. Er drehte sich zu ihr um und alle blickten das Mädchen überrascht an. Sie blickte Hosea an, und an dem Ausdruck ihrer Augen erkannte er, dass sie in ihm ihren Retter sah.

„Es ist nicht notwendig, dass du etwas dazu sagst." Er hielt ihre Augen mit seinem Blick fest. „Sedetiah hat gelogen. Er konnte gar nicht sehen, wie du in der Nähe des

Brunnens dem Mann begegnet bist, denn sein Haus liegt auf der anderen Seite. Und kein Mensch kann durch dicke Mauern blicken. Und er konnte auch nicht hören, was du mit dem Mann auf der Straße gesprochen hast, es sei denn, du hast sehr laut geschrien. Denn die Steine der Hausmauer schlucken den größten Teil eines Tones und der Rest geht in dem Lärm auf dem Platz und vor dem Brunnen unter. Ich weiß es, denn ich habe es heute Morgen ausprobiert. Gomer, du hast zwei Jahre auf dem Dach für nichts verbracht, nur einer Lüge wegen."

Gomer starrte ihn mit offenem Mund an. Sie war nicht in der Lage zu glauben was sie hörte. *Hosea, was denkst du dir?* ging es ihr durch den Kopf. *Glaubt ihr denn jetzt alle, dass an jenem Morgen niemand bei mir war? Hosea, Hosea, musst du mich so rein machen wie du mich gern hättest? Kannst du mich nicht als eine Frau akzeptieren, die sich aus freien Stücken einem Mann hingegeben hat?*

Hosea lächelte immer noch. Er glaubte, ihr Schweigen drücke ihre Erleichterung aus. „Wir kennen dich doch, Gomer, du bist gar nicht in der Lage, dich mit einem Heiden einzulassen, ob seine Absichten nun ehrbar und aufrichtig sind oder nicht. Wie könnte ein Mädchen, das so erzogen ist wie du und Rachel, sich auch nur mit solchen Gedanken beschäftigen, viel weniger noch so handeln."

Diblaim stand nun neben ihm. In seinen schwarzen Augen lag die Bitte um Vergebung. „Gomer …" Seine Stimme versagte, denn sie rührte sich nicht. Sie war zu überrascht von Hoseas Worten, um zu antworten. *Nein, nein, ihr seht das alle falsch,* schrie es in ihrem Herzen. *Wie kann man nur so blind sein?*

Sie wollte vor Hosea und ihrem Vater zurückweichen, doch da stand Schana neben ihr. Die Mutter sah ihr ins Gesicht und legte ihr den Arm um ihre so schmal gewordene Taille. „Gomer, es ist alles in Ordnung. Es ist nun vorbei. Kannst du nicht wenigstens das erst einmal begreifen?“ Doch sie merkte, dass auch sie mit ihren Worten nichts erreichte.

Hosea legte Diblaim die Hand auf die Schulter. Sein Gesicht strahlte vor Freude. „Mein Freund, nun kann ich die Worte zu dir sagen, die mir auf der Seele brennen, seit ich deine Tochter wieder gesehen habe. Gestatte mir, den Brautpreis für sie zu bezahlen und sie, eine unbefleckte Tochter Israels, mir zur Frau zu nehmen. Bist du einverstanden?“

Diblaim war, als höre er diese Worte wie in einem Rausch. War es doch sein größter Wunsch gewesen, Hosea wäre zwei Jahre früher zurückgekommen. Nun, da es in Gomers Leben nie einen anderen Mann gegeben hatte und Hosea offen und ehrlich um ihre Hand anhielt, fand er keine Worte. *Adonai, Adonai, kann ein Mann noch glücklicher sein als ich?*

Endlich fasste er sich, um zu antworten. Doch Schanas lauter Ruf unterbrach ihn: „Hilf mir, Diblaim! Hosea! Gomer ist ohnmächtig geworden!“

14. Kapitel

SCHANA

Eine Woche war vorübergegangen. Hosea war seit fünf Tagen unterwegs nach Dan. Er hatte Nathan mitgenommen, um seines Vaters Rollen und was er sonst noch dort an Hab und Gut hatte zu holen. Am nächsten Sabbath wurde er zurückerwartet.

Schana war fleißig gewesen, ihrer Tochter ein Hochzeitskleid zu weben. Nun waren die beiden dabei, die letzten Verbesserungen vorzunehmen und noch Spitzen um den Hals und um die Ärmel zu nähen. Rachel verbrachte jeden Tag viele Stunden auf dem Dach und übte dort die Lieder, die Gomer sich zur Hochzeitsfeier gewünscht hatte. Sie war dabei so voller Freude, dass jedes Lied in einem tränenreichen Lobpreis endete.

Diblaim war die ganze Woche daheim geblieben. Er hatte eine Mauer hochgezogen, die ihr Schlafzimmer in zwei Hälften teilte. In der einen Hälfte des Zimmer sollten Hosea und Gomer wohnen. „Ich habe nie einen Sohn gehabt und möchte meine Tochter nicht ein zweites Mal verlieren“, hatte er erklärt. Hosea hatte gern zugestimmt. Beide Zimmer waren immer noch geräumig und hatten viel Luft. In jedem gab es ein Fenster mit dem Blick zum Tal hin. Und der neue Sohn würde Diblaim nun in seinem Geschäft unterstützen, „denn es gibt nicht sehr viele Leute, die einen Schreiber beauftragen, die Rollen des

Gesetzes zu kopieren; und anderes werde ich nicht schreiben. Und sogar ein Prophet muss arbeiten“, hatte Hosea erklärt.

Alle waren glücklich und blickten voller Eifer der herannahenden Hochzeit entgegen – nur Gomer nicht. Sie war nach ihrer langen Strafe immer noch sehr schwach und hatte kaum begonnen, ein wenig zuzunehmen. Doch ihr Gesicht war nicht mehr so mager. In ihren Augen aber konnte man immer noch einen Anflug von Furcht sehen und Rachel wunderte sich, warum noch nichts von Gomers alter Freude zurückgekommen war. Warum lachte sie nie? Warum sprach sie nie von ihrem zukünftigen Gatten? Das jüngere Mädchen wusste, würde ihr Hochzeitstag so schnell kommen, dann wäre sie nicht in der Lage, auch nur einen Augenblick noch ruhig zu sitzen.

Schana beobachtete Gomer sehr genau, sagte aber nichts bis zu dem Tag, an dem Hosea zurückerwartet wurde. Zwei Jahre waren eine lange Pause, um dann die Fäden der Mutterschaft wieder anzuknüpfen; und Schana wusste wirklich nicht, wie sie Gomer in dem unterweisen sollte, was sie als verheiratete Frau erwartete.

Gomer war mit dem Ärmel beschäftigt, an den sie die Spitze nähte. Innerlich war sie gespannt wie ein zum Abschuss bereiter Bogen. Sie hatte in der letzten Nacht zum ersten Mal von dem Ägypter geträumt, und das hatte sie sehr erschüttert. Senu-Amen hatte gelacht, als sein scharf geschnittenes Gesicht im Traum vor ihr erschien, und er hatte über Hoseas Leichtgläubigkeit gespottet. Doch das waren ja auch ihre eigenen Gedanken gewesen.

Nun kehrte der Mann, der sie so liebte, wie sie einmal gewesen war, heute zu ihr zurück. Seit er bei Diblaim um ihre Hand angehalten hatte, war sie ihm gegenüber sehr zurückhaltend gewesen. Der Vater hatte sich gefreut, weil er glaubte, daran zu erkennen, dass er sie früher falsch beurteilt hatte. Sie machte eher den Eindruck eines schüchternen jungen Mädchens, das den Raum verließ, wenn Hosea eintrat, aber nicht den einer Hure.

Schana, die sich mit Frauen besser auskannte, sah Gomers ablehnendes Wesen und ihr Herz war deshalb bekümmert. Sie wusste, dass Hosea der beste aller möglichen Ehemänner für ihre Tochter war. Wo war noch ein anderer Mann, der Gott so ehrte wie er, bereit, ihre Tochter zu heiraten. Er würde sie mit seiner Fürsorge umgeben und lieben, bis der Tod sie einmal trennen würde. Doch Gomer – da war etwas Fremdes in ihr, etwas, das durch ihre Gefangenschaft nicht erklärt werden konnte.

Schana legte ihre Arbeit beiseite und rieb sich die schmerzenden Augen. Gomer blickte auf. Als sie sich wieder ihrer Arbeit zuwenden wollte, sagte Schana: „Gomer, ich sollte mit dir reden über …, sie suchte nach Worten, „über das, was nach der Hochzeit auf dich zukommen wird."

Gomer hob den Kopf wieder und blickte ihrer Mutter in die Augen. „Du solltest keine Angst haben", sagte Schana plötzlich. Dann biss sie sich auf die Lippen. Warum hatte sie das gesagt? Würde Hoseas Freundlichkeit nicht alle Furcht vertreiben?

Gomer schaute wieder auf ihre Arbeit. Ihr Mund war zu einem schmalen Strich geworden. Endlich antwortete sie: „Angst haben, Imma? Wovor sollte ich mich fürchten? Das Mädchen, das Hosea liebt, braucht sich vor nichts zu fürchten."

Schana stöhnte: „Gomer, was kann ich noch zu dir sagen außer, dass ich für dich beten werde."

Gomer warf den Kopf hoch und starrte Schana an. Ihre Nasenflügel bebten vor Zorn. Ihre Mutter erschrak über Gomers Reaktion und dachte: *Was ist mit meiner Tochter nicht in Ordnung?*

„Zu welchem Gott wirst du beten, Imma?" fragte Gomer in aggressivem Ton. Sie legte ihre Arbeit hin und erhob sich. Schana fühlte sich klein und schwach, als wäre sie einer falschen Tat beschuldigt worden. „Zu welchem Gott, Imma? Zu Vaters Gott, der meinen Tod befahl? Ich bin Ihm entkommen, nicht wahr? Zu Kanaans Baal? Zu Ägyptens Osiris? Welcher Gott wird wohl deine Gebete beantworten, Imma?"

Gomer verließ langsam und mit arrogant erhobenem Kopf den Raum. Wie betäubt und innerlich verletzt durch die Worte ihrer Tochter blickte sie ihr nach. *Ich werde beten,* dachte sie mit unerschütterlichem Glauben. *Ich werde für den Mann beten, der Gottes Führung folgt, und für seine Frau, die es nicht tut.*

„Gomer."

Sie betrachtete ihn im schwindenden Licht des Sonnenuntergangs und ihre Augen wurden sanfter. Welch starken und autoritären Eindruck er machte, als er groß und breitschultrig vor ihr stand und sie mit seinen großen braunen Augen bewundernd anblickte. Der Ärger in ihr verschwand wie die Sonne, als sie sich fragte, ob sie jemals die Liebe erwidern könnte, die sie in seinen Augen sah. Konnte er ihr Herz schmelzen, das wie ein toter Stein in ihrer Brust hing, und statt dessen dort eine duftende Blume einpflanzen?

Hosea fühlte, wie sein Herz stärker klopfte, als er sie betrachtete. *Wie schön sie ist,* dachte er. *Wird sie morgen wirklich mir gehören? Werde ich mit ihr dort stehen und sagen: Sie ist meine Gattin und ich bin ihr Gatte von diesem Tag an und für immer.* Dann würden sie vor den Augen Gottes und der Menschen eins sein. Diese atemberaubende Frau, die schweigend neben ihm stand, würde ihn nie verlassen bis zu dem Tag, an dem einer von ihnen starb.

Die letzten farbigen Streifen verschwanden am westlichen Himmel, als sie im Schatten des Torbogens standen. Das Lied einer entfernten Hirtenflöte drang leise an ihre Ohren und die schweigende Musik der abendlichen Felder umgab sie bis hin zu den entfernten Bergen. Gomer versuchte mit schmerzender Seele die Dunkelheit in ihrem Inneren durch die Schönheit um sie herum zu vertreiben und das Licht von Hoseas Liebe in ihr Herz zu lassen.

Als hätte er ihre Gedanken vernommen, ergriff Hosea ihre kalte Hand. „Ich liebe dich", sagte er leise. Seine Worte drangen in ihr Herz und schmiegten sich hinein wie neugeborene Babys.

Sie blickte hoffend, ja fast betend, zu ihm auf. *Vielleicht eines Tages … vielleicht kann ich eines Tages diese Worte auch zu dir sagen,* dachte sie.

15. Kapitel

RACHEL

Der Tag war mild und hell, der Himmel wölbte sich freundlich über den beiden, als sie durch das Tal zu der kleinen Stadt Karnaim gingen. Am Tag zuvor hatten sie den tiefen blauen See von Galiläa überquert. Einige freundliche Fischer hatten sie mit auf die andere Seite genommen. Gomer hatte sich über den Rand des Bootes gelehnt. Sie war bezaubert von dem wechselnden Spiel von Licht und Schatten auf der Oberfläche des Wassers. Es war das erste Mal, daß sie den See zu sehen bekam.

Die Fischer erzählten dem Paar Geschichten von den vielen überraschenden Stürmen, die sich auf dem See erhoben und schon manches Schiff zum Kentern gebracht hatten. So anschaulich waren ihre Geschichten, dass Hosea sich dabei ertappte, wie er den Horizont nach auftauchenden Wolken absuchte. Doch das Wetter war schön geblieben. Und als sie das andere Ufer erreichten, waren sie auf den nächsten Hügel gestiegen, um zum jenseitigen Ufer zurückzublicken, das sie am frühen Morgen verlassen hatten. Der See unter ihnen schimmerte wie ein riesiger blauer Saphir und in jeder Welle blitzte die Sonne. Hosea hatte die Hand seiner Frau ergriffen und gelacht wie ein Junge, so frei und glücklich wie einst in ihrer Kindheit.

Nun gingen sie langsam durch das stille Tal und

lauschten dem Gesang der Vögel, die damit den Frühling begrüßten. Hosea hielt Gomers Hand, denn es war niemand in der Nähe, der diesen Mangel an Schicklichkeit hätte bemerken können. Manchmal erwiderte sie seinen Druck, froh darüber, seine Freude zu sehen.

Die Monate seit ihrer Hochzeit waren fleißige gewesen. Ausgefüllt mit der Herstellung ihrer Möbel und damit, dass Hosea den Kaufmannsberuf erlernt hatte. Gomers Herz war in diesen Monaten von einer zufriedenen Stimmung erfasst worden, denn Hosea ließ ihr alle Aufmerksamkeit zukommen und behandelte sie mit großer Sorgfalt. Ihre noch zu magere Figur war wieder aufgeblüht und der goldene Schimmer ihrer Haut war frisch vor Gesundheit.

Schana beobachtete bei Gomer aufmerksam alle Anzeichen von Geringschätzung oder Mißachtung ihrem Gatten gegenüber, konnte aber keine entdecken und verlor deshalb nach und nach ihre Ängste.

Hosea erzählte nun manchmal von seinen Reisen durch diesen Teil Israels. Er berichtete, wie manchmal die das Land besetzt haltenden assyrischen Soldaten, von denen es hier im Norden mehr gab, mit der ihn verspottenden Bevölkerung gemeinsame Sache machten und ihn mit ihren Speeren schlugen, wenn er den Ältesten der Dörfer seine Fragen stellte. Einmal hatte man ihn für eine Nacht sogar in eine ausgetrocknete Zisterne geworfen, weil ein Mann sich beklagt hatte, er habe ihn mit unschicklichen Fragen belästigt. Als Hosea sich nun daran erinnerte, konnte er über die Ironie dieser Behauptung sogar lachen, während Gomer nur zurückhaltend lächelte.

Hosea blieb plötzlich stehen und schaute auf den Erdboden. Gomer blickte erstaunt ebenfalls nach unten und sah einige seltsam geformte Steine herumliegen. Sie waren an allen Seiten behauen und manchen waren an einer Seite Zeichen eingemeißelt. Hier und da ragte aus der

Erde ein Stück einer zerbrochenen Säule heraus. Alles war bedeckt mit einer leichten Schicht von grünem Moos und eine eigenartige Stille hing über dem Gebiet. Sogar der Gesang der Vögel war verstummt.

Hosea ging zu einem Stein, auf dem eine fremde Inschrift eingemeißelt war, und sagte voller Eifer: „Das ist alte kanaanitische Sprache, Gomer. Vielleicht sind das die Ruinen einer der Städte, die Josua zerstörte. Wir sind hier nicht weit entfernt von der Gegend, in der damals unsere Väter das verheißene Land betreten haben."

Er kniete nieder und probierte, ob er die Schrift vielleicht entziffern konnte. So intensiv beschäftigte er sich damit, dass er Gomers ärgerlichen Blick nicht bemerkte. Sie schlenderte langsam durch die Ruinen, erfüllt von zornigen Gedanken. Hier waren Männer gestorben, die ihre Häuser verteidigten. Sie starben wegen eines Kampfes, der von Josuas Gott befohlen worden war. Auch die Frauen und Kinder hatte man erbarmungslos getötet, weil man ihre Religion als bös, sündig und voller Gotteslästerungen bezeichnete. Wer war Josua gewesen, dass er entscheiden konnte, was gut und böse ist?

Sie sah neben einer zerbrochenen Säule etwas aus den Trümmern ragen. Sie kniete nieder und zog es heraus. Es war die Figur einer Frau. Ihre gewaltigen Brüste hingen weit hinunter über ihren Bauch. Ihre plumpen Arme waren ausgestreckt. Die Farbe war durch Witterungseinflüsse längst verschwunden, aber ihre mit Edelsteinen besetzten Augen blickten Gomer immer noch mit einem geheimnisvollen Lächeln an. Was würde sie sagen, wenn sie sprechen könnte?, fragte sich Gomer. Sie erhob sich mit der Figur in der Hand.

Hosea hatte das Wesentliche der Inschrift nun verstanden und rief Gomer, zu ihm zu kommen. Er beobachtete sie dabei und freute sich darüber, wie anmutig sie ging. Der leichte Wind spielte mit ihrem langen glänzenden Haar. Hosea seufzte froh. Sogar nach all den Monaten, die sie schon verheiratet waren, konnte er noch kaum glauben, dass sie seine Frau war.

Sie kniete neben ihm nieder. Er nahm einige ihrer Locken in die Hand und küsste sie, dabei empfand er den milden Duft einiger Kräuter, die sie zum Waschen gebrauchte. Er sandte ein stilles Gebet der Dankbarkeit zu Gott empor, der sie ihm gegeben hatte. *O Adonai, Adonai, ich danke Dir für meine Gomer.*

„Was sagt die Schrift?“ fragte Gomer.

Er wandte seine Aufmerksamkeit nun wieder dem Stein zu. „Wir wollen sehen. Sieh, hier beginnt es: ‚Gewidmet zu Ehren der Gütigkeit unserer großen Dame Astarte, die für immer Königin unseres Landes ist. Dieser Tempel ist für die Göttin als Wohnplatz erbaut von ihrem Sohn und Diener, dem König Og. Möge sie uns lange segnen.‘

Gomer, die Trümmer hier müssen früher einmal die Stadt Astaroth gewesen sein, wo Josua den König Og besiegte und das Land für Gott in Besitz nahm, so steht es in unseren Geschichtsbüchern. Überlege einmal, meine Liebe, gerade hier, wo wir stehen, führte unser großer Josua unsere Väter zum Sieg. Aber was hast du da in deiner Hand?“

Gomer hielt die Figur fest. Von neuem fühlte sie den Zorn in sich wachsen. Immer waren die Israeliten im Recht, wenn sie ihrem Gott gehorchten. Immer musste nur ihr Gott gewinnen. Aber was wäre gewesen, wenn die Dame, die Göttin, deren Statue sie in der Hand hielt, gewonnen hätte? Wie wäre es dann den einwandernden Stämmen Israels ergangen? Und was wäre ihrem allmächtigen Gott geschehen?

„Es ist eine Statue.“ Sie gab sich Mühe ruhig zu sprechen. Hosea nahm sie ihr aus der Hand und betrachtete sie neugierig. Dann sah sie, wie er ganz blass wurde.

„Astarte", murmelte er. Ihm fiel der Traum ein, den er kurz vor seiner erzwungenen Abreise aus Dan gehabt hatte. Sie, Astarte, hatte in diesem Traum versucht ihn zu verführen. Ihr glänzender schwarzer Körper hatte Freuden versprochen, die er nun auf ehrenvolle Weise bei seiner Frau fand. Doch ihm schien es fast, als würden diese glänzenden spöttischen Augen ihn aus dieser Dunkelheit heraus wieder rufen.

Er schüttelte den Kopf, um sich von diesen üblen Erinnerungen zu lösen, doch ihm schien, als würden ihn diese Augen nun böse anstarren. Doch nein, es waren die Augen seiner Frau. Doch warum hatten sie einen so seltsamen, fast verächtlichen Ausdruck angenommen? Hätte er sie nicht so gut gekannt, würde er geglaubt haben sie hasse ihn. Ihr Blick war so grimmig, fast wie der Blick Astartes.

„Gomer?" Er ließ die Figur fallen und stieß sie mit dem Fuß beiseite, um damit zu zeigen, dass er alles verachtete, was sie repräsentierte. Er streckte Gomer die Hand hin. Doch sie hatte mit wütenden Augen den Fall und das Beiseitestoßen der Figur verfolgt und deshalb die Hand nicht gesehen. Sie dachte: *So stößt er sie also mit dem Fuß beiseite, dieser arrogante Mann Gottes.*

„Lass sie in Ruhe!" Ihre Stimme war zu einem ärgerlichen Zischen geworden. Nur mühsam konnte sie ihre Gefühle unterdrücken.

Hosea blickte sie erstaunt an. Er konnte kaum glauben, was er gehört hatte. „Lass sie in Ruhe? Wen soll ich in Ruhe lassen?"

„Die Göttin!" Sie starrte ihn wütend an. Ihm wurde mit einem Mal klar, dass er vorhin wirklich Hass in ihren Augen gesehen hatte. Da gab es Tiefen in ihrer Seele, die er bisher nicht gekannt hatte.

„Gomer, wie kannst du nur so reden?" War das die Frau, zu der Gott ihn geführt hatte, um sie zu heiraten?

„Das ist keine Göttin, sondern einfach nur ein steinernes Bild. Wie kannst du so reden, als ob es die Astarte wirklich gäbe? Sie ist eine Lüge, meine Liebe, von bösen Menschen erfunden, die damit andere Menschen von dem einzig wahren Gott ablenken wollen."

Gomer wandte sich ab. „Nur weil dein Gott den Kampf um dieses Land gewonnen hat, hast du noch kein Recht, auf diese Weise von den alten Göttern zu reden."

Hosea war, als würde ihm der Boden unter den Füßen weggezogen. Wollte sie wirklich sagen, was er dachte, dass sie gesagt hatte? „**Mein** Gott? Was meinst du mit **mein** Gott? Er ist doch **unser** Gott, Adonai von Israel. Er hat uns beschützt und sorgt für uns, seit die Welt geschaffen wurde. Es gibt keine anderen Götter, die Er besiegen müsste, nur verführte und böse Menschen, die Götzen anbeten, die nicht existieren. Gomer, diese sogenannten Götter sind alles nur Lügen."

Doch sie gab ihm keine Antwort, sondern ging wieder zurück ins Tal. Er musste sich beeilen, um ihr zu folgen. Dann gingen sie schweigend nebeneinander den Rest des Weges bis nach Karnaim. Beide waren innerlich erregt; sie mit Ärger, er mit Bestürzung. Gomer dachte über die Geschichten nach, die sie auf dem Markt in Samaria über die Dame Astarte gehört hatte, über ihre Güte, ihre Großzügigkeit, über die Art, wie sie mit den Männern umging, von der die junge und unschuldige Tochter Diblaims damals noch nichts verstanden hatte.

Hosea wure von einer ganz neuen bis dahin unbekannten Sorge ergriffen. Wie sollte es gehen, wenn seine Frau seine Berufung nicht verstand? Und noch schlimmer, wenn sie überhaupt nicht daran glaubte? Er hatte ihr oft von seiner Begegnung mit dem Mann in der Wüste Moabs berichtet und sie hatte immer aufmerksam zugehört. Doch jetzt fiel ihm auf, dass sie nie ein Wort dazu gesagt hatte. Wenn der Sabbath kam, saß sie stets schweigend dabei, wenn die Psalmen und Hosiannas gesungen wurden. Und – er stöhnte innerlich und fragte sich, warum er bisher nie darüber nachgedacht hatte – wann immer sie zu einer Stadt kamen, wartete sie draußen vor dem Tor auf ihn, während er in der Stadt zu den Menschen sprach und sie aufforderte Buße zu tun und zu Gott zurückzukehren. Er hatte immer gedacht, nach ihrer langen Einsamkeit sei sie noch zu scheu, um unter Menschen zu gehen. *Wie sieht es in ihr aus? O Adonai, lass es nicht so sein. Ist sie etwa innerlich eine Heidin wie die anderen?*

„Gomer", sagte er zögernd, um endlich das lange Schweigen zu unterbrechen, „wirst du heute mit nach Karnaim hineinkommen? Ich habe einen Cousin dort. Wir könnten in der Nacht bei ihm schlafen statt im Freien."

„Nein!"

Sein Herz war von Verzweiflung erfüllt. Alle Freude über den Tag, die er am Morgen gehabt hatte, war verschwunden. Er fühlte sich leer und voller Kummer. *Adonai, Adonai, was ist falsch an dieser Situation? Hast Du mich nicht zu ihr geführt? Adonai, antworte mir. Was ist nicht in Ordnung?"*

Rachel fegte den Schmutz in Gomers und Hoseas Zimmer zusammen. Sie musste niesen, weil der Besen Staub aufwirbelte, der ihr in die Nase stieg. Die beiden waren nun schon über vier Monate in Israel mit Hoseas Auftrag unterwegs, doch sie hatte gegen Morgen geträumt, sie kämen durch das Tor in die Stadt zurück. Rachel hatte ziemlich festen Glauben an ihre Träume. Sie sang froh bei der Arbeit und ihr Herz war voller Freude. Mit dem Gefäß, in dem sich der zusammengekehrte Schmutz befand, trat sie ans Fenster uns schüttete ihn hinaus.

Sie drehte sich wieder um und wischte ihre staubigen Hände an der Schürze ab. Dabei wurde sie von einer plötzlichen Schwäche überrascht, so dass sie sich am Fensterbrett festhalten musste. Sie wunderte sich und lachte dann über sich selbst. Was war das? Wurde sie schon müde, obwohl es noch nicht einmal Mittag war? Sie rieb leicht mit der Hand an der Stirn, weil sie Kopfschmerzen bekam. Na ja, vielleicht kam es auch nur daher, weil sie in diesen Tagen so aufgeregt war.

Dan hatte endlich ihren Vater gefragt, ob sie im nächsten Monat heiraten könnten. Er hatte sich wieder eine Schafherde aufgebaut und ein wenig weiter unten im Tal ein neues Haus errichtet. Sie begann wieder zu singen und dachte daran, wie ihr Vater bei Dans Frage zugleich gelacht und geweint hatte. Abba würde sie vermissen, das wusste sie. Sie musste darauf achten, dass sie und Dan den Sabbath so oft wie möglich mit den Eltern feierten.

„O Dan, Dan“, summte sie, während sie mit dem Staublappen die wenigen Möbel und Hoseas Rollen abwischte, die auf dem Tisch lagen. *Endlich ist es so weit, bald sind wir zusammen,* dachte sie.

„Rachel!“ Sie drehte sich um und lachte dann froh. Gomer stand unter der Tür und lächelte. Ihr Haar und das Gewand waren staubig von dem Rückweg nach Samaria.

„Gomer!“ Sie rannte zu ihr und umarmte ihre Schwester. „Du bist wieder daheim. Ich wusste es! Ich wusste es! Ich habe vergangene Nacht geträumt, dass ihr bald zurückkehren würdet.“

Gomer umarmte sie ebenfalls und bemühte sich, nicht neidisch zu sein auf Rachels Freude. Sie dachte: *Liebe Rachel, du bist so glücklich, so froh und so rein, so voller Leben und Gesang. Hätte Hosea doch lieber dich zur Frau genommen.* Sie dachte an die Spannung, die sich seit jenem Tag in der Nähe von Karnaim zwischen ihr und Hosea aufgebaut hatte, und hätte gern an der Schulter ihrer Schwester geweint. Doch das ging nicht, denn Rachel hätte sie sicher nicht verstanden.

„Gomer, ist es wahr? Ich meine – ist es …“ Rachel zwinkerte mit den Augen als sie sah, wie Gomer rot wurde. „Ich hatte vor etwa einem Monat einen Traum, dass es in unserem Haus Zuwachs geben würde.“

„Rachel, spionierst du uns nach?“ Gomer lachte und für einen Augenblick erschien in ihren Augen ein frohes Leuchten. „Ja, es ist wahr. Ich habe es gerade heute Morgen Hosea erzählt, und er ist immer noch nicht von der Wolke wieder heruntergekommen, auf der er seither schwebt.“ Vielleicht wäre ein Baby die Antwort für das Problem ihrer Ehe. Vielleicht würde bei der Erziehung eines Kindes die in ihr verschüttete Liebe wieder lebendig werden.

Sie hatte sich so viel Mühe gegeben, Hosea so zu lieben, wie er es verdiente. Doch immer wenn in ihr ein wenig mehr Zuneigung und Verständnis zu wachsen begann, geschah etwas, wodurch dieses Gefühl wieder zertreten wurde. So war es an dem Tag bei Karnaim gewesen und auch eine Zeit zuvor außerhalb von Siloh. Die Leute in Siloh hatten ihn so sehr geschlagen, dass er kaum noch in der Lage gewesen war, sich zu der Höhle zu schleppen, in der sie sich für die Nacht eingerichtet hatten. Für eine Woche hatte sie ihn pflegen und das Wundfieber mit Wasser kühlen müssen. Sie hatte ihn gebeten, nicht weiterzuziehen, sondern nach Samaria und dem Stoffhandel zurückzukehren. Doch statt dessen betete er für die Leute, die ihn schlugen, damit sie Buße tun sollten.

Ich werde ihn nie verstehen, dachte sie, während sie Rachel bei der Arbeit zusah. *Nein, niemals, denn Gott füllt sein ganzes Leben aus – und ich hasse diesen Gott.*

Sie bemerkte plötzlich, dass Rachel leicht schwankte und sich am Tisch festhielt. „Ist alles in Ordnung, Rachel?“ fragte sie.

Rachel drehte sich langsam zu ihr um. Sie versuchte zu lächeln, doch ihr Gesicht war ganz blass und sie runzelte schmerzvoll die Stirn. „Ich … ich bin schon in Ordnung." Plötzlich begannen ihre Arme und Beine zu zittern und sie schwankte heftiger. „Gomer!" rief sie mit schwacher Stimme. „Gomer, wo bist du? Ich kann nicht mehr sehen." Sie schnappte nach Luft und sank langsam zu Boden.

Gomer rannte zu ihr. „Rachel!" Sie hielt ihre Schwester fest, die in Ohnmacht gefallen war. „Rachel … Rachel … Rachel!"

Diblaim stolperte über einen Stein und starrte ihn scheinbar verständnislos an. Schana blickte zu ihm, seufzte und nahm seinen Arm. Langsam und mit hängenden Schultern und Köpfen setzten sie ihren Weg fort. Beide fühlten sich sehr alt und zu klein und schwach für die schwere Last, die sie trugen. Sie schleppten sich im Gleichschritt weiter, ohne auf ihre Umgebung zu achten. Ihre Augen waren geschwollen und trüb.

Hosea, der mit Gomer hinter ihnen ging, half Gomer, die sich schwer auf seinen Arm lehnte. Schmerz und Leid hingen schwer über ihr und dem Kind in ihr. Alles, was sie tun konnte, war, einen Fuß vor den anderen zu setzen und sich von Hosea führen zu lassen.

Rachel wurde vor ihnen getragen. Sie lag still unter weißem Leinen, ihre Hände gefaltet. Ihr Gesicht war ein Spiegel des Friedens. Dan blickte von der Ecke der Trage, an der er trug, auf sie. Seine Augen waren weit und starr. Rachel sah aus wie ein unberührter himmlischer Seraph.

Die Trage war bedeckt mit ihren gelben Lieblingsblumen, die bei jedem Ruck der Träger hin und her rutschten. Jephtha und Elnathan trugen an den beiden vorderen Enden der Trage, und Schanas Neffe Benath trug gegenüber von Dan.

Die schrillen und lauten Schreie der gemieteten Klagefrauen hinter ihnen drangen schmerzhaft in die Ohren der trauernden Familie. Gomer, die mit geschlossenen Augen ging, verabscheute das Geschrei. Wie viel schöner hatte Rachel bei ihrer Hochzeit gesungen. Ihre liebliche Stimme schwebte über allen, als sie von ganzem Herzen gesungen hatte: *„Die Himmel erzählen die Herrlichkeit Gottes und das Himmelsgewölbe verkündet Seiner Hände Werk."*

Eine Träne rollte aus Gomers Augen, doch ihr Mund blieb fest geschlossen. Die von tiefer Trauer Überwältigten gingen in starrem Schweigen dahin. Ihre notvollen Schreie des Herzens konnte nur Gott hören.

Süße Rachel, dachte Gomer, *du hast gesungen wie die Seraphim, die deines Gottes Thron umstehen. Meine Schwester, ich habe es zu spät gelernt, dich um deiner selbst willen zu lieben, zu spät. Mein Ärger, weil Vater dich immer so sehr mir gegenüber vorgezogen hat, machte mich blind für deine Güte und Freundlichkeit. O meine Rachel mit den liebevollen Augen und der sanften Stimme, warum bist du von mir gegangen?*

Diblaim stolperte weiter das Tal hinauf. Er folgte einfach der Trage. Er dachte an den Tag, als sie seinen Bruder Dan beerdigt hatten. Das Familiengrab war seither geschlossen geblieben. Und nun würde es für Rachel geöffnet werden. Erst gestern Morgen noch hatte sie ihn wie immer angelächelt und ihm zugeflüstert, wie lieb sie ihren Abba hatte. Dann hatte sie sich kurz vor ihrem Ende ihrem künftigen Gatten zugewandt, der so schnell wie möglich gekommen war. *Rachel, wie kann ich leben ohne dich, meine kleine Taube, Freude meines Herzens.*

Unter einer verwitterten Zeder befand sich das Familiengrab. Der Stein, der es verschloss, war mit Moos bedeckt. Dan und Benath rollten den Stein beiseite. Dann hoben die vier Träger die Bahre vorsichtig wieder an und trugen sie hinein in die tiefe dunkle Ewigkeit.

Dan schien gar nicht wahrzunehmen, was er tat, bis er wieder in das helle Sonnenlicht heraustrat. Er blickte mit tränenvollen Augen um sich. Schana legte ihm voller Mitleid die Hand auf den Arm, doch er starrte sie an wie ein blinder Mann. Ein tiefer Schluchzer entrang sich seiner Kehle. Dann drehte er sich um und rannte davon zwischen die Büsche. Die anderen ließen ihn gehen.

Gomer war froh, dass er davongelaufen war. Vielleicht fand er zwischen den Bäumen und Büschen Trost, wenn er sich ausweinen und den Namen des Mädchens rufen konnte, das ihm nun nie mehr antworten würde.

Gomer drehte sich als erste um und ging zurück. Sie war nicht mehr in der Lage, noch länger an diesem Grab zu warten. Sie wusste auch nicht, was sie den anderen hätte sagen sollen. Sie fühlte sich so tot wie die tote Schwester, die nun hinter dem Stein lag. Und die dunkle schweigende Last, die sie empfand, schien ihr wie ein weiteres Grab zu sein.

16. Kapitel

In der Falle

Gomer stand in ihrem Raum neben der Tür. Sie hörte zu, wie im Nebenraum ihr Vater und ihr Gatte über die Geschäfte des Tages sprachen. Offensichtlich hatten sie einige gute Verkäufe gemacht, denn in ihren Stimmen lag Befriedigung.

Sie seufzte und rieb sich an der Seite. Sie hatte immer noch Schmerzen von ihrer letzten Geburt her und hatte oft schon die Hoffnung gehabt, es würde keine weitere mehr folgen. Gewiss, der reißende und schneidende Schmerz, den sie bei der Geburt Jesreels empfand, hatte sich nicht wiederholt, doch sie war zu schmal gebaut für die großen Kinder, die sie jedesmal gebar. Nun spielten die Drei auf dem Fußboden hinter ihr, ganz gefesselt von dem Spiel mit den verschiedenen Holzklötzen, in die ihr Vater Zeichen geschnitzt hatte. Jesreel lehrte die beiden Jüngeren, wie viel die einzelnen Klötze zählten.

Draußen regnete es gleichmäßig und schien noch lange nicht aufhören zu wollen. Das Abendessen war schon vorüber und bald würde es Zeit sein, die beiden Jungen in Rachels alten Raum zu bringen. *Rachel* – der alte Kummer berührte sie manchmal immer noch leise. Sie lehnte den Kopf gegen die Steine der Mauer. Es war nun fünf Jahre her, dass sie ihre Schwester beerdigt hatten, doch sie vermisste sie immer noch sehr. Es war, als wäre die hellere Seite ihrer selbst damals mit Rachel in das Grab am Berghang gebracht worden, denn seit jenem Tag war Lachen für sie eine höchst seltene Sache geworden.

Rumaha zupfte an ihrer Schürze. Gomer beugte sich lächelnd zu dem kleinen Mädchen hinunter. In dem Bemühen, den Kindern eine gute Mutter zu sein, fand sie die einzige Freude, die sie hatte. Die Kinder hatten tatsächlich ihre innere Leere ausgefüllt, wie sie es gehofft hatte. Denn seit jenem Tag in der Nähe von Karnaim hatte sich Hosea immer weiter von ihr zurückgezogen. Oder war sie es gewesen, die seine zögernden Bemühungen, das gute Einvernehmen, das am Anfang zwischen ihnen herrschte, wieder herzustellen, durch ihr abweisendes Benehmen zurückwies? Sie wusste es nicht, und es war ihr auch nicht so wichtig, um es herauszufinden.

Jesreel begann über den kleinen Ammi zu schimpfen, den ein Buchstabe nicht interessierte, den Jesreel verkehrt herum geschrieben hatte. Gomer gab beiden einen leichten Klaps auf den Kopf und mahnte: „Jesreel, er ist doch erst zwei Jahre alt.“ Plötzlich hingen sie alle drei an ihr, kicherten und lachten und zogen sie auf den Fußboden. Ja, die Kinder liebten sie, weil sie meistens bei ihnen war und weil sie nur selten mit ihnen schimpfte oder ärgerlich wurde.

Aber es war Hosea, den sie verehrten. Er war so stolz auf alle drei, dass sie sicher eifersüchtig geworden wäre, hätte sie ihn geliebt. Sie füllten auch in ihm eine Leere, das wusste sie, deshalb gönnte sie ihm alle Zuneigung der Kinder. Er hatte schon begonnen, den Jungen Lesen und Schreiben beizubringen, und brüstete sich mit ihren Fortschritten. Wenn Diblaim zweifelnd fragte, ob Ammi für solche Kopfarbeit nicht noch zu jung sei, lächelte Hosea nur und behauptete, er habe in seinem Alter schon die ganze Torah lesen können. Natürlich glaubte ihm das keiner, aber es spornte die Jungen an, sich noch mehr Mühe zu geben.

Hosea betrat in diesem Augenblick den Raum. Alle drei stürzten sich sofort mit Geschrei und Lachen auf ihn. Gomer erhob sich, ging zum Fenster und beobachtete das lustige Durcheinander. In solchen Augenblicken war sie mit sich selbst und der Welt in Frieden. Der schweigende Kampf, den sie mit Hosea ausgefochten hatte, war lange vorüber. Obwohl sie seine leidenschaftliche Liebe für seinen geliebten Adonai nicht verstehen konnte, sprach sie doch nie dagegen. Am meisten Überwindung hatte es sie gekostet, als er den Kindern Namen gegeben hatte, ohne sie auch nur einmal zu fragen. Jesreel sollte die Israeliten an die Ebene erinnern, in der General Jehu und König Ahab ihren Kampf ausgefochten hatten. Der Sieger Jehu hatte nicht Gott die Ehre für den Sieg gegeben, sondern versucht, für sich noch mehr Macht zu erringen. Ruhama war eigentlich Lo-Ruhama genannt worden als Mahnung Hoseas an Israel, wenn es weiter an seinen Sünden festhielt, würde Gott es „nicht länger als Seine Geliebte" betrachten. Und die kleine fröhliche Ammi hieß eigentlich Lo-Ammi. Es war ein verzweifelter Schrei des Vaters, Israel sollte erkennen, wenn sie weiter falschen Göttern folgten, würde Gott sie bald als „nicht mehr Mein Volk" bezeichnen. Hosea behauptete sogar, Gott habe ihm diese Namen für seine Kinder gegeben und ihm gesagt, warum er sie so nennen sollte. Hoseas Erzählungen waren manchmal wie eine fremde Sprache für Gomer.

Gomer hatte Hosea tagelang bedrängt, dem kleinen Baby nicht den Namen Jesreel zu geben. Es konnte doch für ihren Sohn nicht gut sein, wenn die Israeliten durch seinen Namen beständig an vergangene Sünden erinnert wurden. Doch Hosea war fest geblieben und Diblaim hatte ihn darin unterstützt. „Er ist der Bote Gottes, meine Tochter", hatte er gesagt, und das war es dann. Sie hatte dann bei den anderen beiden Kindern gar nicht erst erwartet, dass sie gefragt würde, welche Namen sie bekommen sollten.

Sie beobachtete, wie die Familie auf dem Fußboden spielte. Hosea vergaß seine Würde völlig, als er mit den Jungen raufte. Als sie heirateten, hatte Gomer gedacht, Hosea würde sie durch seine Liebe von den engen Bindungen befreien, in denen ihr Vater sie gehalten hatte. Doch bald merkte sie, dass Hoseas Liebe nur eine andere Form dieser Bindungen war, denn er fürchtete für ihre Sicherheit in den Straßen der Stadt noch mehr, als es Diblaim je getan hatte. Wieder wurde ihr nicht mehr erlaubt, das Haus zu verlassen; nicht einmal bei den seltenen Gelegenheiten, wenn man ihn bat, zum Volk zu sprechen. Die vier Hausmauern engten sie ein, und sie hatte gelernt, mit ihren Frustrationen zu leben, so glaubte sie wenigstens.

Gomer hatte sich auf einen Stuhl gesetzt. Hosea blickte vom Fußboden aus zu ihr hinüber und fragte sich, was sie jetzt wohl dachte. Sie schien nicht älter geworden zu sein seit dem Tag, an dem sie geheiratet hatten. Auch ihre Figur war trotz der drei Kinder noch genauso schlank. Doch er wusste nun, dass er sie nie geheiratet hätte, hätte er vorher von ihrem Mangel an Glauben gewusst. Er liebte sie immer noch sehr. Und gerade deshalb bereitete ihre Gleichgültigkeit ihm gegenüber seiner Seele große Schmerzen.

Gomer war seine Frau und er wusste, dass Gott es so gewollt hatte. Es würde der Tag kommen, wenn sie Gott so lieben und anbeten würde wie er es tat. Er wusste zwar nicht, wie und wann das geschehen würde, aber er betete jeden Morgen darum, dass dieser Tag den Durchbruch bringen sollte.

Jesreel und Ammi bettelten nun, er solle ihnen eine Geschichte erzählen. Also zog er sie auf seinen Schoß, während Ruhama über seiner Schulter hing. Ehe er begann, blickte er zu seiner Frau hin. Sie beobachtete ihn und lächelte leicht. Er lächelte zurück mit der nie endenden Hoffnung, sie würde von dem Lager, das sie sich neben der Tür hergerichtet hatte, in sein Bett zurückkehren. Doch ihr Lächeln versprach das nicht. Also wandte er sich wieder den Kindern zu und begann zu erzählen.

Wenige Tage später wurde an die Vordertür des Hauses geklopft, als die Familie beim Abendessen saß. Hosea und Diblaim blickten sich an. „Das wird Dan sein", sagte Hosea und erhob sich.

Schana runzelte die Stirn. „Aber es ist das Ende des Sabbaths. Er sollte bei seinen Gebeten sein. Wie kann er jetzt kommen?"

„Er wird mit uns essen", sagte ihr Gatte. Dan trat ein. Sein rundes Gesicht trug einen besorgten Ausdruck. Er nickte allen zu ohne ein Wort zu sagen. Gomer holte ihm eine Schüssel mit Suppe, während die Kinder sich freuten, ihren Lieblingsonkel zu sehen. Doch statt sie alle drei auf die Arme zu nehmen, wie sonst, strich er ihnen nur lächelnd über den Kopf und blickte die ganze Zeit zu Diblaim hin.

Die Mahlzeit ging schweigend weiter. Die Männer schienen sich mit einem gemeinsamen Problem zu beschäftigen und die Frauen waren verwundert. Die Kinder schienen die gespannte Atmosphäre ebenfalls zu spüren, denn sie verhielten sich ganz still. Endlich schob Diblaim seinen Stuhl zurück und sagte: „Es ist Zeit zu gehen." Dan und Hosea legten ihr Brot aus der Hand und erhoben sich ebenfalls.

Auch Schana stand auf. „Ist es zu vermessen von mir zu fragen, warum ihr den Sabbath auf diese Weise brechen wollt? Was hat das alles zu bedeuten?"

Diblaim blickte sie an und schüttelte den Kopf. Doch Hosea meinte: „Ich denke, wir sollten es ihnen lieber sagen für den Fall, dass die Sache nicht gut ausgeht.“

Gomer hielt den Atem an. Was ging da vor, dass es ihm Schaden machen konnte. Sie liebte ihn zwar nicht, aber er war immerhin für sie Trost und Sicherheit. Sie konnte sich ein Leben ohne ihn kaum mehr vorstellen.

„Es ist Pekahiah, der neue König in Samaria. Er hat für diesen Nachmittag eine Feier für seinen Gott bekannt machen lassen. Er möchte diesen Gott zum Beschützer unseres Volkes machen. Wir wollen auch hingehen und die Israeliten daran erinnern, dass der Sabbath gerade vorüber ist, der heilige Tag für den Gott unserer Väter, und dass es für unser Volk keinen anderen Gott an Seiner Stelle geben kann.“ Hoseas Gesicht war ganz ruhig. Doch Gomer erkannte an seinen geballten Fäusten seine innere Erregung.

Etwas in ihrem Inneren drängte Gomer zu sagen: „Lasst mich mit euch gehen.“ Sie erhob sich und trat zu ihrem Gatten.

Er blickte sie ablehnend an. „Meine Liebe, was denkst du dir? Alle üblen Männer unserer Stadt werden nachher auf dem Marktplatz sein, und du willst mitten unter sie gehen?“

„Tochter, was stimmt nicht mit dir?“ fragte Diblaim. Seine Augen verdunkelten sich, als die alten beängstigenden Gedanken wieder kamen. „Es ist ein heidnisches Fest, das wir stören wollen, keine anständige Versammlung. Dort ist heute kein Platz für unsere Frauen.“

Gomer senkte scheinbar verständnisvoll den Kopf, doch ihre innere Auflehnung wurde umso stärker. Ärger erfüllte ihre Seele. Sie blickte zur Tür, die sich hinter den drei Männern geschlossen hatte. Plötzlich wusste sie, dass sie es so nicht länger aushalten würde. Sie dachte an das, was Hosea gesagt hatte, und fragte Schana: „Mein Gatte sagte, es sei der **neue** König, der dieses Fest veranstaltet. Was ist denn mit Menahem geschehen?“

Ihre Mutter war dabei, den Tisch aufzuräumen. „Er starb letzten Monat“, sagte sie kurz. „Sein Sohn ist nun von Assyrien zurückgekommen, um seinen Platz einzunehmen. Wir können Gott dankbar sein, dass es diesmal kein Blutvergießen gegeben hat.“

Gomer presste die Lippen zusammen. Hosea hielt sie nicht nur im Haus, sondern hatte offensichtlich auch beschlossen, sie nichts von dem wissen zu lassen, was draußen vorging.

Schana rief die Kinder in den Arbeitsraum. Sie wollte ihnen dort ein neues „Spiel“ zeigen, nämlich wie man Blumen zerrieb, um sie dann als Farbstoffe zu verwenden. Gomer wartete, bis alle im Arbeitsraum verschwunden waren und nicht mehr in die Küche schauen konnten. Sie hörte ihre Rufe und ihr Lachen und die ruhige Stimme ihrer Mutter. Dadurch würde keiner hören, was sie jetzt tun wollte.

Leise ging sie die Treppe hinauf in ihr Zimmer und holte ihren grauen Umhang mit der Kapuze. Eng zog sie das Kleidungsstück um sich und die Kapuze über, um vor gierigen Augen geschützt zu sein. Auf Fußspitzen ging sie die Stufen wieder hinunter.

Unten lauschte sie einen Augenblick, hörte Ruhamas hohes Lachen über die Geschichte ihrer Großmutter, die sie bei dem „Spiel“ erzählte, ging zur Haustür und öffnete diese vorsichtig. Mit angehaltenem Atem öffnete sie geräuschlos die Tür. Sie schlüpfte hinaus und schloß sie hinter sich.

Endlich war sie draußen.

17. Kapitel

Auf dem Marktplatz

Das herrliche Gefühl der Freiheit umgab sie, als sie dort stand, und wie ein fast vergessenes Lied der sonnigen Jahre ihrer Kindheit erfüllte es ihr Herz. Sie war allein und sie war frei, sie musste nichts anderes tun, als sie sich wünschte, und konnte dahin gehen, wohin sie wollte.

Sie lachte vor Vergnügen. Dabei rutschte ihr die Kapuze vom Kopf, lächelnd zog sie diese wieder über. Weder Hosea noch ihr Vater durfte sie sehen, sonst würden sie sofort Dan beauftragen, sie wieder nach Hause zu bringen. Schnell lief sie durch die engen gewundenen Gassen zum Marktplatz, von dem sie schon die Geräusche einer sich versammelnden Menge hörte.

Als sie die letzte Kurve in der Gasse umrundet hatte, blieb sie stehen. Es waren mehr Menschen auf dem Marktplatz, als sie vermutet hatte. Da sie alle nach der anderen Richtung blickten, konnte sie nur Rücken sehen. Für einige Augenblicke sah sie einige Reihen weiter vorn Hoseas Kopf, da er größer war als die meisten anderen. Dann verschwand er wieder in der Menge.

Sie überlegte. War ihr Vater nicht mit dem Zimmermann befreundet, der zu allen heidnischen Festen ging. Die Rückseite seines Hauses lag direkt am Marktplatz, aber auf der anderen Seite des Platzes, wo eine erhöhte Plattform errichtet war. Sie hatte sich entschlossen und lief zu dem Haus, das sie seit ihrer Kindheit kannte. Vorsichtig blickte sie durch die Fenster und kam zu der Überzeugung, dass sich niemand im Haus befand. Alle Bewohner des Hauses waren wohl auf dem Marktplatz.

Vorsichtig schlüpfte sie durch die Haustür hinein, ging leise durch den Flur und öffnete die Hintertür. Erst jetzt bemerkte sie, dass die Plattform ganz nahe an dem Haus stand und dass durch einen kleinen Hausvorsprung durch den engen Platz niemand hinkommen konnte. Dahin stellte sie sich und konnte von hier aus die Plattform gut übersehen.

Die Leute auf dem Platz schienen in Feiertagsstimmung zu sein. Sie unterhielten sich eifrig und lachten laut. Gomer verhüllte ihren Kopf wieder mit der Kapuze, um nicht erkannt zu werden. Dann wurde von der Königsstraße her das Geräusch von Wagenrädern hörbar und die Unterhaltungen verstummten. Die Köpfe der Menschen wandten sich in diese Richtung. Gomers Spannung stieg. In wenigen Augenblicken würde sie den König sehen.

Dann rollte von der Straße her ein vergoldeter Streitwagen heran, gezogen von zwei weißen arabischen Pferden. Die Menge brach in lautes Beifallsgeschrei aus, als sie den König auf dem Wagen erkannten. Seinem Wagen folgten noch drei weitere, die alle reichlich Staub aufwirbelten. Auf dem letzten Wagen stand eine Sänfte, die mit Tüchern verhüllt war. Aber niemand achtete auf sie, die Aufmerksamkeit aller richtete sich auf den König.

Sein weites leuchtend gelbes Gewand fiel ihm in reichen Falten von den breiten Schultern. Um seine schmalen Hüften trug er ein breites blaues Tuch und eine ebensolche Schärpe von der Schulter bis zur Hüfte. Seine breite Brust wurde von einem dünnen silbernen Harnisch bedeckt, der mit Bildern verziert war. Er hielt seinen Wagen an, sprang auf die Plattform und sah sich um. Da erblickte er Gomer.

In ihrer Aufregung war Gomer die Kapuze wieder vom Kopf gerutscht, ohne dass sie es bemerkt hatte. Sie blickte mit erhobenem Haupt zur Plattform hinauf. Als sie den König jetzt in voller Größe sah, stockte ihr der Atem. Er war schön und größer als die meisten Männer und prächtig gewachsen. Der Art, wie er seinen Kopf hielt und seine breiten Schultern, sah man an, dass er stolz war auf seine Würde und Autorität und dass er es gewohnt war zu befehlen. Gomer war, als würde ihr Herz explodieren. Was für ein Mann!

Der König hatte Gomer ebenfalls erblickt und trat zwei Schritte auf sie zu, dann blieb er stehen. Er fand im Augenblick keine Worte für die Schönheit dieser Frau, deren rassiges Gesicht von einer Flut goldenen Haars umrahmt war. Seine Augen brannten sich wie Feuer in die ihren und hielten sie fest. Beide empfanden in diesem Augenblick, dass sie zueinander gehörten. Für einen kurzen Moment war es, als hätten sie alles andere vergessen.

Seine Begleiter aus den anderen Wagen hatten nun ebenfalls die Plattform erreicht und riefen dem König etwas zu. Er riss sich vom Anblick der Frau los und wandte sich ihnen zu. Er musste seinen Pflichten nachkommen.

Der König hob die Hand und der Jubel der Menge verstummte. „Mein Volk“, begann Pekahiah, „Freunde! Ich war lange Zeit nicht mehr bei euch, und es macht mich traurig, dass mich erst der Tod meines Vaters wieder zu euch brachte. Denn ich weiß, dass Samaria und Israel meine Heimat ist, wenn ich auch viele Jahre in Assyrien verbrachte, um dort dem großen König Tiglath-Pileser, unser aller Herr, zu dienen.“

Bei diesen Worten war wieder laute Zustimmung aus der Menge zu hören, aber längst nicht so viel und so laut wie vorher für den König selbst. Die assyrischen Soldaten, die wachsam an den Ecken des Platzes standen, runzelten die Stirn und murmelten leise böse Worte. Eines Tages würden sie dieses aufsässige Volk demütigen.

„Würden die Priester nach oben kommen!“ rief Pekahiah. Vier in einfache weiße Roben gekleidete Männer hoben die Sänfte vom vierten Wagen und trugen sie auf die Plattform. Sie setzten die Sänfte neben dem König ab und traten zurück.

„An diesem Tag, meine Freunde, wollen wir von nun an jedes Jahr ein großes Fest feiern zu Ehren des Gottes, der mich in vielen Kriegen von Sieg zu Sieg geführt hat. Es ist der große Gott Tammuz, den ihr Adonis nennt, der Gatte unserer Göttin, der Dame Astarte, der jedes Jahr zur Unterwelt hinabfährt und dann wiederkommt und uns den Frühling bringt. Preis sei Tammuz und seiner Dame Astarte.“

Die Leute, die zwischendurch immer wieder gejubelt hatten, schwiegen jetzt, als der König zu der Sänfte trat. Er rief leise einige Worte, da traten zwei Mädchen heraus. Es waren schöne Priesterinnen der Göttin Astarte. Die Männer riefen laut Beifall, während die Frauen sie ärgerlich betrachteten.

Die beiden Mädchen begannen nun um die Sänfte zu tanzen und zogen dabei mit rhythmischen Bewegungen die Leinentücher herunter. Nun stand Tammuz etwa zwei Meter groß und schlank vor den Leuten. Ein unbekannter Künstler hatte lange daran gearbeitet. Es war ein künstlerisches Meisterstück. Im Sonnenlich schien er fast lebendig zu sein. Seine mit Edelsteinen eingelegten Augen glitzerten und um den Mund schien ein leichtes Lächeln zu spielen. Die Leute schrien vor Begeisterung noch lauter als zuvor. Pekahiah stand hinter seinem Gott und lächelte.

In diesem Augenblick begann vor der Plattform ein Durcheinander, weil jemand sich nach vorn drängte und auf die Plattform steigen wollte. Es war Hosea. Schnell verhüllte Gomer ihren Kopf wieder mit der Kapuze und trat in den Hausschatten zurück.

Ehe ihn jemand aufhalten konnte, war Hosea auf die Plattform gesprungen. Er ging auf die beiden Priesterinnen zu, nahm seinen weiten Umhang ab und hüllte die beiden Mädchen damit ein. Die beiden Mädchen beschimpften ihn mit zotigen und schmutzigen Wörtern.

Gomer verstand nicht, was die Mädchen sagten, doch der König wohl, denn er lachte laut. Dabei winkte er den mit ihm gekommenen Soldaten zu, einzugreifen.

Hosea wurde von den Soldaten hart gepackt, von den Priesterinnen weggerissen und rücksichtslos vor den König gezerrt. Der stolze Fürst und der zornige Mann Gottes standen nun einander gegenüber und blickten sich lange Zeit fest in die Augen. „Wer bist du", fragte der König endlich, „und warum entweihst du das Fest unseres großen Gottes Tammuz?"

Hosea warf sein langes Haar zurück und antwortete: „Die Leute hier kennen mich, o König. Ich habe in den vergangenen sechs Jahren oft hier auf dem Marktplatz gestanden und habe ihnen gesagt, was ich jetzt auch dir sagen werde."

„Bist du ein Seher oder Wahrsager oder einer, der die Sterne beobachtet?" Solche Leute wurden am Hof jedes Königs sehr respektiert und meist gab es keine Entscheidungen ohne ihren Rat. Doch der König schien belustigt zu sein, als wolle er sagen, er könne solche Scharlatane nicht gebrauchen.

„Nein, o König." Hoseas Stimme war ganz ruhig. Gomer biss sich vor Spannung auf die Lippen. *Hosea, Hosea, mache ihn nicht zornig,* dachte sie.

„Ich bin Hosea Ben Beeri und von dem Gott Israels, dessen heiligen Namen wir nicht ausprechen dürfen, zu Seinem Volk gesandt, um die Leute an den Bund zu erinnern, den unsere Väter vor vielen hundert Jahren am

Berg Sinai gemacht haben. Sie schworen, Ihn zu ehren, Ihn allein anzubeten und Ihm allein zu dienen. Doch das haben sie alles vergessen.“ Seine Stimme wurde nun lauter, und Hosea trat einen Schritt zurück, für einen Augenblick von Ehrfurcht ergriffen. „Höre, o Israel, der Gott Adonai ist unser Gott, und Er ist der einzige Gott! Erinnert euch an die Zeit, da ihr diesen Gott angebetet habt, den wahren und einzigen Gott! Habt ihr vergessen, dass Er euch liebt und dass Er eure Väter unter Mose aus Ägypten geführt hat? Unter der Führung Josuas half Er euch, dieses Land in Besitz zu nehmen. Die Götter, die ihr heute anbetet, hat Adonai besiegt. Dieser Tammuz hier, ist er nicht nur eine Statue aus Holz und von Menschenhand gemacht? Er ist überhaupt kein Gott!“

Die Augen des Königs wurden vor Zorn zu schmalen Schlitzen. Hosea hatte sich trotz des Griffs der Soldaten herumgedreht und sprach nun die versammelte Menge an. Auf seinem Gesicht lag ein Leuchten, das alle Zuhörer zunächst zurückschrecken ließ. „Höre, o Israel, unser Gott warnt euch durch mich, dass der Tag schnell kommen wird, wenn ihr Rechenschaft darüber geben müsst, warum ihr euch von Ihm abgewandt habt. Und solltet ihr mich, Seinen Boten, verspotten oder gar töten, so werden meine Kinder euch an Seine Worte erinnern. Sie heißen Lo-Ruhama und Lo-Ammi. Versteht ihr die Worte unseres Adonai nicht? O Meine Kinder, Mein Volk, das Ich liebe – tut Buße, kehrt um von euren bösen Wegen und tut die falschen Götter hinweg, sonst wird der Tag kommen, wenn sie machtlos von ihren hohen Plätzen herabstürzen, wenn der Feind vor euren Mauern erscheint.“

Auf einen Wink des Königs hin stießen die Soldaten Hosea auf die Knie. Als der Prophet auf die Knie stürzte, unterbrach er seine Rede und blickte in Pekahiahs ernstes Gesicht. Doch bevor einer von beiden ein Wort sagen konnte, kam ein hoher Schrei aus der Menge und wurde von anderen aufgenommen. „Steinigt den Gotteslästerer! Steinigt ihn! Tötet ihn! Er wagt es, Tammuz und unsere Dame Astarte zu beschimpfen. Steinigt ihn! Steinigt ihn!“

Ein Stein flog durch die Luft und der König duckte sich, da er wenige Zentimeter an seinem Kopf vorüberflog. Als die Soldaten sahen, dass ihr König in Gefahr geriet, packten sie Hosea bei den Schultern und stießen ihn von der Plattform hinunter. Die Menge schrie vor Begeisterung. Hosea fühlte, wie Hände ihn ergriffen. Ein Stein traf ihn mit aller Macht an der Stirn und er wurde ohnmächtig.

Gomer war vor Furcht außer sich. Wo war Hosea? Was war mit ihm geschehen? Sie kam aus ihrem Versteck hervor und versuchte sich durch die Menge zu drängen, doch es gelang ihr nicht. Sie blickte zur Plattform hin und sah den König neben der Statue von Tammuz stehen. Er blickte auf die erregte Menge. Sie streckte die Hände nach ihm aus und rief: „Bitte, o König, höre mich!“

Pekahiah blickte sich nach der Ruferin um. Gomer hatte sich mit beiden Händen an die Plattform geklammert, weil die wütende Menge sie sonst zu Boden gerissen hätte. Als er sie sah, war er mit zwei großen Schritten bei ihr und beugte sich zu ihr hinunter. Er sah ihre Furcht und streckte ihr die Hand entgegen.

„Herr König, bitte, gebiete ihnen Einhalt!“ Ihre Stimme zitterte vor Erregung. „Bitte, lasse nicht zu, dass sie ihn töten. Er ist meine Gatte. Bitte!“

Er zog schnell seine Hand zurück, als hätte ihm jemand darauf geschlagen. Sie starrten sich für einen weiteren Augenblick in die Augen, dann richtete er sich auf und rannte dahin, wo der Mob Hosea mißhandelte. „Aufhören!“ schrie er so laut er konnte. Die ihm am nächsten standen, blickten überrascht auf. Als sie erkannten, dass der Rufer der König war, drängten sie sich zurück und ließen den zusammengesunkenen Prophet liegen.

Pekahiah blickte hinunter und sah, wie das Blut über Hoseas Stirn und Gesicht lief. Sein Obergewand war zerrissen. Die Menschen beruhigten sich und der König dachte: *Seltsam, dass es immer noch einen solchen Mann gibt, der bereit ist, für einen Gott zu sprechen, von dem das Volk nichts mehr wissen will.* Sein Vater hatte ihm einmal in einem Brief etwas von diesem Mann mitgeteilt und ihn gewarnt, er könne vielleicht eines Tages einen Aufruhr anzetteln. Nun lernte Pekahiah ihn selbst kennen. Doch hier war kein Soldat oder Politiker, der nach seinem Thron trachtete, sondern ein friedlicher Schriftgelehrter, der von dem überzeugt war, was ihm das Studium der alten Schriften sagte.

Zwei Männer knieten nun neben Hosea, wischten ihm das Blut vom Gesicht und wollten ihn davontragen. Der König sprang von der Plattform und trat zu ihnen. Der Ältere, dem Tränen über seinen langen grauen Bart rannten, blickte den Fürsten an und sagte: „Er ist ein guter Mann. Wenn er wegen der Torheit dieses Tages sterben muss, wird unser Gott sich an den Schuldigen rächen."

Der König runzelte die Stirn, sagte aber nichts. Der Gott Israels war früher gewiss einmal mächtig und gefürchtet gewesen in diesem Land und Pekahiah war nicht der Mann, der den Zorn irgendeines Gottes herausfordern wollte. Da war etwas um den Prophet gewesen, das ihn beeindruckt hatte, sein Mut, der ihn furchtlos sein ließ angesichts der Gefahr. Das war nicht häufig für einen Schriftgelehrten. Dieser Mann würde alles für seinen Gott tun. Pekahiah stieg auf die Plattform zurück und fuhr mit dem Fest fort.

In diesem Augenblick erinnerte er sich an die Frau, die ihn um Hilfe gebeten hatte. Er blickte sich um zu ihr. Doch sie war fortgegangen.

Hosea lag in seinem Bett. Seine Wunden waren behandelt und verbunden worden und er freute sich, dass er noch am Leben war. Er war dem Tode nahe gewesen, doch die treue Pflege seiner Frau hatte ihn hindurchgebracht. Sie hatte Tag und Nacht an seinem Bett gesessen und seine Wunde mit Öl behandelt, um die Schmerzen zu stillen. „Dank sei Gott, dass es mir besser geht", flüsterte er immer wieder.

Gomer betrat mit einer Schüssel voll heißer Suppe den Raum. Er sog den Duft genussvoll ein, denn er war sehr hungrig. Drei Tage war er nicht in der Lage gewesen, etwas zu essen.

Sie setzte das Tablett mit der Schüssel vor ihm hin und sah ihm beim Essen zu. Ihre Mutter hatte nicht einmal bemerkt, dass sie am Tag, an dem Hosea geschlagen wurde, das Haus verlassen hatte. Sie war sehr schnell nach Hause gelaufen, so dass sie Diblaim und Dan an der Tür empfangen konnte, als sie den verwundeten Hosea brachten. Niemand hatte ihr eine Frage gestellt.

Doch die Erinnerung an den König quälte sie, während sie Hosea pflegte. Oft sah sie seine dunklen fragenden Augen vor sich. *Pekahiah,* dachte sie, *als wir uns anblickten, waren wir für einen Augenblick nur Mann und Frau, scheinbar aus Raum und Zeit entrückt.*

Als Hosea die Schüssel geleert hatte, ergriff er ihre Hand und sagte: „Gomer, meine Liebe, du bist so gut zu mir. Und doch frage ich mich manchmal, ob es nicht besser gewesen wäre, wenn ich gestorben wäre."

Sie wurde blass und flüsterte: „So darfst du nicht reden, Hosea. Du lebst und die Leute werden dich nie wieder so übel behandeln."

Hosea blickte sie verwundert an. „Was willst du damit sagen?"

Sie erschrak, weil sie sich fast verraten hatte, und war froh, dass sie die Schüssel forträumen konnte und ihn nicht ansehen musste. „Siehst du nicht, dass es nutzlos ist, so mit den Leuten zu reden. Seit Jahren haben sie dich verspottet und nun hätten sie dich fast umgebracht. Bitte, kannst du nicht aufhören damit und einfach mit Vater arbeiten?“

Hosea schloss die Augen. Sie verstand ihn immer noch nicht. Er stöhnte: „Gomer, Gomer, kannst du nicht sehen, dass ich nicht aufhören kann. Gott hat mir diesen Auftrag gegeben und ich muss ihn ausführen. Erfolg oder Mißerfolg dieser Aufgabe liegt bei Ihm und nicht bei mir. Aber ich kann nicht aufhören. Natürlich hast du Recht, sie wollen nicht auf mich hören. Deshalb sagte ich, es wäre vielleicht besser, sie hätten mich totgeschlagen. Dann hätten sie vielleicht begriffen, dass ich jedes Wort ernst meinte. Ich hasse es, ihnen sagen zu müssen wie böse und sündig sie sind. Es macht mir keine Freude, ihnen die Gerichte Gottes ankündigen zu müssen. Gomer, manchmal möchte ich sie alle von der Erde vertilgen, weil sie Gott gegenüber so ungehorsam sind. Doch ich kann es nicht.“

Sie schluchzte leise und legte ihren Kopf an seine Brust. „Hosea, gerade das ist es, was ich nicht verstehe und weshalb ich wünsche, du würdest damit aufhören. Sie interessieren sich nicht für dich und auch nicht für deinen Gott. Siehst du das denn nicht?“ Sie hielt ihr Gesicht zwischen ihren Händen und sah ihm tief in die Augen. „Ich möchte aber einen Gatten haben, der lange lebt. Siehst du denn nur deinen Gott, Hosea? Kannst du mich denn gar nicht verstehen, weil ich mich mehr zu den alten Göttern Kanaans hingezogen fühle? Du gehst monatelang fort und lässt mich und die Kinder allein, nur um eine Botschaft zu verkündigen, die niemand hören will. Ich sage, dein Gott ist es nicht wert, dass du für Ihn stirbst oder dir den Hass der Leute auf die Schultern lädst.“

Hosea hatte seine Augen geschlossen, so dass sie die tiefe Not, die darin lag, nicht sehen konnte. Jedes Wort, das sie gesagt hatte, war wie ein Messerstich in sein Herz gewesen. Er dachte: *Meine Geliebte, warum bist du so weit entfernt von mir?*

Endlich öffnete er seine Augen wieder und sah, dass sie nicht mehr an Seinem Bett saß, sondern am Fenster stand und hinausblickte. „Gomer“, sagte er. Sie wandte sich um und er sah an ihrem Gesicht, wie unglücklich sie war. „Du fragst, was Gott mir gegeben hat? Hast du meine lange Suche nach Ihm vergessen, mein endliches Finden der Erfüllung meines Lebens zu Seinen Füßen dort in der Wüste Moab? O meine liebe Frau, Gott hat mir diese Freude ins Herz gegeben, so dass ich nicht aufhören kann, Seinen Auftrag auszuführen.“

18. Kapitel

FLUCHT

Der Lärm der von Gomer wütend zugeschlagenen Tür hallte durchs ganze Haus. Sie stand draußen auf dem Flur mit verzerrten Gesichtszügen und vor Ärger bebenden Busen. *Ich hasse Dich,* dachte sie leidenschaftlich, *hasse Dich, hasse Dich! Du gibst ihm Freude, so sagt mein Gatte. Und wohin führt ihn diese schreckliche Freude? In den Tod! Ich spucke auf Deine Freude!*

Sie rannte die Stufen hinunter und beachtete dabei kaum die Kinder, die unten auf dem Fußboden spielten. Schana kniete vor dem Feuer und erhob sich, als sie die Treppe herabstürmte. Sie erschrak, als sie das Feuer in den Augen ihrer Tochter sah und ihre Gesichtszüge. „Gomer, was …"

Gomer blickte einfach durch sie hindurch und Schana erkannte ihre irrsinnige Wut, die sie vorher nur zweimal gesehen hatte, als sie sich vor langer Zeit auf dem Dach gestritten hatten und Gomer wütend erklärte, sie würde nie zu diesem Gott beten.

Jesreels weinerlicher Aufschrei aus der Ecke veranlasste Schana sich zu ihm umzudrehen. Als sie ihn auf den Arm genommen hatte und sich wieder Gomer zuwandte, hatte diese das Haus verlassen.

Pekahiah lief unruhig in seinem prächtig möblierten Schlafzimmer hin und her, ärgerlich biss er sich auf die Lippen. In den vergangenen zwei Wochen war es ihm erfolgreich gelungen, die Herrschaft im Königreich seines Vaters zu übernehmen, ohne dass es dabei zu dem sonst üblichen Blutvergießen gekommen war. Alle Fürsten und Beamten, mit Ausnahme eines einzigen, schienen mit dem neuen König zufrieden zu sein. Den einen Rebell, Pekah, hatte er auf seine Besitzungen weit nördlich von Hazor verbannt, denn Pekah, der General und Führer der Reiterei, hatte versucht, die Armee zur offenen Rebellion gegen Pakahiah anzustiften. Pekahiah hatte entschieden, ihn nicht zu töten, sondern am Anfang seiner Herrschaft eine Politik der Gnade walten zu lassen. Er fragte sich nun, ob er vielleicht einen Fehler gemacht hatte. Doch nur die Zukunft konnte das entscheiden.

Ebenso wichtig wie die Anerkennung durch die Fürsten und Beamten war die Übernahme des gesamten Harems seines Vaters. Einer oder zwei seiner Generäle hatten um eine Frau aus dem Harem gebeten, doch er hatte sie höflich aber fest abgewiesen. Eine Konkubine des verstorbenen Königs zu haben war gleichbedeutend mit einem Anspruch auf den Thron, und solche Leute wünschte sich Pekahiah nicht.

Er hatte zwar dem Harem bis jetzt noch keinen Besuch abgestattet, da er immer noch der kleinen Äthiopierin die Treue hielt, die vor einem Jahr gestorben war. Da mochte es nur eine Frau geben unter denen, die er gesehen hatte, die seinen verschiedenen Launen und Ansprüchen gerecht werden konnte, und die ging durch die Straßen Samarias, so dachte er. Es war die Frau des Propheten von Israels Gott.

Der Gedanke an den Mann Gottes beschäftigt ihn oft, deshalb hatte er auch einen Boten gesandt, um sich zu erkundigen, ob er am Leben geblieben war. Seltsamerweise war er sehr erleichtert, als er hörte, Hosea habe überlebt. Doch die Erinnerung an die Frau dieses Mannes kehrte immer wieder zurück. Eine Frau unter Tausenden hatte er gedacht, als er sie das erste Mal sah. Durch das Licht, in dem sie stand, hatte ihr Haar ihr Gesicht wie eine leuchtenden Wolke umgeben.

Pekahiah war kein Frauenjäger und er versuchte auch diese Frau zu vergessen. Doch an diesem Tag ging sie ihm seltsamerweise überhaupt nicht aus dem Sinn.

Unzufrieden mit sich selbst verließ er endlich das Schlafzimmer und rief nach seinem Diener Gor. „Ich möchte zum Marktplatz reiten und dort Tammuz betrachten", sagte er. Gor salutierte und ging zu den Pferdeställen. Der König schlüpfte in sein langes blaues Obergewand und folgte ihm, immer noch tief in Gedanken versunken.

❧

Gomer atmete tief durch und blieb stehen. Sie war von daheim weggerannt ohne einen Umhang oder Kopfbedeckung. Der neugierigen Blicke, die immer wieder ihrer Schönheit wegen auf sie fielen, war sie sich gar nicht bewusst geworden. Es war schon zu viele Jahre her, seit sie sich als Kind noch frei und offen hatte unter den Bewohnern der Stadt bewegen dürfen. Man kannte sie nicht mehr.

Sie ging weiter und ließ sich von der Menge mittreiben. Endlich erreichte sie den Marktplatz und stand vor Tammuz, der in seiner Schönheit und Würde auf sie herabblickte. Sie hatte es getan, sagte sie sich selbst immer wieder. Sie war endlich aus der häuslichen Enge ausgebrochen. Sie hatte alles hinter sich gelassen und stand nun hier vor der Statue, von der ihr Gatte sagte, es sei ein Gegenstand des Abscheus und der Greuel.

„Herrin Astarte“, murmelte sie in der Überzeugung, wo immer Tammuz stand, war sein Weib nicht weit entfernt. „Hilf mir, Astarte, hilf mir. Ich habe meine Angehörigen verlassen, die immer noch Moses Gott dienen und Ihn anbeten. Ich weiss nun nicht, wohin ich gehen soll. Hilf mir!“

Hinter ihr wurde ein Pferd angehalten. Sie hörte einen Reiter aus dem Sattel auf das Pflasters des Platzes springen. Stille umgab sie für einen Augenblick und durchdrang ihr Herz. Als sie sich nun umwandte, erblickte sie den König.

Er stand da und blickte ihr tief in die Augen. Die Hand, mit der er den Zügel hielt, hatte er zur Faust geballt. Er sprach kein Wort, denn irgendwie wusste er, dass es nicht nötig war. Er wusste, dass sie an ihn gedacht hatte so wie er sie nicht aus seiner Erinnerung hatte verbannen können.

Sie blickte wie gebannt zu ihm auf. Er schien ihr keineswegs ein Fremder zu sein. Sic erkannten sich beide und sahen gegenseitig in ihren Augen ein Herz, das sich nach der Erfüllung von großen Träumen und Wünschen sehnte, und eine Seele mit demselben Hunger.

Er sprang wieder in den vergoldeten Sattel seines Pferdes und blickte von da auf sie herunter. Sie stand immer noch genau so still, hatte die Hände vor ihrer Brust gefaltet und fragte sich, was er sagen oder tun würde.

Nun streckte er ihr die Hand entgegen und strich leicht über ihr goldenes Haar. Übervoll von Gefühlen konnte er nur heiser sagen: „Komm!“

Sie reichte ihm ihre Hände und er zog sie zu sich auf das Pferd.

Teil II
Pekahiah

19. Kapitel

Im Harem

Das leise Rascheln des großen Fächers aus Pfauenfedern war das einzige Geräusch im Harem. Es war die Stunde nach dem Mittagessen. Die Frauen und Konkubinen hatten sich zum Mittagsschlaf niedergelegt. Auf niedrigen Couchen liegend schliefen sie oder träumten vor sich hin. Der Fächer hielt Fliegen und Mücken davon ab, sich auf ihre Gesichter zu setzen.

Die trockene Jahreszeit war wieder einmal angebrochen. Alle offenen Fenster waren zugehängt mit dicken Vorhängen aus persischer Seide, um die unbarmherzige Sonne und die dazugehörige Hitze draußen zu halten. Leider gab es für die Frauen nur den einen Fächer, um die Hitze und stickige Luft im Harem zu mildern. Doch die phlegmatische Natur der östlichen Frauen trug dazu bei, die Hitze in ihrem luxuriösen Gefängnis besser zu ertragen.

Der Sklave, der den großen Fächer bewegte, war ein kleiner ernster Mann mit einem runden, mondähnlichen Gesicht. Auf seinem Kopf fand sich kein einziges Haar mehr. Er sprach sehr selten, denn er stotterte seit vierzig Jahren, seit dem Tag, als er als Junge in ihrem Bauernhof östlich des Tigris von plündernden assyrischen Soldaten gefangen wurde. Man hatte ihn seines Geschlechtsteils beraubt und ihn als Sklave nach Westen mitgeschleppt.

Seine schmalen schwarzen Augen zeigten große Intelligenz, die er gewöhnlich verborgen hielt. Doch er beobachtete alles und erkannte gewöhnlich alle möglichen Verschwörungen, ehe sie gereift waren. Er wusste recht genau, dass mancher König durch ein im Harem entstandenes Komplott seinen Thron verloren hatte, und war entschlossen, dass sich sein Herr dieserhalb keine Sorgen zu machen brauchte.

Er lief zwischen den Couchen im Harem hin und her und beobachtete die matten Frauen. Ihm war dabei bewusst, dass sie eigentlich ebenso Sklavinnen waren wie er. Sie taten den ganzen Tag nichts, sondern schwatzten nur miteinander in der Haremsprache, die eine Kombination aller möglichen bekannten Sprachen war. Wenn der König eine Frau für die Nacht haben wollte, musste der Sklave sie gewöhnlich aussuchen unter diesen schreienden eifersüchtigen Frauen, die bereit waren, ihm mit ihren langen Fingernägeln die Augen auszukratzen. Er war der Dame im großen Zimmer sehr dankbar, dass solche Nächte recht selten blieben.

Eine Couch war leer, das wusste er. Am nächsten zur Tür dieses riesigen Raumes, der die ganze zweite Etage des Westflügels des Palastes einnahm, befand sich ein durch Vorhänge abgetrennter Raum. Seit den Tagen des Königs Omri, der diesen Teil des Palastes bauen ließ, war dieser Raum der großen Dame des Hofes vorbehalten; gewöhnlich der Mutter des Königs, wenn sie noch lebte, oder der Hauptfrau. Die Möbel in dem Raum, die niedrigen Couchen und ein Tisch mit den besten Parfümen waren von auserlesener Schönheit. Der Raum war das weibliche Gegenstück von dem prächtigen Raum des Königs, der auf der anderen Seite des Ganges und eine halbe Etage höher lag.

Es war tatsächlich der Raum einer Königin, dachte der Eunuch, dessen Name Nuri war. Doch ganz gleich, welche Frau den Raum bewohnte, ob sie alt oder jung war, hässlich oder schön, sie wurde von den anderen Frauen des Harems gehasst, weil sie beim König die Favoritenstellung einnahm. Sie war durch Tradition die Herrin aller anderen.

Die Mutter des jetzigen Königs starb rund fünf Jahre bevor er von Niniveh zurückkehrte, um den Thron seines Vaters einzunehmen. Bisher hatte er noch keine neue Hauptfrau auserwählt. Die Frauen des Harems waren noch von seinem Vater hier oder waren ihm bei der Thronbesteigung von benachbarten Fürsten zum Geschenk gemacht worden.

Deshalb sollte nach überliefertem Recht der Raum der Favoritin leer sein. Doch alle erinnerten sich des Tages vor zwei Jahren, als König Pekahiah eine fremde Frau zum Harem gebracht und Nuri unterwiesen hatte, sie von nun an wie die Hauptfrau zu behandeln. Er hatte sie nicht geheiratet, denn sie hatte einen Ehegatten. Doch sie hatten unter sich versprochen, vor der Göttin Astarte Geliebte für die ganze Zeit ihres Lebens zu sein. Sollten Kinder aus dieser Verbindung entstehen, würden sie des Königs Erben sein. Die anderen Frauen hatten sich damals auf die Zungen gebissen, um nicht in wütendes Protestgeschrei auszubrechen.

Doch der Raum der Hauptfrau war im Augenblick leer. Gomer war nicht darin und Nuri lächelte über die große Bevorzugung dieser Frau aus Samaria in sich hinein. Bei allen Göttern, sie war wirklich eine würdige Frau für seinen geliebten Herrn.

20. Kapitel

Aus Liebe

Gomer saß auf einem Kissen in einer vom Sonnenlicht erhellten Ecke der Palastbücherei. Ihre Lippen bewegten sich leise, während sie sich bemühte, die Zeichen auf der Tontafel zu lesen, die vor ihr lag. Sie fand es auch nach einem Jahr noch schwierig, diese alte Schrift zu lesen. Nach einer Weile schob sie die Tafel seufzend beiseite. Die Schreiber der Bibliothek, die auf ihren hohen Stühlen saßen und fleißig Buchrollen oder Tontafeln kopierten, lächelten leise, aber anerkennend, als sie den Seufzer hörten. Ihre hübsche Schülerin machte Fortschritte und würde die alten Schriften bald ebenso gut lesen können wie sie.

Gomer schloss die Augen und ruhte ein wenig aus. Sie dachte daran, als sie das erste Mal die Bibliothek betreten hatte. Da ihr die Tage, die sie allein verbringen musste, zu langweilig waren, weil der König unterwegs war, hatte sie Nuri gedrängt, ihr etwas zu tun zu beschaffen. „Die Küche?“ hatte er mit seiner hohen Stimme vorgeschlagen. Doch sie hatte verächtlich die Lippen verzogen und mit dem Kopf geschüttelt. In den Ställen würde man sie nicht gern sehen, hatte Nuri gemeint, und er war nicht sicher, ob die Bibliothek ihr gefallen würde.

Doch ihr Interesse war erwacht. Eine Bibliothek? Hosea hatte ihr einmal erzählt, dass sein Vater in der

Bibliothek des Königs beschäftigt gewesen war. Sie hatte Nuri gebeten, sie nach dort zu führen.

Die Schreiber, die den ganzen Tag in dem muffigen und verstaubten Raum arbeiteten, hatten sich über ihre Anwesenheit gefreut. Einen Monat später teilte sie dem beeindruckten Nuri mit, dass sie nun Lesen lernte.

Nachdem Gomer von Pekahiahs israelitischen Schriftgelehrten Hebräisch gelernt hatte, verbrachte sie Monate damit, in der Geschichte ihres Landes zu lesen. Das Material dazu fand sie in alten Rollen und Tontafeln, die in Krügen aufbewahrt wurden. Später begann sie die Sprache der alten Kanaaniter zu lernen, denn es gab viele Tontafeln, die mit Erzählungen über die alten Götter und Helden gefüllt waren. Und diese Abenteuer erregten ihr Interesse. Der ägyptische Schreiber war mit ihr einer Meinung, dass sie viel interessanter seien als die nüchternen und sachlichen Berichte von Mose.

Der assyrische Schreiber, der mit Pekahiah und seinen Soldaten vor zwei Jahren nach Samaria gekommen war, hatte ihren Bitten auch nicht widerstehen können, sondern gab ihr Unterricht in seiner Muttersprache. Nun unterhielt sie sich mit jedem der Schreiber in seiner eigenen Sprache und die Männer hatten ihre Freude daran.

So hatte Gomer Zeitvertreib und Unterhaltung in der Bibliothek gefunden und konnte dabei gleichzeitig lernen und ihren Verstand schärfen. Doch ihr eigentliches Leben entfaltete sich beim Zusammensein mit Pekahiah hinter verschlossenen Türen in den Räumen des Königs. Hier, umgeben von Reichtum, der in Jahrhunderten zusammengetragen wurde, fand sie die Befriedigung, von der sie immer geträumt hatte.

Sie wusste, dass die Mitbewohner des Palastes sich fragten, mit welchen magischen Kräften es ihr gelungen war, den König so in ihren Bann zu ziehen, und welcher Gott ihr dabei half. Manche machten verstohlen ein Zeichen gegen böse Mächte, wenn sie ihr begegneten. Doch ihr Geliebter lachte nur mit seiner vollen reichen Stimme und sagte: „Du bist meine Astarte“, und verbarg dabei sein Gesicht in ihrem langen blonden Haar. Sie war dann von solchen Glücksgefühlen überwältigt, dass sie weinen musste.

Er erzählte ihr Geschichten von Griechenland, die er am Hofe des assyrischen Großkönigs von Kaufleuten aus dem Norden gehört hatte. Seine Stimme nahm ihre Vorstellungskraft gefangen, so dass vor ihrer Phantasie all die Götter und Göttinnen auftauchten, die je nach Lust und Laune den Menschen halfen oder sie belästigten oder gar ins Unglück stürzten und sich dabei auch noch untereinander heftig stritten. „Du bist meine Aphrodite“, sagte er lächelnd, während er ihr langes Haar spielerisch um seine Finger wandt. Sie antwortete dann lachend: „Dann bist du mein kriegerischer Ares.“

Einmal, als er wieder mit ihrem Haar spielte, das im Mondlich glänzte, fragte er sie: „Wie kommt es, meine Geliebte, dass dein Haar das Licht der Sonne und des Mondes zugleich eingefangen hat und dass auch deine Haut heller ist als die der anderen israelitischen Frauen, die ich je gesehen habe? Kann es sein, dass deine Mutter ihrem Gatten nicht immer treu war?“

Gomer hatte sich bei diesen Worten versteift und ihre Augen sprühten Feuer. „Rede nicht so von meiner Familie, die genau weiß, was Ehre und Treue ist, auch wenn ich das scheinbar vergessen habe“, hatte sie zornig geantwortet.

Er spürte sofort, dass er sie verletzt hatte, und machte sich seiner Taktlosigkeit wegen Vorwürfe. Er hätte wissen müssen, dass sie diese Frage als versteckten Vorwurf auffassen konnte. „Meine Liebe, du hast mich falsch verstanden. Ich habe nur einen Scherz gemacht. Du bist denen treu, die du liebst, deshalb ist es deine Mutter sicherlich auch. Ich habe gesehen, wie meine Soldaten dich beobachten, und bin stolz auf dich, weil du dich ausschließlich zu mir hältst.“

Sie lehnte sich wieder an ihn und wischte ihm die Schweißtropfen von der Stirn. „Kann ich denn anders, mein König? Ja, ich bin dir wirklich treu.“

Er seufzte und wünschte sich im Herzen, er hätte diese Worte nicht gesprochen, denn bei solchen Gelegenheiten tauchte dann unausgesprochen die Erinnerung an Hosea zwischen ihnen auf, die Erinnerung an den Mann, der immer noch lebte und kaum einen Kilometer von ihrem Liebeslager entfernt durch die Straßen ging und öffentlich von Israels Untreue zu Gott predigte und dem Volk deshalb die Strafe Gottes androhte. „Weißt du, ich habe mich doch nur gewundert, warum du so helles Haar und eine so helle Haut hast“, fügte er wie entschuldigend hinzu.“

„Du stellst mir eine Frage, die ich nicht beantworten kann, mein König“, sagte sie und legte ihren Kopf an seine Schulter. Er spürte den leichten Duft von Myrrhe, der ihrem Haar entströmte, und wollte sie wieder an sich ziehen. Doch er zwang sich, ihr weiter zuzuhören, als sie nun zögernd fortfuhr: „Meine Mutter hat mir nie gesagt, warum ich so anders aussehe, obwohl ich sie manchmal gefragt habe. Mein Vater hat mich immer ganz zornig angesehen, wenn ich diese Frage stellte, deshalb habe ich es bald nicht mehr getan. Wenn du älter bist, sagte meine Mutter immer, werde ich es dir erzählen. Doch ich war scheinbar nie alt genug.“

Er zog sie noch enger an sich. „Vielleicht fließt auch nördliches Blut in dir und dein Vater schämt sich deshalb ein wenig. Wer weiß das schon? Nicht alle Leute deines Volkes lehnen es ab, jemand von einem anderen Volk zu heiraten.“

„Vergiss nicht, mein Herr, dass es auch dein Volk ist“, murmelte sie.

„Nur zum Teil, meine Kleine, nur durch meinen Vater“, antwortete er leise lachend. „Meine Mutter kam von Tyrus. Und sie hat mir schon sehr zeitig beigebracht, ihre Leute nicht zu verachten, wie das die meisten Israeliten tun.“

Sie wurde schläfrig und gähnte. „Es ist mir auch ziemlich gleichgültig“, sagte sie leise. Lachend erhob er sich, nahm sie auf seine Arme und trug sie von der Terrasse in die Abgeschlossenheit seines Zimmers zurück.

21. Kapitel

Nuri

Als Gomer am nächsten Morgen ihr Zimmer verließ, nachdem eine Dienerin das Frühstück abgeräumt hatte, stand Nuri an der Tür des Harems. In seinem Blick lag große Erregung. Als er des Königs Lieblingsfrau erblickte, verbeugte er sich tief. „Herrin“, murmelte er in seiner eigenen Sprache und sie lächelte ihn ermutigend an.

„Sprich, Nuri“, antwortete sie in der gleichen Sprache.

„Die Herrin ist wirklich sehr gnädig, weil sie in der mir so süßen Sprache redet, die ich so selten höre.“ Er legte seine Hand aufs Herz, um seine Dankbarkeit auszudrücken.

„Es ist eine große Sprache, Nuri, denn sogar der Großkönig spricht sie in seinem Palast. Doch erzähle mir, warum du ein so besorgtes Gesicht machst.“ Sie forderte ihn durch eine Handbewegung auf, ihr zu folgen, und ging zu einer Tür, die auf die Terrasse führte. Er ging hinter ihr her und bewunderte ihre königliche Haltung. *Solche Frauen sind für Könige gemacht, und mein Kummer ist es, dass ich nicht einmal ein Mann bin,* dachte er.

Gomer trat in den Sonnenschein hinaus und hielt die Hand vor den Augen, bis diese sich an das helle Licht gewöhnt hatten. Die Terrasse zog sich ein langes Stück an der Seite des Palastes entlang. Sie war gleichzeitig das Dach für die Küche, die sich im Erdgeschoß befand, außerdem diente sie den Frauen als Aufenthalt im Freien und zum Spielen. Eine Statue der Göttin Astarte stand in einer marmornen Nische an der Außenwand, damit die Frauen für ihre Gebete nicht immer zum Tempel gehen mußten, der sich an der Rückseite des Palastes befand.

Gomer hatte schon oft am frühen Morgen vor der Göttin gekniet, nachdem sie Pekahiah verlassen hatte. Auch den Sonnenaufgang hinter den östlichen Hügeln beobachtete sie von hier aus oft. Gomer setzte sich auf einen Stuhl, den sie seit dem Ende der Regenzeit auf der Terrasse stehen ließ, und blickte den Eunuchen fragend an.

Nuri blieb respektvoll vor ihr stehen und begann sofort zu reden. Schon das war ein Zeichen seiner Erregtheit, denn gewöhnlich wartete er achtungsvoll, bis er aufgefordert wurde zu reden. „Herrin, im Harem geht irgendetwas vor, aber ich kann nicht herausfinden, worum es sich handelt."

Gomer runzelte nachdenklich die Stirn. Es kam ihr nicht in den Sinn, Nuris Ansichten in Frage zu stellen, denn er hatte gewöhnlich Recht. „Wie bist du zu dieser Meinung gekommen, mein Freund?"

Nuri wischte sich den Schweiß von der Stirn. „Es ist das Benehmen der Frauen, Herrin, sie sind heute Morgen ungewöhnlich ruhig – und es ist auch nicht der erste Morgen, an dem dies so ist. Des Königs Diener Gor war heute Morgen an der Tür des Harems, während ich der kranken Sarai ihr Frühstück brachte. Er stand einfach dort und beobachtete mich, bis eine der Frauen zu ihm ging und ihm etwas übergab, das aussah wie eine Schriftrolle. Ich lief schnell zu ihr, um sie zu bestrafen, doch sie lachte mich aus und ging weg. Herrin, es ist unvorstellbar, dass sie so etwas tun kann. Ich bin doch der Aufseher des Harems und trage eine Peitsche." Er hatte sich richtig in Erregung geredet.

Gomer hatte verächtlich das Gesicht verzogen, als sie

den Namen Gor hörte. Sie hatte immer ein unangenehmes Gefühl, wenn dieser riesige und häßliche Diener des Königs in der Nähe war. Der Mann hatte sich zwar immer als höflich und dienstbereit erwiesen auch ihr gegenüber, doch war ihr stets gewesen, als habe ein leichter höhnischer Zug um seine Mundwinkel gelegen, wenn er sie erblickte.

„Nuri“, sagte sie langsam, „Gor hat eigentlich nichts an der Tür des Harems zu suchen, doch vielleicht hat er nur eine Botschaft von der Frau zum König getragen. Sie ist ja eine Frau des Königs.“

Es fiel Gomer nicht leicht, das zu sagen. Aber der Harem gehörte nun einmal in diesen Ländern zur Herrschaftswürde eines Königs. Die Frau hatte sich vielleicht beklagen wollen, weil der König seit Gomers Anwesenheit im Palast so wenig Interesse an den anderen Bewohnerinnen des Harems zeigte. Pekahiah musste auch politische Rücksichten nehmen, da sich unter den Frauen eine Anzahl Prinzessinnen der Nachbarländer befanden. Wenn sich eine davon bei ihrem Vater, Bruder oder Onkel, der König in einem dieser Länder war, beklagte, weil sie sich von Pekahiah vernachlässigt fühlte, konnte das leicht zu politischen Verwicklungen führen. Nur zu oft war der Harem an Rebellionen gegen Könige beteiligt gewesen und das wollte Pekahiah vermeiden.

Nuri schüttelte den Kopf. Er stand ganz still vor der Statue der Astarte. „Wenn sie nur reden würde“, murmelte er, „sie könnte uns manches Geheimnis erzählen, was auf dieser Terrasse besprochen wurde.“

Gomer erhob sich und ging ruhelos hin und her. Die Gedanken, die ihr jetzt durch den Kopf gingen, erregten einen brennenden Ärger gegen die Frauen des Harems in ihr. „Rede weiter, Nuri. Nur Gors Erscheinen an der Haremtür kann dich doch nicht so sehr besorgt gemacht haben. Was hast du noch beobachtet?“

Er zögerte und wiegte nachdenklich den Kopf hin und her. „Es ist nur eine Art Gefühl, Herrin, aber ein ziemlich starkes. In letzter Zeit haben die Frauen oft in Gruppen zusammen gestanden und sich eifrig unterhalten. Immer wenn ich mich ihnen näherte fielen sie in Schweigen. Das hat es auch früher schon gegeben, aber nicht so oft. Und jetzt schauen sie mich dabei höhnisch lächelnd an.

Die beiden, die schreiben können, die Konkubine von Tyrus und die Konkubine von den Ephraimitern, haben in letzter Zeit sehr fleißig geschrieben, und viele Rollen von dem Stapel, der für sie vorgesehen ist, sind verschwunden. Warum wird in letzter Zeit so viel geschrieben, Herrin? In meinen Augen wird direkt unter meiner Nase ein Komplott angezettelt und ich kann nichts dagegen tun, weil ich nicht weiß, was vorgeht. Und wie sollte ich eine Klage gegen Gor vorbringen? Er steht im Palast höher als ich." Der kleine Mann vom Tigris war voller Aufregung und Furcht.

„Nuri, Nuri, beruhige dich, mein Freund, sonst sind wir schon verloren", versuchte Gomer ihn zu ermutigen. „Wenn es eine Verschwörung gibt und wir wissen es noch nicht, muss sich früher oder später etwas zeigen, was du auch dem König sagen kannst. Sollte es einen Plan geben, den König zu stürzen, dann kann der Harem das nicht allein tun, er braucht Hilfe von draußen."

Nuri nickte. „Vielleicht hast du Recht, Herrin", meinte er ein wenig erleichtert. „Es sind nur die Blicke der Frauen, die mir neben den Briefen Sorge bereiten. Wenn du früher gegen Abend dein Zimmer verlassen hast, um zum König zu gehen, haben sie zornig geschimpft und hinter deinem Rücken auf den Fußboden gespuckt, jetzt lächeln sie dir nur höhnisch nach."

Gomer wurde blass, gab sich aber Mühe, ihre Fassung zu bewahren. „Nuri, ich werde heute Abend mit dem König darüber reden. In der Zwischenzeit sage niemandem etwas, außer dem General des Königs, Renin, der mit ihm von Ninive gekommen ist. Renin ist dem König treu, da bin ich ganz sicher. Zu einer Rebellion braucht man Soldaten, und Renin würde es bemerken, wenn unter ihnen Unruhe herrscht. Und du halte die Augen offen."

Nuri schien sich zu beruhigen. Er lächelte. „Ja, Herrin, ich werde sofort zu Renin gehen und mit ihm reden. Und vielen Dank, dass du meinen törichten Worten zugehört hast." Er verbeugte sich und wartete darauf, die Genehmigung zum Gehen zu erhalten.

Gomer nickte ihm zu. „Du bist nicht töricht, mein Freund. Ich bin dir dankbar, dass du mich unterrichtet hast. Wir wollen doch dem König dienen und sein Leben beschützen, sollte es eine Verschwörung geben. Und nun geh und sei wachsam."

Sie blickte Nuri nach, als er im Palast verschwand. Stirnrunzelnd bemerkte sie jetzt, dass die Frau von Tyrus am anderen Ende der Terrasse stand und sie beobachtet hatte. Doch die Entfernung war zu groß, die andere konnte nicht gehört haben, worüber sie mit Nuri gesprochen hatte.

Gomer blieb vor der Statue der Astarte stehen und kniete nieder. Voller Furcht im Herzen über Nuris Worte flehte sie: „O ihr Götter Tammuz, Astarte und Baal, wacht über meinen Geliebten. Haltet eure Hände schützend über ihn."

Die Frau von Tyrus beobachtete mit verächtlichem Lächeln, wie Gomer vor der Statue niederkniete. Sie war sicher, dass Gomer Zauberkräfte besaß, mit denen sie den König an sich fesselte und mit denen sie nun auch versuchen würde, die Götter auf ihre Seite zu ziehen. Doch die Beschwörungen Dagons, die sie über jede geschriebene Rolle ausgesprochen hatte, waren ganz gewiss stärker als die der Astarte und würden zum Ziel führen. Bald würde die stolze Hexe aus Samaria den Tod erleiden, den sie verdiente.

Renin lauschte aufmerksam Nuris gestammelten Worten. Sein hübsches Gesicht verzog sich zu einer ärgerlichen Grimasse. Er wusste nicht, dass dieser Blick Nuri nur noch mehr einschüchterte und nervös machte. Doch gestört hätte ihn das nicht, denn er hatte nicht viel übrig für den Eunuchen. Nur wegen seiner offensichtlichen Intelligenz hörte der Führer der königlichen Leibwache ihm so gespannt zu.

„Du verdächtigst also Gor?“ Renin blickte auf den kleinen Mann nieder, der nur halb so groß war wie er selbst. Gor war der persönliche Diener des Königs und nur dieser durfte über ihn verfügen, selbst Renin hatte kein Recht dazu. „Es ist sicher sehr ungewöhnlich, dass eine Konkubine des Königs jemandem eine Botschaft durch den persönlichen Diener des Königs zukommen lässt“, sagte er nachdenklich.

Nuri nickte. Er ärgerte sich über sich selbst, weil er so viel Angst vor dem großen Offizier und Vertrauten des Königs hatte. „Ja, Herr“, bestätigte er. „Wie ich schon zur großen Herrin sagte, steckt hinter dieser ganze Sache sicher noch mehr. Doch ich habe keine Beweise dafür, nur einen Verdacht.“

Renin blickte nachdenklich zum Fenster hinaus. Gomer – des Königs Geliebte, die große Herrin. Er erinnerte sich noch an den Tag, als Pekahiah sie in den Palast gebracht hatte. Er, Renin, war fast sicher gewesen, einer Göttin zu begegnen. Renin hatte gerade die Wachen kontrolliert, als der König mit ihr in den Palast einritt. „Das ist Renin, mein lieber und treuer Freund und General“, so hatte er ihn bei Gomer vorgestellt.

Die schöne Frau hatte ihn so freundlich angelächelt, dass er vor Verlegenheit rot geworden war, etwas, das es bei dem harten und erfahrenen Offizier noch nie gegeben hatte. Seither war er ihr verfallen und betete sie im Innersten seines Herzens an. Er durfte seine Liebe für diese Frau nie offen zeigen, das ließ seine Treue zum König nicht zu. Doch wenn es zwei Menschen gab, für die er alles einsetzen würde, dann waren es sein König und Freund Pekahiah und Gomer. Es durfte nicht geschehen, dass diesen beiden von den geschwätzigen und hirnlosen Frauen des Harems irgendwelcher Schaden zugefügt wurde.

„Ich werde wachsam sein“, sagte er endlich. Er beachtete kaum die Erleichterung des Eunuchen und seine gemurmelte Dankbarkeit, als er ihn mit einer Handbewegung entließ. Alles was er in seinen Ohren wie ein Echo zu hören glaubte war das leise und doch so zu Herzen gehende Lachen der Geliebten des Königs.

22. Kapitel

Hier bin ich, sende mich!

Die schlichten Einwohner des kleinen Dorfes südlich von Silo hörten ihm genausowenig zu wie die gebildeteren Leute von Samaria, hatte Hosea festgestellt. Er stand nun schon den dritten Tag auf ihrem Marktplatz und rief ihnen zu, er sei von Gott gesandt und sie sollten auf ihn hören. Doch sie gingen mit gleichgültigen Gesichtern und verschlossenen Ohren an ihm vorbei und hörten nicht auf seine Mahnungen. Abends hatte er entmutigt das Dorf verlassen, doch am nächsten Morgen war er jedesmal mit neuer Hoffnung zurückgekehrt. Doch bis jetzt hatte nicht eine einzige Person an dem Interesse gezeigt, was er zu sagen hatte.

Während er an Brot und Käse kaute, die er auf dem Marktplatz gekauft hatte, zog Hosea eine Rolle aus seinem Gewand. Er kannte schon auswendig, was darin stand, doch immer wieder wurde er ermutigt, wenn er sie las. Er saß unter einer riesigen alten Zeder, öffnete die Rolle und begann aufs Neue zu lesen.

„Jesaja Ben Amoz, früher der Diener Usiahs und nun der Diener Gottes, schreibt seinem Freund Hosea.“ Hosea lächelte über diese Anrede. Er musste daran denken, dass sich Jesaja über seinen Brief damals wohl genauso gefreut hatte. Es war fast zehn Jahre her, seit sich die beiden außerhalb von Jerusalem voneinander verabschiedet hatten. Es war Hosea gelungen, mit einer Karawane, die auch Jerusalem aufsuchen wollte, einen Brief an Jesaja zu senden. Doch es war lange keine Antwort gekommen und Hosea hatte sich gefragt, ob Jesaja immer noch auf der Suche nach seiner Berufung war. Nun endlich hatte ihn dieser Brief von Jesaja erreicht und Hosea hatte während des Lesens glückliche Tränen vergossen.

„Es ist lange her, seit ich Deinen Brief erhielt, mein Freund. Doch ich habe mit der Antwort absichtlich gewartet, bis ich dir etwas schreiben konnte, das vergleichbar ist mit deinem Erlebnis in der Wüste Moab. Ich hoffe, dass deine Frau dir in der Zwischenzeit nach deinem erstgeborenen Sohn noch weitere Kinder geschenkt hat."

An diesem Punkt musste Hosea vor Kummer stets seine Augen schließen, wenn das Bild Gomers vor ihm stand, wie sie ihn an jenem Tag voller Zorn und Bitterkeit und Frustration verlassen hatte, und doch war sie in seinen Augen immer noch so schön wie früher. Doch sie hatte ihm die Treue gebrochen und ihre Ehe in den Schmutz getreten, als sie die Geliebte des Königs wurde.

Er erinnerte sich an seinen tiefen Seelenschmerz, als Diblaim vom Markt zurückkam und ihm berichtete, was die anderen Händler ihm gesagt hatten. Gomer hatte tatsächlich zu dem Götzenbild von Tammuz gebetet, und zwar mit unbedecktem Haar. Das war eine offene Einladung an jeden Mann gewesen, der sie näher betrachten wollte. Und der König hatte sie näher betrachtet.

Zuerst hatte es Hosea vor Kummer auf eine einsame Reise durch Israel getrieben. Seine Predigten waren voller Zorn und Ärger gewesen und hatten den Zuhörern, die dem Gott Israels nicht mehr die Treue hielten, nur hartes Gericht angekündigt. Wie deutlich sah er nun die Parallele zwischen dem, was Gomer ihm angetan hatte, und der Untreue der Menschen in Israel gegenüber ihrem Gott. Seit mehr als hundert Jahren verspotteten und verachteten sie Ihn schon und beteten zu anderen Göttern, obwohl ihre Väter geschworen hatten, sie würden allein dem Gott folgen, der sie aus Ägypten geführt hatte. Israel war für Gott was Gomer nun für ihn war. Gottes Leid und Gottes Enttäuschung über Sein Volk war nun auch das seine geworden, und Gottes Zorn war nun auch der seine.

Doch zugleich spürte er auch, dass in seiner Botschaft etwas fehlte. Eine entscheidende Zutat, die früher ein Teil von ihm gewesen war, hatte er durch Gomers Untreue verloren und seine Zuhörer hatten den Unterschied bemerkt. Die Kinder von Samaria fürchteten sich jetzt vor ihm und selbst seine eigenen Kinder kamen nicht mehr so freudig gerannt wie früher, um ihn zu begrüßen. Hosea war immer mürrischer und einsamer geworden und sogar Schanas entschlossene Fröhlichkeit ging ihm auf die Nerven. Seine frühere Freundlichkeit war verschwunden.

Hosea blickte zum Himmel hinauf. Die Freude, die sein Herz von jenem Tag an erfüllt hatte, seit er dem Mann in der Wüste von Moab begegnete, war ebenfalls vergangen. Er zog nun fast aus Gewohnheit von einem Dorf zum anderen, von einer Stadt zur anderen, um seine Botschaft vom Zorn und Gericht Gottes zu verkündigen. Er hatte sich mit dem abgefunden, was geschehen war, und hoffte nicht mehr darauf, Gomer würde jemals zu ihm zurückkehren.

Sie hat nun gezeigt, was für eine Frau sie wirklich ist, dachte er. *Ich war ein Narr, weil ich es nicht früher erkannt habe. Warnungen hat es genug gegeben, doch ich wollte in ihr eine reine Frau sehen, wie ihre Mutter und Rachel es waren. Ich habe für meine törichte Liebe einen bitteren Preis bezahlen müssen und bin nun zum Spott der Leute von Samaria geworden. Während ich auf dem Marktplatz stehe und ihnen von der Treue und dem Zorn Gottes predige, spielt meine Frau die Hure des Königs und blickt von seinem Palast auf mich herab.*

So wie er Israel nun völlig mit Gomer gleichsetzte, hatte er aufgehört, die Menschen zur Umkehr zu ihrem Gott zu rufen. Er sah nur noch ihre Untreue und Götzendienerei und den Zorn Gottes. Israel hatte das Gesetz Moses gebrochen, und deshalb musste es bestraft werden.

An diesem Punkt hatte er nie weiter gedacht, sondern in seinem Herzen und seiner Seele Halt gemacht. Denn hier tauchte jedesmal die Frage auf: Was ist aber, wenn Gomer die Gunst des Königs verliert? Was geschieht, wenn sie an den Punkt kommt, wo auch sie den Preis für ihren Ehebruch bezahlen muss?

Wenn er mit seinen Gedanken bis dahin kam, scheute er immer vor der Antwort zurück. Er konnte es nicht ertragen, sich vorstellen zu müssen, wie Gomers schöner Körper von Steinen zerschlagen und verunstaltet wurde, bis sie ein lebloses blutiges Bündel war. Niemals, nicht einmal in seinem größten Zorn oder der tiefsten Enttäuschung, hätte er ihr das wünschen können.

Hosea gelang es endlich, diese Gedanken, die ihn quälten, zu vertreiben. Er begann wieder den Brief zu lesen. Jesaja schrieb: „Ich bin ganz sicher, dass Du auf dem Weg, auf den Gott Dich berufen hat zu gehen, immer und immer wieder die Kraft und Macht unseres Gottes erleben wirst, den wir beide anbeten. Und nun will ich Dir erzählen, wie auch ich endlich dahin kam, die Stimme Gottes zu hören:

Als der Frühlingsregen seinen Höhepunkt überschritten hatte, starb mein König Usiah in Armut und Elend. Ich allein von allen am Königshof war dabei, als man ihn beerdigte. Nicht einmal Jotham kam. Doch das hat mich nicht überrascht, denn der Sohn des guten Usiah hat seinen Vater schon in den Jahren seiner Regentschaft vernachlässigt und gezeigt, wie sehr er unsere Gesetze, unsere Überlieferungen und den Tempeldienst verachtet.

Ich hatte also kein Verlangen, in den Palast zurückzukehren und dort meinen Dienst wieder aufzunehmen. Statt dessen ging ich nach der Beerdigung in den Tempel, um für meinen Vater zu beten, der zu dieser Zeit sehr krank war. Deshalb wollte ich dieses Mal auch nicht in die Wüste gehen. Ich wusch mich also und opferte im Tempel ein Lamm. Doch der Priester, der dieses Opfer vornahm, ärgerte mich wegen seiner Gleichgültigkeit. Ich verließ ihn also und ging zum *Hekal,* dem Heiligen Platz, um zu beten. Du bist ja selbst nie im Tempel gewesen, mein Freund, aber Du weißt von Moses Schriften über die Stiftshütte, dass das *Hekal* sich dort befindet, wo nur echte Israeliten hingehen dürfen, weil man von dort aus auf den Vorhang blicken kann, der das Allerheiligste vom Heiligtum trennt, hinter den selbst der Hohepriester nur einmal im Jahr seinen Fuß setzen darf.

Da es die Stunde vor dem Essen war, befanden sich keine Priester im *Hekal.* Ich war da ganz allein. Es war ganz still, denn der Lärm von draußen durchdringt die dicken Mauern des Tempels nicht. Ich weiß nicht, wie lange ich im Gebet dort kniete, doch ich war sehr unglücklich, weil ich in den vergangenen Jahren nichts Besonderes mit Gott erlebt hatte. Mich bekümmerte auch, dass nur noch so wenige Leute in den Tempel kommen, um Opfer zu bringen oder die Sabbatthe zu beachten. Die Feste werden immer mehr zu Zeiten des Essens und Trinkens und des Ehebruchs, so wie Du es mir damals von Samaria erzählt hast. All das bedrängte meine Seele, vor allem auch deshalb, weil ich weiß, ich bin nicht viel besser als die anderen, denn auch ich habe mich manchmal in den Straßen der Stadt Davids nach den Prostituierten umgesehen.

Als ich so kniete, erhob ich meine Hände, um für meine Reinigung zu beten. Da sah ich Ihn! Hosea, ich sah Ihn! Du sagtest, er erschien Dir wie ein Mann, aber ich sah Ihn als Gott, als Elohim in Seiner Herrlichkeit, den Einzigen, der über allen anderen steht.

Er saß auf einem Thron, der wie die Sonne leuchtete, doch Sein Angesicht war noch heller. Um Ihn herum und auch bei mir waren Seraphim. Sie sangen ein Lied, das seither meine Ohren und mein Herz nicht wieder verlassen hat. ‚*Heilig, heilig, heilig ist der Herr Zebaoth!*'

Nun lag ich lang ausgestreckt auf dem Boden des Tempels und fühlte mich total unwürdig. Ich schrie: ‚*Wehe mir, denn ich bin verloren. Denn ein Mann mit unreinen Lippen bin ich, und mitten in einem Volk mit unreinen Lippen wohne ich. Denn meine Augen haben den König, den Herrn der Heerscharen, gesehen.*'

Ich dachte, ich müsste nun sterben, mein Freund. Denn welcher Mensch kann Gottes Herrlichkeit sehen und trotzdem am Leben bleiben? Doch Seiner Barmherzigkeit verdanke ich es, dass ich noch lebe. Er sandte einen Seiner feurigen Diener, einen Seraphim, zu mir, der mir mit einer Flamme in den Mund und über die Lippen fuhr. Der Schmerz, der mich durchdrang, fuhr durch meinen ganzen Körper. Der Engel sagte zu mir: ‚*Siehe, dies hat deine Lippen berührt; so ist deine Schuld gewichen und deine Sünde gesühnt.*'

Ich war völlig überwältigt und einer Ohnmacht nahe. Doch dann hört ich Seine Stimme, die Stimme dessen, von dem Du sagtest, Er habe Dein Herz mit Freude erfüllt. Ich weiß nun, was du damals meintest, mein Freund. Er sagte: ‚*Wen soll Ich senden und wer wird für Uns gehen?*' Und ich schrie mit brennenden Lippen so laut wie ich konnte: ‚*Hier! Hier bin ich, sende mich!*'

Er sagte noch viel mehr zu mir. Ähnliches, was Er damals Dir in der Wüste sagte. Wir sollen in Seinem Namen die Worte des Gesetzes und des heiligen Bundes mit Ihm predigen und das Volk daran erinnern, dass sie dem Verderben entgegengehen, wenn sie nicht Buße tun und zu Ihm umkehren. Und Er sagte auch, dass das Ende nahe ist.

Gott bewahre Dich, Hosea! Ich gehe jetzt zum Königshof zurück und werde diesen Brief mit König Jothams Boten nach Samaria senden, der etwas zu eurem König Pekahiah zu bringen hat. Bleibe gesund, mein Freund, und mag Gott uns in Seiner Güte zur gegebenen Zeit wieder zusammenführen.

Diese Rolle wurde geschrieben von der Hand des Jesaja Ben Amoz im ersten Jahr Jothams, des Königs von Juda, und im dritten Jahr Pekahias, des Königs von Israel."

Hosea erhob sich und streckte seine Glieder. Wieder empfand er den tiefen Frieden, den er schon erlebte, als er den Brief zum ersten Mal las. Seit Gomer ihn verlassen hatte, bedeutete ihm sein eigenes Leben nichts mehr. Sogar seine Kinder waren in diesen Tagen fast wie Fremde zu ihm geworden, denn Schana und Diblaim hatten es übernommen für sie zu sorgen. Doch das Wissen, dass irgendwo im Süden ein anderer Mann wie er selbst war, der ständig um sein Leben fürchten musste, weil er für die Ehre des Namens Gottes kämpfte und dem Volk seine Sünden vorhielt und es zur Buße rief, gab ihm neuen Mut. Die Freude in seinem Herzen mochte nicht mehr so übersprudelnd sein, doch mit Jesaja auf demselben Weg fühlte er sich nicht mehr so allein.

Er schüttelte die Brotkrumen von seiner Robe und steckte die Schriftrolle in eine Innentasche seines Gewandes und ging zurück zum Marktplatz des Dorfes.

23. Kapitel

Pekahs Rebellion

Erst als er den zweiten Morgen in Kedesch war, einer Stadt in der Nähe seiner eigenen Stadt Dan, bemerkte Hosea, dass etwas Außergewöhnliches vorging. Er war in den letzten zwei Monaten immer weiter nach Norden gewandert und hatte seit längerer Zeit keine Neuigkeiten mehr von Samaria gehört. Deshalb traf es ihn wie ein Schock, als er feststellte, dass die Soldaten hier in der Stadt sich auf einen Krieg vorbereiteten.

Der Marktplatz war voll von ihnen. Es waren alles Gileaditer von jenseits des Jordans in ihren glänzenden Rüstungen und hohen Helmen. Er fragte einen der Bürger, was geschah, erhielt aber keine Antwort. Da er sich Sorgen um seine Familie machte, ging er zu dem Anführer, der draußen vor den Mauern gerade dabei war, einen Teil seiner Soldaten zu inspizieren, und fragte ihn, ob es Krieg geben würde.

„Krieg? O ja, und zwar einen gerechten Krieg", antwortete der Anführer, der Hosea bekannt vorkam.

„Bist du früher schon in Samaria gewesen, General?" fragte Hosea, in dessen Herz plötzlich eine unerklärliche Unruhe erwuchs. Er musste schnellstens herausfinden, was hier geschah.

Die Miene des Soldaten, der eben noch gelächelt hatte, verfinsterte sich. „Samaria?", grollte der General,

„ja, ich war in dieser elenden Stadt, in der der Palast des falschen Königs steht."

Hosea fühlte, daß ihn in seinem Inneren etwas warnte, doch er wusste nicht, was das bedeutete. Er wurde nur noch entschlossener, etwas zu erfahren über die Absicht der kleinen Armee, die hier lagerte.

„Bitte, General", forschte er weiter, „sage mir, hat der König dich aufgefordert, deine Soldaten auf einen Angriff aus dem Norden vorzubereiten? Zieht der Großkönig von Assyrien gegen Israel?" Hosea versuchte ruhig zu bleiben, um seine inneren Ängste nicht zu zeigen.

Der Offizier nahm sich Zeit, ehe er antwortete. Er betrachtete den Propheten ganz genau. „Ich sagte, es wird einen gerechten Krieg geben", antwortete er endlich auf Hoseas Frage. „Krieg gegen Assyrien wäre im Augenblick nur Zeitverschwendung, der wird später an die Reihe kommen, denn dafür sind wir jetzt noch nicht genug vorbereitet. Mein jetziger Krieg wird in Samaria ausgetragen, von dem ich, Pekah, vor mehreren Jahren von dem illegitimen Sohn von Tyrus unehrenhaft nach hier in den Norden versetzt wurde. Er sollte nicht mehr auf dem Thron sitzen und ebenso sollte sein Gott Tammuz dort nicht auf dem Marktplatz stehen. Ich folge Baal, der schon lange der Gott dieses Landes ist und dem unsere Anbetung und unser Dienst gehört. Ich werde also Pekahiah verjagen und diesen Gott Tammuz mit ihm. Du, Schriftgelehrter, solltest mit mir ziehen und den Menschen überall verkündigen, dass mein Krieg heilig und gerecht ist.

Pekah hatte sich nun voll Hosea zugewandt, der bis ins Innerste erschrocken war. Eine Rebellion gegen Pekahiah. Seine Gedanken rasten. Sollte Pekah erfolgreich sein, würde Gomer ihre gerechte Strafe erhalten. Doch das wollte er nicht.

Pekah ergriff seinen Arm. „Ziehst du mit mir, Schriftgelehrter?" fragte er. „Als ich dich kommen sah und du mich fragtest, wusste ich, dass du der richtige Mann bist, um mir zu helfen. Du trägst das Gewand eines Schriftgelehrten und kennst die Geschichte unseres Volkes und dieses Landes. Du weißt, dass wir Baal schon seit langer Zeit folgen, und das solltest du unseren Leuten erzählen. Ziehe vor mir her durch die Dörfer und Städte und rufe alle Treuen auf, mir zu helfen, den falschen König mit seinem falschen Gott aus dem Land zu verjagen."

Während Hosea versuchte, seinen Arm aus dem harten Griff des Soldaten zu befreien, sagte er: „Du hast Recht, der Gott Pekahiahs ist falsch. Aber der Gott, dem du folgst, ist ebenso falsch. Er wird dich genausowenig unterstützen wie Pekahiah sein Gott. Ich bin im Namen von Israels Bundesgott zu euch gekommen, der Israel unter der Leitung von Mose aus Ägypten und der Sklaverei herausführte und unsere Väter in dieses Land brachte. Unser Volk hat damals versprochen, für immer an dem Bund mit unserem Gott, dem Gott Abrahams, Isaaks und Jakobs, festzuhalten, Seine Gebote zu befolgen und sich keinen anderen Göttern zuzuwenden. Pekah, wende dich von Baal ab und kehre zu unserem Adonai, dem Gott Israels, zurück. Wenn du das tust, will ich gern vor dir herziehen und überall dein Kommen verkündigen."

Pekah hatte ihm geduldig zugehört. Doch während Hosea sprach, hatte sich Pekahs Gesicht immer mehr verfinstert. Da er ebenfalls tief religiös war, respektierte er jeden, der als Botschafter eines Gottes auftrat. Doch er selbst war nicht bereit, sich von Baal abzuwenden. „Du sprichst von einem anderen Gott als unserem Baal, Schriftgelehrter", grollte er.

„Ja", nickte Hosea. „Ich spreche von dem einzig wahren Gott, der existiert, dem Gott unserer Väter, alle anderen sind nur tote Götzen."

„Hör auf!" schrie der General ihn an. „Meine Männer und ich halten Baal die Treue. Wir wollen nichts von einem anderen Gott wissen. Verschwinde hier, bevor ich mich dazu hinreißen lasse, das Gesetz zu brechen, das die Propheten schützt, und dich töten lasse."

Hosea erkannte, dass er nicht weiter gehen durfte. Er wandte sich ab und ging davon. Als er um einen Vorsprung der Stadtmauer bog und Pekah ihn nicht mehr sehen konnte, rief der General: „Dieser fremde Prophet hat die Luft mit dem Gerede von seinem Gott genug vergiftet, wir müssen Baal deshalb nun erst noch ein Opfer bringen, ehe wir uns auf den Weg machen, um ihn wieder zu beruhigen." Er befahl, zwei Bullen herbeizubringen und sie Baal zu opfern.

Während einige Soldaten sich beeilten, seinem Befehl zu folgen und zwei Bullen zu holen, dachte Pekah noch über den fremden Propheten nach. Er selbst hatte ihm verraten, welche Absicht er hatte. Wenn dieser Prophet nun nach Samaria ging und Pekahiah warnte, konnte sein Plan dadurch gefährdet werden und fehl gehen. Er winkte zwei Soldaten heran, die während der Unterhaltung mit dem fremden Propheten ganz in der Nähe gesessen hatten.

„Habt ihr gehört, was dieser fremde Prophet gesagt hat?" fragte er sie, als sie vor ihm standen.

„Ja, General."

„Ihr wißt also, dass er von einem anderen Gott sprach und unseren Gott Baal dadurch beleidigt hat. Ich glaube, es ist nötig, diesen fremden Seher zu töten, damit Baal nicht zornig auf uns wird und uns seine Hilfe versagt."

„Ja, General, wir haben verstanden", antwortete einer der Beiden. „Komm", sagte er zu seinem Kamerad. Die Beiden liefen schnell zu einer Koppel, in der ihre Pferde standen, sattelten sie und ritten eilig davon.

Pekah sah ihnen höhnisch lächelnd nach. Der König in Samaria würde nicht gewarnt werden und keine Zeit bekommen, Vorbereitungen gegen ihn zu treffen, überlegte er befriedigt.

Hosea beeilte sich, Dan hinter sich zu lassen, und ging schnellen Schrittes nach Süden. Weit in der Ferne glänzte die Fläche des Sees Genezareth im Schein der Nachmittagssonne. Den Prophet bewegten ähnliche Gedanken wie Pekah. Er hatte sich entschlossen, so schnell wie möglich nach Samaria zu gehen und Pekahiah zu warnen. Wenn ihm das gelang, würde er vielleicht auch Gomer vor Schaden bewahren. Was würde ihr geschehen, wenn Pekah erfolgreich war, fragte er sich. Bei seinen Überlegungen erkannte er, dass er Gomer immer noch liebte, auch wenn sie so untreu ihm gegenüber gewesen war.

Vor sich sah er jetzt in nicht allzu weiter Entfernung eine größere Hütte auftauchen und war erleichtert. Die Leute, die dort wohnten, wollte er um Lebensmittel bitten. Er hatte Dan vor dem Zorn des Soldaten so überraschend verlassen müssen, dass er dort keine mehr beschaffen konnte.

In diesem Augenblick hörte er hinter sich den Hufschlag von sich schnell nähernden Pferden. *Sollte Pekah ihm Soldaten nachgesandt haben die ihn doch noch gefangen nehmen oder töten sollten?* überlegte er. Er blickte sich nach einem Platz um, wo er sich verstecken konnte. Doch die nächste Gebüschgruppe, in der er sich hätte verbergen können, war noch etwa 150 Meter entfernt. Er rannte los.

Doch die Reiter waren mittlerweile schon nahe herangekommen. „Dort ist er!“, hörte er hinter sich eine Stimme rufen. Das Nächste, was Hosea empfand, war ein heißer brennender Schmerz, als der Speer, den einer der beiden Soldaten nach ihm warf, ihm in die Seite fuhr. Er stürzte zu Boden und verlor das Bewußtsein.

24. Kapitel

Tod in der Nacht

Im Schlafzimmer war es dunkel, doch Gomer konnte schattenhaft die Umrisse ihres Geliebten erkennen, der neben ihr lag. Aus irgendeinem Grund war er nicht in der Lage zu schlafen und sie lag still, um ihn nicht zu stören. Es war ein wunderschöner Abend gewesen, doch sie hatte die ganze Zeit gespürt, dass eine innere Unruhe ihn quälte. Und nun, da er schlafen sollte, lag er auf seinem Rücken, starrte in die Dunkelheit und spielte die ganze Zeit ruhelos mit der Bettdecke.

Plötzlich rollte sich Pekahiah mit einem Seufzer zu ihr herum. „Gomer?“ flüsterte er. Sie lächelte und schmiegte sich näher an ihn. Er legte seinen Kopf an ihre Schulter.

„Pekahiah, Pekahiah“, murmelte sie beruhigend, „was hindert dich heute daran zu schlafen, mein Lieber?“

„Ich weiß es auch nicht“, antwortete er zögernd. „Doch es scheint etwas in der Luft zu liegen, was ich auch nicht erklären und fassen kann.“ Er legte seinen starken Arm um sie und hielt sie fest.

„Hat man heute im Rat wieder Forderungen an dich gerichtet?“ wollte sie wissen.

„Nein. Tatsache ist, dass die Hälfte der Ratsmitglieder heute fehlten. Das ist ja einer der Gründe, die mich besorgt machen. Wo sind sie geblieben? Und Renin kam noch zu mir und berichtete, dass eine ganze Anzahl seiner Soldaten ganz überraschend verschwunden sind, ohne dass er auch nur die geringste Ahnung hat, wohin sie gingen."

Gomer fühlte, wie eine leise Furcht ihr Herz ergreifen wollte. Doch um seintewillen sagte sie ganz ruhig: „Vielleicht wollten sie einfach einmal ihre Familien besuchen."

Pekahiah schwieg einige Minuten, doch plötzlich setzte er sich aufrecht und blickte auf sie nieder. Ihr helles Haar glänzte auch in der Dunkelheit noch und ihre Augen blickten ihn liebevoll an. Für einen Augenblick vergaß er seine sorgenvollen Gedanken und fuhr ihr sanft über das Haar. Doch dann spürte er, wie sich Tränen in seine Augen drängen wollten. „Gomer", sagte er und gab sich Mühe, seine Stimme fest und zuversichtlich klingen zu lassen, „wenn mir etwas geschehen sollte, würde dein Gatte dich wieder zurück nehmen? Würde er wieder für dich sorgen?"

Gomer fuhr nun die Angst in die Glieder. Schockiert zog sie die Decke über ihr Gesicht. „Warum redest du so, Pekahiah", fragte sie weinend.

Er blickte wieder auf sie herab und antwortete mit dumpfer Stimme, der man den Kummer anhörte: „Ich muss es tun, meine Liebe. Wir beide wissen, was Israel für ein rebellisches Volk ist. Jeder israelitische König muss immer auf einen Aufruhr vorbereitet sein. Da du verheiratet bist, konnte ich dich nicht zur Frau nehmen, also bist du auch kein rechtmäßiger Bestandteil meines Harems und deshalb viel verletzlicher als die anderen Frauen dort. Kein Thronräuber würde deine Stellung bei mir recht verstehen. Deshalb habe ich die Hoffnung, dass du im Falle eines Aufruhrs aus dem Palast entkommen und nach Hause fliehen könntest."

Gomer stützte sich nun auf ihren Ellbogen. Tränen liefen ihr über das Gesicht. „Bitte, mein Geliebter, rede nicht so mit mir. Ich werde dich nie verlassen, nicht einmal, wenn ich dadurch vom Tod bedroht bin. Ich könnte auch gar nicht zu meiner Familie zurückkehren, denn auch dort würde mich der Tod erwarten. Für sie bin ich eine Hure. Mein Vater hat mich früher oft so genannt. Ich konnte es nicht ertragen, es immer wieder hören zu müssen."

„Ich weiß", sagte er leise und wischte ihr die Tränen ab. „Die Strafe dafür ist Steinigung – ein schrecklicher Tod. Wie können angeblich zivilisierte Menschen so etwas tun?"

Sie dachte einen Augenblick nach und bemerkte dann: „Mein Herr, wenn Renin, der dir die Treue geschworen hat, seinen Schwur brechen und gegen dich rebellieren würde, was wäre dann seine Strafe, würdest du ihn besiegen?"

„Wieso? Er würde natürlich enthauptet werden, sein Körper würde in vier Teile zerteilt und in jede Himmelsrichtung meines Königreichs würde ein Teil gesandt, um alle anderen mit ähnlichen Gedanken zu warnen."

„Siehst du", nickte sie. „Ich habe nun in den vergangenen Jahren hier in deiner Bibliothek viel gelesen und dadurch auch gelernt, dass Israel vor vielen hundert Jahren mit dem Gott Moses einen Bund geschlossen hat. Ein Teil dieses Bundes besteht in der Zusage des Volkes, alles Böse aus ihrer Mitte zu vertreiben. Huren sind ein Teil dieses Bösen, mein Lieber. Und weil ich dich so liebe, bin ich eine Hure geworden. Ich habe also den Bund Israels mit Gott gebrochen." Sie lächelte zwar, aber ihre Augen waren voller Sorge.

„Ach, Moses Gott ist doch ein machtloser Gott", schnaufte er verächtlich, doch seine Seele war voller Sorge für Gomer und für Israel. War dieser Gott wirklich so machtlos, wie er es die letzten hundert Jahre zu sein schien? Früher jedenfalls schien Er sehr mächtig gewesen zu sein, denn Israel hatte damals all die anderen Völker dieses Landes und ihre Götter besiegt. „Baal war früher der Herr dieses Landes, ehe Mose und sein Gott kamen", fuhr er fort. „Und heute ist die Göttin Astarte die Herrin. Und sie sieht in dir keinesfalls eine Hure, sondern eine geliebte Tochter. Ist es nicht Tammuz gewesen, der uns zusammengebracht hat?"

Gomer legte sich wieder auf ihr Kissen zurück. Sie glaubte ihm, weil sie sich so sehr wünschte, dass es so wäre. Doch diese Fragen hatten Hoseas Gesicht wieder deutlich in ihrem Gedächtnis aufsteigen lassen, und sie hatte sich doch so bemüht, ihn zu vergessen. War nicht gerade das die Botschaft Hoseas, dass Israel den alten Bund mit Gott gebrochen hatte und dass deshalb die Strafen ganz gewiss folgen würden? Diese Strafen waren im letzten Buch dieses Moses niedergeschrieben. Es waren schreckliche und mächtige Flüche. Was würde sein, wenn Hosea Recht hatte?"

Pekahiah hatte sich ebenfalls wieder hingelegt. Seine Augen waren nun geschlossen. Als Gomer sich jetzt über ihn beugte, hörte sie ihn ganz leise schnarchen. Er war schnell eingeschlafen, wie Soldaten das konnten, alle Ängste und Sorgen schienen vergessen. Vorsichtig legte sie die Decke über ihn, damit er vor der Nachtkühle geschützt war, schmiegte sich an ihn und schlief auch bald ein.

Gomer erwachte. Sie öffnete ihre Augen und starrte in die Dunkelheit, dabei versuchte sie herauszufinden, welches Geräusch sie geweckt hatte. War es etwa das leise Öffnen der Schlafzimmertür gewesen?

Dann sah sie es. Eine riesige dunkle Gestalt schlich leise auf Pekahiahs Bett zu. Für eine Sekunde erschrak Gomer so, dass sie sich nicht rühren konnte. Sie überlegte noch, ob es sich nur um einen Traum handelte. Doch dann sah sie das Metall eines Messers in einer erhobenen Hand aufblitzen.

Sie warf sich über Pekahiah, der noch ruhig schlief, und stieß einen lauten Schrei aus. Die dunkle Gestalt blieb wie erstarrt stehen, sprang aber dann mit wütendem Grollen und erhobenem Messer vorwärts, bereit, zuzustechen.

Pekahiah wachte durch Gomers Schrei auf, erkannte die Situation und rollte blitzschnell mit ihr zusammen auf Gomers Bett. Das herabfahrende Messer fuhr tief in Pekahiahs Kopfkissen und Bett und der Attentäter bemühte sich, es wieder herauszubekommen. Doch mittlerweile hatte der König ein Schwert ergriffen, das über dem Bett an der Wand hing, und schlug auf die dunkle Gestalt ein.

Gomer war aus dem Bett gesprungen, da hörte sie, wie ein Körper mit lautem Seufzer dumpf zur Erde fiel. Wer war es? fuhr es ihr durch den Sinn. Lag ihr Geliebter jetzt tot auf dem Fußboden?

„Gomer, mache Licht", vernahm sie in diesem Augenblick voller Erleichterung Pekahiahs Stimme. Sie hätte fast gelacht vor Freude. Schnell zündete sie die Öllampe an und trug sie hinüber auf Pekahiahs Seite des Bettes.

Der König hatte sich über den leblosen Körper gebeugt. Von seinem Schwert tropfte noch das Blut auf den Perserteppich; sein Körper war mit einer feinen Schweißschicht bedeckt. Zitternd reichte sie ihm die Lampe. Er hielt sie noch tiefer hinunter. „Gor", sagte er nur. Der Riese lag mit seltsam verrenktem Körper tot auf dem Teppich. Seine Augen standen noch weit offen.

Gomer ging zu dem Stuhl, auf dem ihre seidene Robe lag. Sie schlüpfte hinein und blickte dann wieder zu Pekahiah hinüber. Der König säuberte sein Schwert an einer Stoffbahn. Sein Gesicht war hart und alt. „Er hat dies sicher nicht allein getan", sagte er.

„Nein", antwortete Gomer mit leiser und verzagter Stimme.

In diesem Augenblick hörten beide laute schrille Schreie aus der Richtung des Harems und dazwischen die barschen Rufe von männlichen Stimmen. Eine Sekunde blickten sich die beiden bewegungslos an, dann waren schwere Schritte vor der Tür zu vernehmen. Pekahiah griff nach einem Schild. „Bleibe hinter mir!“ rief er ihr zu, als sie zu ihm gerannt kam.

Nun wurde die Tür weit aufgerissen. Ein riesiger Soldat stand vor ihnen, sein Arm und das Schwert waren mit Blut bedeckt, auf seinem Gesicht stand ein höhnisches und gleichzeitig triumphierendes Lächeln. Pekahiah stand hoch aufgerichtet, Schwert und Schild kampfbereit. Seine Augen blitzten zornig, als er rief: „Pekah, der Unruhestifter, ist zurückgekehrt!“

Pekah trat über die Schwelle in den Raum. Gomer sah, dass der Flur draußen voller Soldaten und Frauen war. Die Frauen sangen. Gomer erkannte in ihrer Furcht das Gesicht der Frau aus Tyrus, und der Hass, der in den Augen dieser Frau lag, ließ ihr Blut fast erstarren.

Doch nun blickte Gomer auf die beiden Männer, denn vor ihren Augen begann ein Kampf auf Leben und Tod. Immer schneller blitzten die Schwerter durch die Luft und schlugen aneinander. Dann erhob sich lauter Jubel unter den Zuschauern auf dem Flur. Pekahiah war in Gors Blut ausgerutscht und gestolpert. Blitzschnell erkannte sein Gegner die Gelegenheit und stieß zu. Mit einem Seufzer sank Gomers Geliebter zusammen und hauchte vor den Füßen seines Feindes sein Leben aus.

„O ihr Götter, nicht! Nein!“ Mit einem lauten Schrei warf sich Gomer über den sterbenden König, als Pekah sein Schwert erhob, um ihm den Kopf abzuschlagen. Ganz still blieb sie über Pekahiah liegen, bis alles Leben aus seinem Körper entflohen war.

Harte Hände ergriffen sie und zogen sie auf die Füße. Sie blickte in ein Paar grausame Augen. „Das also ist die

Königin des Harems“, stellte Pekah spottend fest. „Und wir wissen ja, Männer, wer die Königin bekommt, oder etwa nicht?“ Zustimmendes Geschrei antwortete ihm. Jeder seiner Soldaten, die draußen standen, hatte sich in der Zwischenzeit eine Frau des Harems in die Arme genommen und sie begannen zu feiern.

Mit einer Handbewegung scheuchte Pekah seine Soldaten vom Schlafzimmer fort und schloss die Tür hinter sich. Er zerrte Gomer zum Bett zurück. Gomer stieß ihn zurück und wehrte sich. Er war überrascht über ihre Kraft. *Nuri,* dachte sie verzweifelt, *wo ist Nuri? Er wird mir helfen. Was haben sie mit Nuri gemacht?* Sie riss sich los, floh zur Tür hinaus zum Harem hin. Hinter sich hörte sie Pekahs laute Schritte und Flüche, denn er verfolgte sie. Die Furcht beflügelte ihre Schritte. Sie rannte in den Harem und von da auf die Terrasse. *Ich springe hinunter,* dachte sie. *Ich springe in den Heuhaufen in der Nähe des Stalles, von da kann ich nach Hause fliehen. Doch wo ist Nuri?*

Dann sah sie ihn – oder das, was von ihm übrig geblieben war. Sein Kopf steckte auf der Spitze eines Speeres und seine toten Augen sahen sie an. Sein blutiger Körper lag zu Füßen der Statue der Astarte. Gomer schrie entsetzt. Die Frauen mussten ihn vor Hass in Stücke zerrissen haben, das konnte man sehen.

Es gab keine Fluchtmöglichkeit mehr von der Terrasse, das erkannte sie nun, denn Soldaten hatten von unten Leitern angelegt und kletterten herauf. Wahrscheinlich waren sie auf diesem Weg über den Harem auch in den Palast eingedrungen. Die Frauen hatten ihnen wohl dabei geholfen.

Dann erschien Pekah auf der Terrasse und griff nach ihr. Sein Gesicht war vor rasender Wut zu einer schreckenstarrenden Maske verzogen. Sie richtete sich hoch auf und blickte ihm direkt fest in die Augen. Unter diesem Blick ließ er sie los und trat einen Schritt zurück.

„Hure!“ knurrte er. Es klang wie das Grollen eines wütenden Hundes. Er faßte sich wieder, nachdem er von ihrem Blick überrascht worden war, und packte sie mit beiden Händen an den Schultern. Als sie sich wehrte, schleuderte er sie auf den Boden und stieß wütend mit seinen mit Metall beschlagenen Schuhen nach ihr. Gomer fiel in eine barmherzige Ohnmacht und die Welt um sie herum verschwand.

25. Kapitel

EXIL

Pekah saß mit weit von sich gestreckten Beinen auf dem Thron und erwartete die Gefangenen, die ihm vorgeführt werden sollten. Vor drei Tagen hatte er Samaria eingenommen und war von der Bevölkerung mit offenen Armen empfangen worden. Die Israeliten sahen in ihm einen Mann, der sie von der assyrischen Herrschaft befreien würde, einen Mann, der keine Angst hatte vor dem mächtigen Großkönig Tiglath-Pileser und der die assyrischen Gesandten zurückwies.

Alle assyrischen Soldaten waren geflohen, außer denen der Palastgarde, die von Renin befehligt wurden und die Pekahs Soldaten gefangen genommen hatten. Pekah hatte diese übrig gebliebenen Assyrer nicht umbringen lassen. Er beabsichtigte ein Schauspiel aus ihnen zu machen. Er wollte sie so erniedrigend behandeln und so tief demütigen, dass das ganze Land über sie lachte und so die Furcht vor den Assyrern verlor. Das war auch der Grund, weshalb er an diesem Morgen nach ihnen gesandt hatte.

Sie näherten sich nur langsam seinem Thron, weil sie nur mühsam gehen konnten. Während der vergangenen drei Tage hatte man sie in eine so enge Kammer gesperrt, dass sie darin nicht einmal sitzen konnten, sondern eng zusammengepresst stehen mussten. Es waren sechs Männer und eine Frau. Man hatte ihnen einfache Gewänder aus Sackleinwand angezogen, die ihnen bis zu den Knien gingen und in vielen Falten um sie hingen. Sie alle waren schmutzig, erschöpft und müde. Das sonst so schöne Haar der Frau hatte seinen Glanz verloren und hing in häßlichen Strähnen um ihren Kopf.

Doch sie standen alle aufrecht und stolz vor dem Thron und blickten den Mann darauf voller unterdrücktem Zorn an. Er spürte, was sie ihm gegenüber empfanden, und lachte ihnen höhnisch ins Gesicht, als er an den Zorn der assyrischen Herren dachte, wenn sie hören würden, wie er ihre Elitesoldaten behandelt hatte.

„Näher heran mit euch“, grollte er und seine Soldaten stießen die Gefangenen mit den stumpfen Enden ihrer Speere vorwärts.

„Kniet nieder!“ befahl er. Man sah es den stolzen Assyrern an, dass es ihnen nicht leicht fiel, diesen Befehl zu befolgen. Da aber Pekahs Soldaten auf sie einschlugen, ließen sie sich zornig auf die Knie nieder.

„Pekahiah ist tot“, sagte er brutal und beobachtete dabei vor allem das Gesicht der Frau, das ganz blass geworden war. Der Führer der Assyrer, Renin, blickte verbissen vor sich nieder. Er war ein harter und stolzer Soldat und musste ganz sicher tief gedemütigt werden.

Pekah stocherte mit einem breiten Messer in seinen Zähnen herum, da er kurz zuvor noch eine ausgiebige Mahlzeit zu sich genommen hatte. Er schaute auf die Gefangenen hinab und begann: „Ich habe mittlerweile beschlossen, was ich mit euch tun werde. Keine Angst, ich lasse euch nicht töten, sondern ich sende euch nach Assyrien zurück, wohin ihr gehört.“ Er bemerkte die Erleichterung in Renins Gesicht und fügte hinzu: „Natürlich müsst ihr zusehen, wie ihr nach Hause kommt. Ihr müsst so gehen wie ihr jetzt seid. Ohne Schuhe, ohne Pferde, ohne Lebensmittel und ohne Führer. Und solltet ihr doch

Niniveh erreichen, dann bestellt eurem König einen Gruß von mir und sagt ihm, ich würde sein Gesicht gern an jedem Tag, an dem er es möchte, in den Schmutz drücken."

Seine Männer lachten und die anwesenden Israeliten spendeten Beifall. Doch die assyrischen Soldaten blickten sich verzweifelt an. Es waren viele hundert Kilometer bis nach Ninive, durch Gebirge voller Räuber und durch Wüsten mit Skorpionen und Schlangen. Renin war nicht einmal sicher, ob er den Weg finden würde, denn es war nun fast drei Jahre her, seit er seinem Herrn nach Israel gefolgt war. Nun war Pekahiah tot. Doch trotzdem flüsterte er Gomer zu, die neben ihm kniete: „Habe Mut!" Verwundert bemerkte er, dass sie leicht lächeln konnte, als sie mit dem Kopf nickte. Es machte ihm nichts aus, dass sie jetzt voller Schmutz und zerzaust war, für ihn war sie die Frau, die er immer angebetet hatte.

Die engen Straßen Samarias waren voll mit schreienden und spottenden Menschen, als die Gefangenen nun von Soldaten begleitet zum östlichen Tor der Stadt geführt wurden. Gomer hielt sich so gerade, wie es ihr erschöpfter Zustand zuließ. Sie hatte ihre Augen fest auf Renins Rücken gerichtet, der vor ihr ging, und hörte kaum auf die spöttischen Worte und beachtete auch den Speichel nicht, den ihr wütende Bürger ins Gesicht spuckten. Sie wusste, dass die Menschen sie erkannten und sich über ihre Demütigung freuten. Sie war bekümmert, weil ihr klar war, wie viel Verachtung ihr Vater und ihr Gatte würden ertragen müssen. Ob sie wohl auch irgendwo hier standen und sie beobachteten? Sie bezweifelte es und hatte damit Recht. Diblaim hatte sich eingeschlossen. Und Hosea – niemand schien zu wissen, wo Hosea war.

Endlich erreichten sie das Osttor und Gomer riskierte einen verstohlenen Blick auf das Haus ihres Vaters. Jemand stand auf dem Dach. Plötzlich flogen die Jahre, die sie in diesem Haus verbracht hatte, wie ein Bilderstreifen an ihrem innere Auge vorüber und sie hätte die Not ihrer Seele fast laut hinausgeschrien. Die Strafe, die sie in diesem Haus hatte ertragen müssen, war nichts, verglichen mit dem, was ihr jetzt bevorstand.

Die Person auf dem Dach lehnte sich plötzlich über die Mauer und winkte ihr zu. Es war Schana. Sie hatte ihr graues Haar kurz geschnitten vor Trauer und in ihrem Gesicht war tiefes Leid zu lesen. Doch sie winkte, als sie bemerkte, dass ihre Tochter zu ihr hinaufblickte, und sie bemerkte auch, dass ihre Tochter versuchte, als Antwort ihre gebundenen Hände zu heben. Sie hatten sich seit zwei Jahren nicht mehr gesehen, seit sie damals im Zorn das Haus verlassen hatte. Doch Schanas Mutterliebe vergaß all das und streckte die Hände nach Gomer aus, als wolle sie Gomer zu sich ziehen.

Gomer sah die Geste und ihre Augen füllten sich mit Tränen, so dass sie kaum mehr sehen konnte. *Imma,* flüsterte sie, *Imma.*

Dann waren sie draußen vor dem Tor und Pekahs Männer nahmen ihnen die Fesseln ab. Höhnisch lachend wünschten die Sieger ihnen eine gute Reise und blieben unter dem Tor stehen, um sie zu beobachten. Die kleine Gruppe der Assyrer blieb ebenfalls einen Augenblick unsicher und ängstlich stehen. Dann übernahm Renin die Führung. Sein junges und trotz der Strapazen immer noch hübsches Gesicht straffte sich. „In eine Reihe!“ kommandierte er.

Instinktiv gehorchten die Männer, nur Gomer wusste nicht, was sie tun sollte. Renin sprach die Frau, die er verehrte, seit er sie zum ersten Mal gesehen hatte, höflich an: „Unser nun toter Herr befahl mir erst vor einer Woche, für dich zu sorgen, wenn ihm etwas geschehen sollte. Ich versprach es ihm, und nun werde ich mein Versprechen halten. Herrin, wir werden es nach Niniveh schaffen. Habe keine Angst.“

Seine Worte klangen dabei so steif und offiziell, dass Gomer sich trotz ihres Kummers ein wenig darüber amüsierte. Sie lächelte ihn an, was sein Herz schneller schlagen ließ. „Vielen Dank, Renin“, sagte sie leise. Er verbeugte sich, warf dann noch einen Blick über seine in einer Reihe angetretenen Soldaten und setzte sich an die Spitze des kleinen Zuges. „Vorwärts!“, befahl er. Sie setzten sich den Hang hinunter nordwärts in Bewegung.

Die einsame Beobachterin auf dem Dach erhob segnend ihre zitternden Arme. Ihre Lippen murmelten ein Gebet, das mit den Worten endete: „Und lasse sie wieder zurückkehren, Adonai. Lasse sie wieder zurückkehren!“

Sie waren alle müde, aber sie wagten es nicht, in der Nähe einer Ortschaft anzuhalten. Deshalb befahl Renin am zweiten Abend, das Lager auf einem einsamen Hügel aufzuschlagen. Er selbst ging in der Abenddämmerung nochmals davon, um zu jagen.

Gomer legte sich so nahe ans Feuer wie möglich. Sie hatte nicht bemerkt, dass kaum hundert Meter entfernt unter Bäumen verborgen eine Hütte stand. Das alte Ehepaar, das darin wohnte, hatte die Öllampe ganz niedrig gedreht. Sie beteten darum, nicht von den Fremden entdeckt zu werden. Den Mann, der neben dem Feuer lag und unruhig schlief, hatten sie vor etwa zwei Wochen blutend und dem Tode nahe draußen gefunden. Er bemerkte nichts von der Furcht der beiden alten Leute, da er noch sehr hohes Fieber hatte und zu schwach war.

Am nächsten Morgen zogen die Fremden weiter. Einige von ihnen trugen Stücke frischen Fleisches. Das alte Ehepaar atmete erleichtert auf. Sie beobachteten die Männer und die Frau, wie sie nach Norden weiterzogen, und fragten sich, wer sie wohl waren. Doch bald vergaßen sie die Fremden, denn der Mann auf der Decke in ihrer Hütte wurde wieder sehr unruhig und nahm ihre ganze Aufmerksamkeit in Anspruch.

Gomer wusste nicht, wo sie sich befanden. Ihr war nur klar, dass jeder Schritt sie weiter von all dem fortführte, was ihr bekannt und lieb war. In ihrer Seele verspürte sie immer wieder einen verzweifelten Schrei, der nicht verstummen wollte. *Pekahiah,* stöhnte sie, *Pekahiah, mein Geliebter, wirst du niemals wieder deine Hand nach mir ausstrecken.*

Teil III

Tiglath-Pileser

26. Kapitel

NINIVEH

Der Hund hob seinen mächtigen behaarten Kopf und beobachtete seinen Herrn, der auf einem großen Balkon unruhig hin und her ging. Ruhig lag er in einer schattigen Ecke, um nicht zu sehr unter der Hitze leiden zu müssen, und dachte wahrscheinlich, sein Herr müsse sehr töricht sein, in der Sonne so herumzurennen. Doch der Mann beachtete die Frage in den großen braunen Augen des Tieres nicht, sondern setzte seine rastlose Wanderung fort.

Es war ein riesiger Mann, so wie auch das Tier ein riesiger Hund war. Auch sein Lieblingspferd überragte die anderen Pferde im Stall um zwei Handbreiten. Größer als seine Soldaten, die er kommandierte, ungeheuer breit in den Schultern und mit mächtigen Muskeln bepackt machte er einen imponierenden Eindruck und Furcht kam in den Herzen seiner meisten Untertanen auf, wenn sie ihm in den Straßen der Stadt begegneten. In seinem eckigen Gesicht waren Autorität und Machtwille zu lesen. Der ebenso eckige Bart, das Zeichen aller assyrischen Soldaten, unterstrich sein mächtiges Kinn noch und gab seinem Gesicht, das sonst ausdruckslos war, einen düsteren Zug.

Wohl keine Frau hätte diesen Mann hübsch gefunden, doch sie mochte angezogen werden von der Männlichkeit und Kraft, die von ihm ausging, denn obwohl er fast fünfzig Jahre alt war, konnte er weiter und schneller reiten als alle seine jüngeren Untergebenen. Er war *Tukulti-apil-Esharra,* der Favorit des Sohnes Esharras, Ninib von der starken Hand. Er war der dritte der Großkönige Assyriens, dem dieser Titel zuteil wurde. Damit hatte er seinen Familiennamen *Pul* für immer abgelegt. Auf Statuen und Säulen, die er in allen eroberten Ländern errichtete, wurde er unter dem Namen **Tiglath-Pileser** bekannt.

Er hatte sich seinen Weg an die Spitze des assyrischen Weltreichs über die einzelnen Ränge der Armee von unten her verdient und erkämpft. Dann war er mit der Armee nach Niniveh gekommen und hatte den alten König abgesetzt, der das Reich zerfallen ließ und Provinzen durch leichtfertige Verträge und Versprechungen weggab. Er war ein Unbekannter aus einer alten Königsfamilie gewesen, hatte sich den Thron selbst erobert und war nun König. Die bis dahin regierenden Sargoniten hatte er ins Exil getrieben. Unter ihm wurde der Name Assyriens wieder gefürchtet von der großen See (Mittelmeer) an bis zu den Bergen Indiens im entfernten Osten.

Alle anderen Völker, die nicht direkt von ihm unterworfen und in sein Reich eingegliedert wurden, zahlten Tribut an ihn, um den Schein der Selbständigkeit zu erhalten. Doch gerade diese vielen scheinselbständigen Völker machten ihm immer wieder Kummer. Während sie ihm regelmäßig Tribut zahlten, schlossen sie untereinander heimlich Bündnisse, um die Herrschaft Tiglath-Pilesers abzuschütteln. Denn mit einem einzigen gutgezielten Messerstich oder Speerwurf eines dafür gedungenen Attentäters konnten sie die Arbeit seines ganzen Lebens zerstören, wenn es dem Mörder gelang, an seinen Wachen vorbeizukommen.

Der Palast, den er selbst vor zehn Jahren hatte erbauen lassen, konnte nicht erklettert werden und war nur durch den mit Türmen bewehrten Eingang im Westen zu betreten. Doch hier hielten Tag und Nacht jeweils zwanzig der besten und kampferprobtesten auserwählten Soldaten Wache. *Kalakh* war der in Stein verwandelte Traum des Großkönigs, ein riesiger architektonischer Altar für seinen Gott Ninib, so wie das gesamte riesige Weltreich ein Altar für diesen Gott war.

Die doppelte Kolonnaden-Reihe, die sich innerhalb der schützenden Mauern an der ganzen Front des Palastes entlang zog, war bestückt mit vielen Statuen, die an den Säulen standen. Das waren die Götter Assyriens, das Pantheon, das Niniveh von Anfang der Zeit her regierte. Und diese Götter hatten nun den Mann groß gemacht, der ihre alten und mächtigen Namen anrief. Waren sie nicht von seinen Vorgängern vernachlässigt worden, als ein fremder Gott aus dem Westen durch seinen Prophet die Aufmerksamkeit auf sich zog?

Tiglath-Pileser hingegen brachte den alten Göttern Assyriens wieder viele Opfer dar und erfüllte die Palastgärten zu ihren Ehren mit Weihrauchduft. Und sie hatten ihn dafür wahrhaftig reichlich belohnt.

Doch je größer sein Reich wurde, umso mehr neue Probleme erhoben sich immer wenn er glaubte, die Arbeit nun beendet zu haben. Und gerade an diesem Vormittag hatte er Nachricht von einem neuen Problem erhalten.

Tiglath-Pileser hatte die kleinen Länder im Süden nun für Jahre sich selbst überlassen, denn in Samaria regierte nun sein Freund und Waffengefährte Pekahiah. Sie waren unzertrennlich gewesen, seit König Menahem seinen Sohn an den Hof nach Niniveh gesandt hatte als Zeichen des Vertrauens und des guten Willens zwischen den beiden Ländern. Pekahiah, stattlich, immer bereit, anderen zu Gefallen zu sein, klug und voller Wirklichkeitssinn, hatte einen engen Platz an der Seite von Tiglath-Pileser gefunden, zunächst als der noch Heerführer war und später auch Großkönig. Zuerst war er sein Mundschenk gewesen, um die Angelegenheiten der Politik und des Regierens zu lernen, und dann der Schildträger des Großkönigs, um in der Kriegführung unterrichtet zu werden. Doch was hatte all diese Ausbildung genützt, wenn sein Freund nun durch Verrat ums Leben gekommen war?

Tiglath-Pileser trauerte keinesfalls, als er die Nachricht vom Tode Pekahiahs erhielt, zu einem solchen Gefühl war er kaum fähig. Doch Zorn und Ärger erfüllten ihn deshalb und er schwur, den Thronräuber Pekah zu bestrafen, wenn er wieder mit seiner Armee südwärts ziehen würde.

Und gerade an diesem Vormittag hatte er Dinge gehört, die ihn fragen ließen, ob dieser Pekah vielleicht sogar einen offenen Krieg mit ihm suchte. Seit Monaten provozierte er nun immer wieder die assyrischen Truppen, die an der syrischen Grenze standen, durch fortwährende grundlose Überfälle. Wenn er Gefangene machte, nahm er ihnen die Waffen ab und schickte sie zurück.

Doch was er nun getan hatte, war noch schlimmer und erzürnte den stolzen Großkönig, der sich davon persönlich getroffen sah. Als Pekah den Thron an sich riss, hatte er die mit Pekahiah nach Samaria gesandten ausgesuchten assyrische Elitesoldaten aus der Garde des Großkönigs entweder getötet oder dem Rest von ihnen und ihrem Anführer die Waffen abgenommen und sie ohne Schuhe nach Niniveh zurückgeschickt. Etwa vier Monate waren sie mit Pekahiahs Lieblingsfrau nach Niniveh unterwegs gewesen. Als sie den Tigris erreichten, waren sie auf einem Schiff des Königs weiterbefördert worden, um zu ihm nach *Kalakh* zu kommen. Ein Reiter war als Bote schnell vorausgesandt worden, um Tiglath-Pileser mitzuteilen, was in Samaria geschehen war. Diese Nachricht war der Grund, dass er nun erregt auf dem Balkon hin und her ging.

Als der Großkönig jetzt wieder auf den Hund zuschritt, erhob sich dieser und sah ihn fragend an. Der König kraulte ihn zwischen den Ohren. „Mit uns gibt es keine Probleme, mein Alter“, sagte er. „Du liebst mich und gehorchst mir. Aber die anderen?“

Kopfschüttelnd nahm er seine Wanderung wieder auf. Er trug nur einen einfachen braunen Umhang, der über den Hüften von einem goldenen Gürtel zusammengehalten wurde, der ein Geschenk des ägyptischen Pharaos war. Assyrien und Ägypten hatten die Welt unter sich aufgeteilt und erhielten ein gespanntes und zerbrechliches Gleichgewicht der Macht an den Küsten des Großen Meeres zwischen sich aufrecht. Tiglath-Pileser fragte sich, ob vielleicht der Pharao hinter dem Aufruhr steckte, den der Rebell Pekah angezettelt hatte? Doch er wies den Gedanken wieder von sich. Seine Agenten hatten in Samaria weder ägyptisches Gold noch ägyptischen Einfluß bemerkt. Pekah war wahrscheinlich ein machtbesessener verbohrter Nationalist, der meinte, Israel werde von Assyrien unterdrückt. Wenn es so war, würde es keine großen Schwierigkeiten machen, ihn wieder zu beseitigen. Doch jetzt musste er sich erst einmal um seine Leute kümmern, die der Rebell so rücksichtslos behandelt hatte.

Es klopfte an der Balkontür. „Herein!“ rief der König. Ein kleiner dunkler Diener betrat den Raum und verbeugte sich. „Herr, die Soldaten, die mit dem Schiff von Niniveh kamen, sind hier.“

„Bringe sie herein. Doch halt! Sorge erst dafür, dass sie baden können und frische Kleidung bekommen. Ich hörte, eine Frau ist dabei. Sie soll nicht noch mehr beschämt werden, als sie ohnehin schon ist.“

„Ich gehorche, Herr.“ Mit einer Verbeugung entfernte sich der zitternde Diener wieder. Der König fragte sich, warum sie alle vor ihm solche Angst hatten. Niemand hatte von ihm etwas zu befürchten, solange sie gehorchten.

Ein Gefühl von Einsamkeit befiel den König plötzlich, während er seine Wanderung fortsetzte. Sie fürchteten ihn alle. Sogar die Priester und Priesterinnen, seit er einen von ihnen hatte töten lassen, weil er sich weigerte, zu den alten Göttern zurückzukehren. Seit Pekahiah gegangen war, um sein Land zu regieren, hatte er keinen wahren Freund und Vertrauten mehr.

Einige Zeit verging, bis wieder an die Tür geklopft wurde. Der sumerische Diener erschien wieder und meldete: „Hier sind sie, Herr, so wie du befohlen hast."

Hinter ihm marschierten sechs Soldaten auf den Balkon. Der König erkannte an der Art, wie sie aufmarschierten, dass sie Soldaten waren, obwohl sie weder Waffen noch Uniformen trugen. Stolz standen sie vor ihm und salutierten mit der Faust auf der Brust.

Tiglath-Pileser erwiderte ihren Gruß. Er war stolz auf die Haltung dieser Männer, die viele hundert Kilometer gelaufen waren, um zurückzukehren. Sie hatten unterwegs gehungert, mit Räubern und wilden Tieren gekämpft und alle möglichen Entbehrungen erduldet, doch ihr Stolz und Mut, der Mut eines assyrischen Soldaten, war nicht gebrochen.

Er trat zu ihrem Anführer und legte die Hände auf die Schultern des jungen Mannes. „Renin, willkommen daheim. Du hast deine Sache gut gemacht."

Renins Gesicht wurde vor Verlegenheit rot, als der König ihn anlächelte. „Ich wollte, ich hätte es besser gemacht, Herr", antwortete er. „Dann wäre unser Freund noch am Leben."

„Wir haben uns dem Willen der Götter zu fügen, Renin. Doch sei unbesorgt, Pekah wird für seine Taten bezahlen müssen, und du wirst dann dabei sein."

„Das ist mein größter Wunsch, Herr", erklärte Renin fest.

„Gut", nickte der König und blickte zur Tür hin, denn

in diesem Augenblick betrat seine Hauptfrau in Begleitung einer anderen den Balkon. „Ischanath, ist das Pekahiahs Frau?“ fragte er.

„Ja, Herr“, antwortete Ischanath ärgerlich vor Eifersucht. Sie war immer noch hübsch, wenn sie froh war. Ihre langen dunklen Gewänder und ihr schlanker Körper hatten den König glücklich gemacht – vor zwanzig Jahren. Doch wenn nun eine neue Frau in den Harem oder in den Tempel aufgenommen wurde, zog sich Ischanath eifersüchtig für eine Woche in die Einsamkeit zurück und weinte.

Sie führte Gomer zu Tiglath-Pileser und trat dann einen Schritt zurück. Sie hatte die Samariterin in ein langes blaues Gewand aus persischer Seide gekleidet, das ihr bis zu den Füßen ging. Gomers langes helles Haar war frisch gewaschen und hing ihr wie in Wellen bis zur Hüfte hinunter.

Renin stand wie erstarrt und trank ihre Schönheit in sich hinein. Doch dann bemerkte auch er den Blick des Königs und fühlte einen tiefen Kummer in seinem Herzen. Eine solche schöne Göttin war nur für Götter, und er war nur ein Offizier des Königs.

„Du also bist die Frau, von der mir mein Freund schrieb, seine Sonne, sein Mond und seine Sterne“, stellte der König fest. Seine tiefe Stimme klang nun sehr sanft und er meinte, ihr damit ein Kompliment zu machen. Doch sie blickte ihn nur an, zwar fest, aber gleichgültig.

Gomer benahm sich immer noch wie eine leblose Puppe, die man schieben oder führen kann, die aber nichts fühlt. Die lange anstrengende Reise hatte sie zu dünn gemacht. Sie war sonnenverbrannt und erschöpft. Weder das heiße Bad, noch die Masseuse noch das neue Kleid und die Bemühungen des Friseurs hatten sie aus ihrem tiefen Leid und aus ihrer Resignation reißen können. Sie hörte zwar, was der König sagte, konnte aber nicht lächeln. Statt dessen rollten Tränen über ihr Gesicht, als sie laut sagte: „Pekahiah ist tot.“ Es war der einzige Gedanke, der sie seit jenem schrecklichen Tag beherrschte.

Der König nickte beruhigend. „Ja, mein Freund ist sehr feige ermordet worden. Doch habe keine Furcht, der Mann, der dafür verantwortlich ist, wird es bitter bezahlen müssen.“ Er wandte sich den Soldaten zu. „Für eure Tapferkeit werdet ihr in meine persönliche Leibwache aufgenommen. Du, Renin, wirst die roten Streifen für besondere Tapferkeit tragen und wirst ab sofort der Führer meiner Leibwache sein.“ Er unterbrach ihre Dankesworte. „Geht zur Zitadelle, lasst euch dort Uniformen und Waffen geben. Mein Diener wird euch den Weg zeigen. Er steht ganz bestimmt vor der Tür und zittert.“

Die Soldaten salutierten und marschierten hinaus. Ihre Gesichter strahlten vor Freude.

Tiglath-Pileser forderte seine Hauptfrau mit einem Kopfnicken auf, ebenfalls zu gehen. Doch sie blieb mit aus Verzweiflung entstandener Hartnäckigkeit stehen. „Herr, möchtest du nicht, dass diese Frau in der Küche ihren Platz findet? Immerhin ist sie ja nur eine Bauernfrau aus …“

„Genug!“, fuhr der König sie an. Als sie das vorgereckte Kinn des Königs bemerkte, verließ sie eilig den Balkon und schloss die Tür hinter sich.

Gomer stand nun allein in der Mitte des Balkons. Die auf ihr helles Haar fallenden Sonnenstrahlen umgaben ihre schlanke Figur mit einem leichten Schimmer. Der König betrachtete sie lange und fühlte einen Anflug von Jugend in seinen Adern pochen. Er trat ganz nahe vor sie und blickte ihr in die Augen. „Ich möchte, dass du mir erzählst, was in jener Nacht geschehen ist.“ Als sie zurückschreckte und ihr Gesicht sich verschloss, fügte er hinzu: „Du musst, denn du bist die einzige Augenzeugin, hat man mir berichtet. Vergiss nicht, Pekahiah war mein Freund und Waffengefährte. Was ihn tötete, hat auch mich verwundet. Doch beginne damit, zu berichten, wie du ihn kennengelernt hast."

Mit tonloser Stimme erzählte sie ihm die ganze Geschichte. Ihre Arme hingen dabei an ihrer Seite, als würden sie nicht zu ihr gehören. Als sie mit ihrem Bericht zu Ende war, nickte der König nachdenklich. „Du kannst dich sehr gut an alles erinnern."

„Jede Einzelheit dieser Nacht hat sich für immer in mein Herz eingebrannt", antwortete sie. Er bemerkte, dass sie ihn weder mit „Herr" noch mit „König" ansprach, und er verstand es. Für sie würde immer nur Pekahiah der König sein.

„Du hast ihn sehr geliebt und hast ihn glücklich gemacht und dafür hast du meinen Dank verdient", stellte er fest. Er strich sich nachdenklich über den Bart. „Doch bedenke, Gomer, du musst ja weiter leben. Ich meine, es ist das Beste, ich nehme dich in meinen Harem auf. Dort hast du Frieden und wirst unter den anderen Frauen sicher Freundinnen finden. Zu arbciten brauchst du nicht, und eines Tages, wenn ich dich rufen lasse, wirst du auch die Freuden des Körpers wieder empfinden."

Sie blickte zu Boden, so dass sie ihm nicht mehr in die Augen zu schauen brauchte. Schamröte stieg ihr ins Gesicht. „War mein Geliebter nicht dein Freund? Musst du mich nun behandeln wie eine Kriegsbeute?"

Ein leichtes Grinsen huschte über sein Gesicht. Er freute sich, dass ihr Geist nicht gebrochen zu sein schien, trotz des schockähnlichen Zustands, in dem sie sich wohl noch befand. „Du kamst doch schon von einem anderen Mann zu Pekahiah. Erwartest du denn, ich soll in dir etwas anderes sehen als eine Frau, die ihr Leben dem Vergnügen der Männer gewidmet hat?"

Nun blitzten ihre Augen zornig. Zum ersten Mal seit Pekahiahs Tod empfand sie so etwas wie Gefühle. „Du sprichst wie der Herr eines Hurenhauses", fuhr sie ihn an.

Er runzelte die Stirn. „Überlege dir, wie du mit mir sprichst", warnte er. „Ich bin der König."

Sie hob den Kopf wieder und blickte ihn an. Ihr war gleich, was jetzt geschehen würde. „Gibt dir dies das Recht, die Geliebte deines Freundes zu beleidigen?" fragte sie herausfordernd.

Er trat einige Schritte zurück und hob die Hand, als wolle er sich ergeben. „In Ordnung, es tut mir leid." Er schwieg einen Augenblick und fuhr dann fort: „Du möchtest also nicht zu meinem Harem gehören, obwohl viele Frauen gern dieses Vorrecht genießen würden. Du hast mir erzählt, du und Pekahiah, ihr hättet eure Liebe der Göttin Astarte gewidmet, die wir hier in Niniveh Ischtar nennen. Übrigens, wieso sprichst du unsere Sprache?"

„Ich habe sie bei einem assyrischen Schreiber in Pekahiahs Palast gelernt.

„Du sprichst gut Assyrisch", lobte er sie, doch seine Gedanken waren mit einer Lösung dieser Frage beschäftigt. „Was hältst du von dem Vorschlag, Geliebte meines Freundes? Du hast dich mit deiner Liebe Ischtar geweiht, würdest du dann als Priesterin in ihren Tempel eintreten?"

Sie zuckte mit den Schultern. „Warum nicht? Ich habe nichts mehr, wofür ich leben könnte. Es könnte also gut sein, meine Tage der Göttin zu weihen, die mir einst so viel Liebe gebracht hat."

Er blickte sie nun sehr aufmerksam an, doch sie schien das nicht zu bemerken. „In Ordnung, du wirst also Ischtar dienen. Du machst wirklich den Eindruck, als gehörtest du zu einer Göttin – oder zu einem Gott. Ischtar wird erfreut sein." Er lächelte in seinen Bart.

Es wäre besser gewesen für Gomer, sie hätte sich an das erinnert, was Pekahiah ihr einmal erzählt hatte: Im Gegensatz zu Israel und Juda sah man in Assyrien und Sumer in den Königen Söhne der Götter.

27. Kapitel

Ischtar

Der Tempel Ischtars dominierte den ruhigen Park, der ihn umgab. Er wuchs in den Himmel mit seinen Dächern, die wie Finger zu den Wolken aufragten. Entworfen hatte ihn ein phantasiebegabter griechischer Baumeister, der nichts von Säulen und Friesen hielt. Der Tempel war deshalb wie kein anderes Bauwerk in der Welt. Errichtet aus weißem Kalkstein, den man unter riesigen Kosten aus Ägypten importiert hatte, war er eines der großen Wunder, die während Tiglath-Pilesers Regierungszeit errichtet wurden.

Der König hatte den Baumeister reichlich entlohnt. Er war sicher, dass die Göttin Ischtar mit dem Bau zufrieden war. Das schien sich in der Folgezeit auch zu bestätigen. Das Land des Tempels trug reiche Früchte, so dass jedes Jahr reichlich Vorräte in die Lagerhäuser gebracht werden konnten. Wenn die Oberpriesterin im Trancezustand war und die Göttin sie besuchte, waren aus ihrem Munde stets erfolgversprechende Weissagungen zu hören. Tiglath-Pileser jedenfalls meinte, er habe der Göttin gut gedient, und sie gab ihm das in reichlichen Wohltaten zurück.

Gomer, die die Schöpfungsgeschichte der assyrischen Religion und vieles andere Religiöse mehr schon bei Pekahiahs assyrischen Schreibern gelesen hatte, wusste schon sehr viel über die Göttin. Als sie das erste Mal unter den hohen grünen Zypressen dahinschritt, die heilig waren, war ihr, als sei sie endlich zu einem Hafen der Zuflucht gekommen. Hier würde Friede und Zufriedenheit sein, so flüsterte es ihr der Wind in den Bäumen zu. Hier würde ihr Herz zur Ruhe kommen und vielleicht auch wieder Freude finden. Schon in Samaria war Ischtar gut zu ihr gewesen, denn sie ließ sie dort ihren Geliebten finden, und nun schien sie ihr ewige Bequemlichkeit in ihrem heiligen Palast zu versprechen.

Gomer trug ein einfaches weißes Gewand, denn sie würde für die nächsten Monate als Novizin Unterricht erhalten. Die Oberpriesterin hatte sich zuerst ärgerlich empört, als sie des Königs Befehl vernahm, sie solle diese fremdländische Frau in die Gruppe ihrer heiligen Frauen aufnehmen. War diese Frau nicht schon beschmutzt? Hatte sie nicht schon mit einem Mann, vielleicht sogar schon mit mehreren Männern gelegen? Sie war jedenfalls für den heiligen Dienst nicht brauchbar.

Dann war der Großkönig selbst gekommen. Voller Würde und Autorität stand er in ihrem Empfangszimmer vor ihr. Als sie in seine zornigen Augen blickte, verschwanden alle Vorbehalte in einem zustimmenden Flüstern. Sie war schon alt und häßlich. Ihre Nase war durch Warzen verunstaltet. Gomer, die neben dem riesigen König stand, machte die Oberpriesterin eifersüchtig, obwohl sie nach außen eine höfliche Miene zeigte. Der Ausdruck in den Augen des Königs warnte sie, obwohl sie sicher für ihre Ablehnung gute Gründe hätte vorbringen können.

„Du wirst sie also aufnehmen?“

Eine peinliche Pause trat ein, bis sie zögernd sagte. „Ja, Herr, aber …“

Er ließ sie nicht ausreden, sondern wischte mit einer Handbewegung beiseite, was sie sagen wollte. „Sie war schon in ihrem eigenen Land durch meinen Freund der

Göttin geweiht. Deshalb ist es doch nur recht, dass sie bei uns mit diesem Dienst fortfährt."

Die Oberpriesterin war nicht dumm. Sie ahnte, was Tiglath-Pileser meinte, obwohl sie auch in Gomers ratlosem Gesicht lesen konnte. Sie forderte die Frau aus Samaria auf, in den Garten zu gehen. Dann hatte sie eine private Unterhaltung mit dem König.

So kam es, dass Gomer nun unter den Bäumen des Parks spazieren ging und neue Kraft sammelte. Sie vergaß über ihren neu gefundenen Frieden ihre Verwirrung über die seltsamen Worte des Königs. Die Göttin mochte wild und blutdürstig sein ihren Feinden gegenüber, doch die ihr gehörten, behütete sie und begegnete ihnen freundlich. Gomer war dankbar, dass sie sich unter ihrem Schutz befand. „Gepriesen sei Ischtar!" murmelte sie.

Sie sah, wie die Oberpriesterin durch die Hintertür den Tempel verließ und fragte sich, was nun auf sie zukommen würde. Doch die Worte der alten Frau waren freundlich. „Der König ist gegangen, Ischtar beschütze und erhalte ihn. Du wirst einen Platz bekommen unter den anderen Novizinnen. Da du schon ihr Gewand trägst, kannst du sofort zu ihnen gehen und mit am Abendessen teilnehmen. Abgesehen von dem Abendritual werde ich dich nicht wiedersehen bis zu dem Tag, an dem du in unsere Schwesternschaft aufgenommen wirst. Du musst verstehen, dass du keine Priesterin werden kannst wie ich. Solche Ehre gebührt nur Frauen aus adligen Familien. Doch du wirst dann unter den heiligen Frauen sein, die den Willen Ischtars tun, das heißt, du wirst dann Männer lieben und ihnen dienen.

Gomer nickte. In ihren Augen stand vom Spaziergang her immer noch ein träumerischer Ausdruck. „Es ist gut, anderen zu dienen", sagte sie und wunderte sich über den amüsierten Ausdruck, den sie in den Augen der älteren Frau sah. „Ich habe mein ganzes Leben lang gedient. Zuerst meinen Eltern, dann meinem Ehegatten und den Kindern und zuletzt dem König."

Die Oberpriesterin sagte ruhig. „Rechter Dienst kann viele Seiten haben. Ischtar ist von nun an deine ganze Welt und Ungehorsam ihr gegenüber bedeutet Tod durch das Feuer."

Gomer lief es kalt über den Rücken. „Warum sollte ich nicht gehorchen? Wir haben in meinem Land auch Priester und Priesterinnen, sie haben sich um die Armen und die Waisenkinder gekümmert, glaube ich. Zumindest sollten sie das tun. Oder haben wir keine Priesterinnen? Nein, die Priesterinnen gehörten zu dem Bösen. Mein Kopf – er tut so weh."

Die Priesterin fing Gomer auf, als diese ohnmächtig wurde und zu Boden sank. Die jüngere Frau war durch offensichtliche Schwäche ohnmächtig. Die Priesterin gab ihr einige Ohrfeigen, bis Gomer ihre Augen öffnete.

„Was … wo bin ich?" stammelte sie.

„Du weißt doch wo, in Ischtars Tempel. Nun setz dich. Ich bin viel zu alt, um ein Gewicht wie das deine lange halten zu können. Was ist mit dir? War die Sonne zu heiß?" Sie ließ Gomer vorsichtig los, so dass diese sich an einen Baumstamm setzen konnte. Dann kniete sie sich neben sie. *Ischtar, hilf uns,* dachte sie. *Eine Kranke ist das Letzte, was wir brauchen können.*

„Ich habe mein Baby verloren."

„Was?" Die Oberpriesterin dachte, Gomer sei immer noch nicht wieder ganz bei Sinnen.

Gomer blickte vor sich in das Gras. Der zerbrechliche Frieden, den sie noch vor wenigen Minuten empfunden hatte, war dahin und sie dachte an die Qualen der Wanderung durch die Wüste. „Ich habe mein Baby verloren", murmelte sie. Die alte Frau beugte sich vor, weil sie glaubte, nicht recht gehört zu haben. „Ich habe Renin nichts gesagt, denn er hatte schon genug Probleme, mit denen er sich herumschlagen musste. Aber die Schmerzen haben mich fast in zwei Teile gerissen, wenn wir gingen und die Sonne so heiß brannte. Als es soweit war, bin ich am Abend hinter einige Felsen gegangen."

Die Priesterin schauderte, als sie sich die Szene vorstellte. Das einsame Mädchen lag hinter den Felsen ohne irgendeine Hilfe. Sie erbrach sich, stöhnte, sah ihr eigenes Blut in den Sand laufen und dann der letzte rasende Schmerz, als die kleine Form aus ihrem Körper austrat.

Kein Wunder, dass das Mädchen so dürr und schwach war. Wie hatte sie es nur geschafft, dann weiter zu gehen und bis nach Niniveh zu kommen. Sie hätte eigentlich unterwegs in der Wüste sterben müssen.

Gomer lehnte erschöpft am Baumstamm. Es war alles so verwirrend. Sie fragte sich, ob alles, was sie in den letzten Tagen erlebt hatte, Wirklichkeit war oder nur ein Traum. Unterwegs auf der Wanderung waren die Träume immer so schrecklich gewesen und Renin hatte sie morgens immer sanft geweckt. Nun waren die Träume ruhig und friedvoll. Doch die Frau neben ihr hasste sie, das konnte sie spüren, und sie fürchtete sich vor ihr. Sie wünschte sich fast, sie hätte des Königs Angebot angenommen und wäre in seinen Harem gegangen. Aber er war nicht der König, sondern Pekahiah. *Pekahiah, Pekahiah, wo bist du, mein Geliebter,* dachte sie.

Sie stöhnte, öffnete die Augen und sah die Priesterin vor sich, die ihr ins Gesicht blickte. Sie zitterte, als sie die Bösartigkeit in ihren Augen erkannte. *O ihr Götter, helft mir,* flehte sie innerlich.

„Bist du jetzt stark genug, um aufzustehen und zum Abendessen zu gehen?" Die ruhige Stimme durchdrang ihre wirre Gedanken. Sie blickte auf und bemerkte, dass die Priesterin sich schon erhoben hatte und neben ihr stand. Sie reichte ihr die Hand herunter, um ihr auf die Füße zu helfen.

„Ja – ja, ich komme.“

Mühsam erhob sie sich und folgte der Oberpriesterin in den Tempel. Aus einem Grund, den sie nicht erklären konnte, ergriff eine namenlose Furcht ihr Herz.

28. Kapitel

Heirat der Götter

Die Wüste hatte zu blühen begonnen und die ersten Frühlingsregen ließen das Wasser im Tigris steigen, das für das Leben nötig war. Die Vögel und die anderen Tiere draußen in Feld und Wald suchten sich Partner. Die Bewohner Ninivehs sahen all diese Zeichen und freuten sich, denn das bedeutete, dass die Priester nun jeden Tag das *Akitu* verkündigen konnten, das Fest des Beginns des neuen Jahres.

Bald würden die Bauern aussäen und die Kaufleute würden die ersten Karawanen auf die Reise schicken. Doch zuerst mussten die Götter ihren Segen dazu geben und vorher mussten die Menschen sich ihnen mit Bitten, dankbaren Opfern und Erwartung nahen.

Tiglath-Pileser, der für das Fest von *Kalakh* nach Niniveh zurückkehrte, betrachtete aufmerksam den Ischtar-Tempel, als er auf seinem Schiff daran vorüberfuhr. Der Tempel stand ein wenig vom Ufer des Tigris entfernt, umgeben von Bäumen und vor Räubern und Plünderern nur beschützt durch die Angst aller vor dem Zorn der Göttin. Der Tempel stand außerhalb der schützenden Mauern von Niniveh und war doch ein Mittelpunkt von Macht und Autorität. Der König lächelte und dachte an das bevorstehende Fest, das diesmal ganz besonders werden würde.

Im Tempel war der übliche Friede ziemlich gestört durch die Sklaven, die aufgeregt hin und her rannten. Sie trugen Gewürze und Zweige in den großen Versammlungsraum, in dem die letzten Zeremonien des Festes stattfinden würden. In dem Saal hatten 500 Menschen Platz, wenn sie eng beieinander saßen. Und das würde in einer Woche so sein. Jeder reiche Kaufmann, der es sich leisten konnte einen Platz zu kaufen, würde anwesend sein, außerdem die Adligen, die auf besonderen Plätzen saßen. Sogar die in Ungnade gefallenen Mitglieder der Sargon-Familie würden aus ihrem zurückgezogenen Exil im Norden herauskommen und am Fest teilnehmen. In Respekt vor ihrem großen Vorfahren, Sargon I., erhielten sie besonders bevorzugte Plätze nahe an der Plattform.

In der Stadt holten die Leute ihre besten Kleider herbei, die sie während des Winters in Myrrhe verpackt im Schrank hängen hatten. Die Frauen jubelten, denn sie konnten durch die Stadt gehen und kaufen, was ihnen gefiel. Kein Ehemann wagte es, die Göttin Ischtar und ihren göttlichen Gefährten zu verärgern, indem sie ihrer Gattin irgendeinen Wunsch abschlugen.

Die Männer waren nicht so recht froh. Viele von ihnen waren davon überzeugt, dass die ganze Festwoche ursprünglich von vergnügungssüchtigen Frauen unter Mithilfe der Göttin geplant und ins Leben gerufen wurde. Doch keiner von ihnen wagte es, so etwas laut zu sagen. Trotz der Festtage würden sie an ihren Verkaufsständen viel Arbeit haben, denn die Landbevölkerung würde in der nächsten Woche zum Fest nach Niniveh strömen und kaufen, was immer angeboten wurde.

Die Priester freuten sich immer über das *Akitu,* denn es wurden viele Stiere und Ziegen gekauft und geopfert, um den Göttern zu gefallen. In der Stadt gab es über tausend Altäre und viele kleine Tempel. Der Geruch von verbrennendem Fleisch würde von überall in der Stadt in die

Nasen der Götter aufsteigen und sie würden lächeln und die Angelegenheiten der Menschen für ein weiteres Jahr segnen.

Aber Ischtar, dachten die Leute, *mit ihr ist es etwas anderes.*

Die Göttin Ischtar war die Quelle allen Lebens, das von einem Mann durch eine Frau floss und so Kinder erzeugte. Ischtar war es, die den Leib einer Frau segnete oder verfluchte, so wie sie die ausgestreuten Saaten auf den Feldern segnete oder verfluchte. Besonders zu dieser Zeit des Jahres, der Aussaatzeit, musste sie günstig gestimmt werden, so dass sie zur Erntezeit ihr Volk, die Menschen von Assyrien, wieder mit einer Fülle von Früchten überschütten würde

Als nach fünf Fest- und Opfertagen der große Festtag kam, strömten die Einwohner von Niniveh und des umliegenden Landes in den heiligen Park der Ischtar. Sie waren in ihre besten Gewänder gekleidet und trugen Zimbeln mit sich. Singend und jauchzend tanzten sie um jeden Baum, an dem sie vorübergingen, doch niemand wagte es, einen der Bäume zu beschädigen oder gar hinaufzuklettern.

Die in Schwarz gekleidete Oberpriesterin stand auf dem Balkon über dem Haupteingang des Tempels. Sie war umgeben von den heiligen Frauen und beobachtete das lärmende Eintreffen des Volkes. Bei solchen Gelegenheiten empfand sie besonders die Macht, die sie besaß, und das zauberte ein leichtes Lächeln auf ihr Gesicht.

Die heiligen Frauen trugen ebenfalls weite schwarze Gewänder, die sich beim kleinsten Luftzug aufbauschten, so dass sie aussahen wie große schwarze Vögel. Gomer, die in der letzten Reihe stand, konnte trotzdem alles gut beobachten, da sie größer war als alle anderen Frauen. Tatsächlich waren die assyrischen Frauen sogar noch kleiner als die in Israel und sie schienen Gomers Größe zu verachten.

Die Oberpriesterin trat nach vorn. Eine große Stille breitete sich aus. Alle blickten erwartungsvoll zum Balkon hinauf. Die Oberpriesterin hob ihre Arme zum Himmel empor. „Ischtar", schrie sie mit klarer, hoher Stimme, „Ischtar, komme zu uns und höre uns! Ischtar, Herrin unseres Landes, erhöre uns!"

Langsam sank sie nun mit gesenktem Haupt auf die Knie. Kein Anwesender zweifelte daran, dass die heilige Gegenwart Ischtars die Oberpriesterin so zu Boden drückte. Die heiligen Frauen wichen erschrocken einige Schritte zurück. Nur Gomer blieb fasziniert auf ihrem Platz stehen.

Ein plötzlicher Schrei von oben ließ sie aufwärts blicken. Ein nackter Mann stand auf dem höchsten Türmchen des Klosters. Er war schwarz und schlank und er trug ganz langes Haar, denn er war schon vor einem Jahr weniger einem Tag für diese Aufgabe ausgesucht und geweiht worden. Wieder schrie er laut. Als alle Anwesenden auf ihren Knien lagen, rief er: „Im Anfang waren die Wasser, das süße Wasser und das salzige Wasser; und sie flossen und bewegten sich unter dem Wind und warteten. Und Tiamat war das bittere Wasser und trug in sich selbst den Samen des Lebens."

Gomer beobachtete den Mann und staunte über das Leuchten seines Gesichts. Er blickte mit weit offenen Augen in die Sonne und seine Augenlider zuckten nicht. *Er ist in Trance,* dachte sie. *Die Göttin hält ihn in ihrer Hand.*

Er fuhr fort mit der Geschichte des Lebens: „Dann geschah es, dass die Götter in ihm geformt wurden. Lahmu und Lahamu wurden hervorgebracht, bei ihren Namen wurden sie gerufen!"

Die Generationen der Götter wurden ausführlich beschrieben, doch nicht eine einzige der knienden Personen rührte sich unter der Hitze der Sonne. Hätte sich jemand bewegt, würde das den sofortigen Tod dieser Person durch die Götter, ausgeführt von den Tempelwachen, die alle aufmerksam beobachteten, bedeutet haben.

Die Geschichte, die der Mann erzählte, war Gomer bekannt: Wie die Götter Tiamat störten, als sie mit Enlil kämpfte und besiegt wurde. Ihr Körper wurde dann benutzt, um daraus die Himmel und die Erde zu formen. Die Einzelheiten waren grausam und schrecklich, doch alle lauschten mit offenem Mund, denn dies war die Art und Weise, wie die Götter wirkten. Dann machte Enlil die Menschen, damit sie den Göttern dienten, um Fleisch für ihren Geist zu sein und ihre Wünsche zu erfüllen.

Als der Mann mit seiner Erzählung bis hierher gekommen war, erhoben sich alle und schrien sich die Kehlen heiser. Sie versicherten den Göttern, dass sie voller Freude bereit seien, ihnen zu dienen. Dann rief der junge Mann wieder von oben: „Lasst die Götter in unsere Mitte kommen! Lasst Ischtar und Tammuz unser Land durch ihre Gegenwart segnen! Lasst durch die liebende Berührung Ischtars ihren Gatten von den Schatten auferstehen, dass er aufs Neue und für immer in unserem Himmel regieren möge! Lasst Enlil und Escharra und Ninib zusammen mit Assur zu unserer Stadt kommen, damit sie wieder unser Trost und unser Schutz sein können!“

Die Leute weinten mit ihm vor Freude, riefen ihm zu und streckten ihre Hände zum Himmel empor. Gerade als die Spannung ihren Höhepunkt erreichte, reckte auch der junge Mann seine Arme zum Himmel empor und sprang dann von der Höhe des Türmchens herunter in die Tiefe.

Gomer stand vor Überraschung unbeweglich. In ihren Ohren hallte der Lärm rundum wider und sie stieß ein trockenes Schluchzen aus. Er war ein guter Mann gewesen, doch er war der Göttin geweiht und hatte ihr gehört. Und nun hatte sie ihn zu sich gerufen und er war für sie in den Tod gegangen. Gomer schlug ihre zitternden Hände vor das Gesicht, um nicht auf den zerschmetterten Körper des jungen Mannes blicken zu müssen, der nun mit Holz umgeben wurde, um als Opfer verbrannt zu werden.

Eine Berührung ihres Armes ließ Gomer aufblicken. Die Oberpriesterin stand neben ihr. Ihr Gesicht war noch immer verschleiert. „Komme mit mir, es ist jetzt deine Zeit."

Erstaunt folgte Gomer ihr in einen kleinen Raum hinter dem Balkon, wo eine Sklavin sie erwartete. Einige glänzende Gewänder lagen über einem Stuhl und auf dem Tisch standen Gefäße mit Farben und Schminke.

Die Sklavin zog Gomer das schwarze Gewand aus, so dass sie nur noch das weiße Unterhemd trug. Die Oberpriesterin lächelte und Gomer begann sich zu fürchten. Sie hatte gedacht, es sei nun Zeit für sie, in die Schwesternschaft aufgenommen zu werden, denn sie hatte alle Liturgien und die zeremoniellen Worte für den Opferdienst gelernt. Doch die funkelnden Augen der alten Frau erfüllten sie mit Zweifel. Die Oberprieserin war wieder zu einer alten eifersüchtigen Frau geworden.

Die Sklavin zerriss, einer Zeremonie folgend, Gomers weißes Unterhemd in zwei Teile, so dass sie nackt war. Doch schnell wurde sie in eine lange rote Robe eingehüllt und um ihre schmalen Hüften wurde ein goldener Gürtel gelegt. Sie wusste, dass sie noch nie eine der heiligen Frauen in einem solchen Gewand gesehen hatte. Was sollte hier geschehen?

Der Lärm draußen hatte sich gelegt. Doch Gomer hörte das Knistern des Feuers und roch das verbrennende Fleisch. Sie verspürte ein Würgen vom Magen her, denn sie hatte mit den anderen Frauen den ganzen Tag gefastet. Die Oberpriesterin merkte es und lachte: „Du wirst dich daran gewöhnen."

Gomer wurde auf den jetzt leeren Stuhl geschoben. Ein großer Kopfschmuck, einer Krone ähnlich, wurde ihr aufgesetzt, der so schwer war, dass er ihren Kopf nach hinten zog. Es war so schnell gegangen, dass sie selbst kaum etwas davon gesehen hatte. Sie hatte nur bemerkt, dass sich aus der Krone eine große goldene Schlange emporhob.

Die Sklavin war sehr geschickt. Ihre Finger fuhren nun in eines der Farb- und Schminkgefäße nach dem anderen. Sie trug Farben und Schminke auf Gomers Gesicht auf, bis ihr ganzes Antlitz damit bedeckt war. Gomer hatte das Gefühl, als wäre sie eine steife Puppe. Ihr Gesicht war nun kalkweiß, ihre Augen wurden von schwarzem und grünem Puder betont, umringt von roter Farbe. Als sie in den Spiegel sah, war ihr, als erblicke sie eine Fremde.

„Steh auf!“ Die Oberpriesterin führte sie zur Tür, wo die schattigen Bogen des Balkons sie vor den Blicken der Menge verbargen. Das Feuer brannte gerade nieder und von unten her erklang das leise Murmeln der Menge: „Ischtar, Ischtar, Ischtar, komme zu uns, komme …“

„Alle, die einen Platz erhalten oder gekauft haben, gehen nun in den großen Saal“, erklärte die Priesterin. „Wir gehen über die obere Treppe.“ Mit einer Handbewegung forderte sie die Sklavin auf, Gomers lange rote Robe, die sie hinter sich herzog, aufzuheben und zu tragen.

❧

Am anderen Ende des Tempels lag der König in einer weißen Leinenrobe auf einer goldenen Trage. Um ihn herum standen seine Helfer, die Priester des Tammuz, und sangen leise ein Trauerlied. Ihre Köpfe und Schultern waren mit Asche bedeckt. Tammuz war tot, und nur die Berührung durch Ischtar konnte ihn wieder zurückbringen in ihr Land, das ihn so sehr brauchte.

Ein Klopfen an der Tür unterbrach den Gesang. „Tretet ein!“ rief der Hohepriester.

Die Tür öffnete sich und eine Anzahl Adliger in ihren prächtigsten Hochzeitskleidern standen draußen. Ihre Gesichter waren voller Freude. „Komme mit uns, Tammuz!“ riefen sie. „Komm mit, wo deine Göttin und Frau dich erwartet!“

Die Priester schüttelten die Asche ab und schlüpften aus ihren dunklen Roben, so dass sie nur noch ihre Unterkleider trugen. Dann hoben sie stöhnend die schwere goldene Trage mit dem König auf.

Die Adligen wichen von der Tür zurück, damit die Priester mit der schweren Trage an ihnen vorüberziehen konnten. Singend und auf ihren Zimbeln spielend schlossen sie sich der Trage an, die durch die Hallen und Gänge des Tempels getragen wurde bis hin zum großen Festsaal.

Gomer stand zitternd in dem dunklen Gang. Von dem großen Saal her hörte sie Gesang. Sie verstand nicht, was hier geschah. Denn bei allen Zeremonien, die sie lernen musste, hatte die Oberpriesterin nie mit ihr über das *Akitu* gesprochen. Nun kam sie sich wie verloren vor und hatte Angst. Der törichte Wunsch, jetzt zu ihrer Mutter laufen zu können, ging ihr durch den Sinn. Doch was hätte Schana schon gegen Ischtar tun sollen?

Plötzlich erschallte ein lauter Schrei vom Saal her. Die Priesterin seufzte befriedigt. „Er ist angekommen“, sagte sie zu Gomer, die weder lächeln noch nicken konnte. Sie fühlte sich wie gelähmt unter ihren prächtigen Gewändern, dem großen Kopfschmuck und der Farbe und Schminke.

Vom Saal her erklang es jetzt: „Tammuz! Tammuz! Erwache und sei unser König! Erwache durch die Berührung von Ischtar!“ Dann schrien die Menschen noch lauter: „Ischtar! Ischtar! Komme zu uns! Komme!“ Der letzte Schrei war so laut, dass es in Gomers Ohren dröhnte. Sie hätte vor Angst am liebsten auch geschrien.

Nun wurden die Tore vor ihr geöffnet und sie blickte auf die Plattform der Priester. Der Thron war verschwunden und an seiner Stelle stand die goldene Trage. Sie erkannte Tiglath-Pileser, der mit geschlossenen Augen auf ihr lag, und sie fragte sich, ob er wohl tot war. Ehe sie weitere Gedanken fassen konnte, nahm die Oberpriesterin sie bei der Hand und führte sie vorwärts.

Das Geschrei der Anwesenden schien sich bei ihrem Erscheinen noch zu verdoppeln. Schritt für Schritt ging sie auf die Plattform. Die Sklavin hinter ihr trug stolz ihre lange rote Schleppe. Gomer hielt den Kopf ganz steif aufrecht, damit der Kopfschmuck nicht verrutschen konnte.

Die Oberpriesterin ließ sie hinter der Trage stehen, so dass sie auf die Versammelten blicken konnte. Aus dem Geschrei wurde wieder geordnetes Rufen: „Ischtar! Ischtar! Bring uns Leben! Bring uns Freude! Ischtar, gib unserem Herrn wieder Leben!“

Die Oberpriesterin zog nun Gomers Hand über das Herz des Königs und ließ sie los. Als wäre sie in einem Traum, sah Gomer, wie der König die Augen aufschlug und sie anlächelte. Dann setzte er sich aufrecht, ergriff ihre Hand und küßte sie.

Alles Weitere war für sie wie ein schleierartiges Durcheinander. Sie hörte wie in einem Nebel die Worte der Zeremonie, mit der Ischtar und Tammuz wieder vereinigt wurden, um Niniveh für immer Leben zu geben. Dann wurde sie in einen ziemlich dunklen Raum geführt. Der Kopfschmuck wurde ihr abgenommen und das Gesicht gewaschen. Einmal sah sie das Gesicht der Sklavin ganz nahe vor dem ihren und wunderte sich über die Ehrfurcht, die in ihren dunklen Augen stand.

Endlich war sie allein. Sie blickte sich um und stellte fest, dass sie sich in einem ziemlich großen Schlafzimmer befand, das durch zwei Öllämpchen nur spärlich erhellt wurde. Ein riesiges Bett von einem großen seidig schimmernden Baldachin umgeben nahm den halben Raum ein. Mit einem erleichternden Seufzer schlüpfte sie aus ihren Sandalen und ging zu dem Bett.

Eine ruhige Stimme ließ sie stehen bleiben. „Ischtar!"

Sie fuhr herum. Die Tür schloss sich hinter dem König. Groß, stolz und lächelnd stand er dort. Seine blaue Robe zog er hinter sich her, als er sich ihr jetzt näherte.

Endlich fand sie ihre Sprache wieder. Mit belegter Stimme fragte sie: „Warum nennst du mich Ischtar?"

„Aber das bist du doch, und ich bin Tammuz", erklärte der König. „Weißt du nicht, was wir heute getan haben?"

Als sie stumm den Kopf schüttelte, lächelte er wieder. „Es ist *Akitu,* meine Dame. Es ist der Tag, an dem die Götter auf die Erde kommen und Mann und Frau werden. Jedes Jahr wird eine der heiligen Frauen ausgewählt, um Ischtar zu sein. Der König ist immer Tammuz, denn er ist ja selbst ein Gott. Als ich dich damals sah, wußte ich, du würdest die beste Ischtar sein, die ich jemals heiraten würde."

„Heiraten?" flüsterte sie. Ihr war, als würde jemand ihr den Hals zuschnüren. Sie trat an das Fenster zurück.

„Aber du wurdest doch schon von Pekahiah der Göttin Ischtar geweiht. Sicherlich ist dir klar, dass solche Frauen dann nur noch zum Dienst für Männer da sind." Er warf seine Robe beiseite und stand unbekleidet vor ihr.

Nun verstand sie. Sie wunderte sich, dass sie dazu so lange gebraucht hatte. Das also war der wirkliche Gottesdienst für Ischtar. In diesem Augenblick wünschte sie zu sterben.

29. Kapitel

Die Geliebte

Der ruhige grüne Wald umgab Hosea, als er auf dem Pfad entlangging, der nach Samaria führte. Er war gerade wieder sechs Monate auf einer Predigtreise durch Israel gewesen und ging nun heimwärts. Sein Herz war voller Kummer, weil er fast überall abgelehnt wurde. Mittlerweile kannte ihn in Israel nahezu jeder, und die Leute mussten nicht mehr warten, bis er zu reden begann, um zu hören, was er sagen würde, sondern sie bewarfen ihn schon vorher mit Steinen und getrocknetem Kuhdreck.

Doch ganz gleich, wie frustriert oder gar zornig er war, er brachte es nie fertig, die Menschen im Namen Gottes zu verfluchen, wie Elisa es einst getan hatte. Auf Elisas Fluch hin waren zwei Bären aus dem Wald gekommen und waren über jene hergefallen, die den Prophet verspottet hatten. Doch Hosea empfand, dass Gott von ihm nicht erwartete, auch so zu handeln. Er sollte die Menschen zur Buße rufen. Aber zu seinem Dienst gehörte nicht, auch die Macht Gottes zu demonstrieren. Aus Gründen, die ihm nicht klar waren, hatte Gott seinen Dienst auf die Verkündigung Seines Willens durch das gesprochene Wort beschränkt. Und Hosea gehorchte ohne zu fragen.

Hosea seufzte, weil ihn seine Gedanken über die Gottlosigkeit Israels bekümmerten, mit denen er sich beschäftigte. Doch er sah keinen Weg, wie das zu ändern war. Da fiel ihm ein, wie er auf freudigere Gedanken kommen konnte. Er dachte an den letzten Brief, den er kürzlich von Jesaja erhalten hatte und den er bei sich trug. Er war Gott dankbar, dass Er ihm einen solchen Freund gegeben hatte, der ihm immer gerade dann einen Brief schrieb, wenn er es am nötigsten hatte.

Hosea sah sich nach einem geeigneten Platz um, wo er rasten konnte. Unter einem mächtigen Maulbeerbaum war das Gras schon wieder trocken geworden. *Ich könnte auch gleich etwas essen, während ich lese,* dachte er und brach sich ein Stück Brot von dem Laib ab, den er im letzten Dorf gekauft hatte. Er sprach ein Dankgebet und schloss darin auch Diblaim mit ein, der ihn immer so viel Geld aus der Familienkasse nehmen ließ wie er glaubte für seine nächste Reise zu benötigen.

Als er an Diblaim dachte, fiel ihm auch Schana ein. Wie gut war es doch, dass die beiden sich um seine Kinder kümmerten. Die Drei wurden von ihm und ihren Großeltern im Glauben an den Gott Israels erzogen und entwickelten sich prächtig. Mit Jesreel hatten sie schon *Bar Mizba* gefeiert, ehe Hosea wieder auf diese Reise gegangen war. Es war ein prächtiges Fest mit allen Verwandten gewesen, und Hosea hatte ganz stolz neben seinem Sohn gestanden, als dieser zum ersten Mal im Kreise der Gläubigen öffentlich aus den Heiligen Schriften vorlesen durfte.

Jesreel war ein kluger und auch hübscher junger Bursche. Einige Mädchen hatten verstohlen miteinander geflüstert, als sie ihn stehen sahen. Obwohl er noch so jung war, hatte er Hosea in der Größe fast erreicht. Er hatte den Körperbau seiner Mutter, groß, schlank und mit langen Beinen.

Seine Mutter. – Immer wenn er an Gomer dachte, schmerzte ihm sein Herz. Zu oft waren in den letzten Jahren seine Gedanken zu ihr gewandert. *Ich habe sie seit sieben Jahren nicht mehr gesehen und werde sie wohl auch nie wiedersehen,* dachte er. *Sie lebt mit Götzenanbetern und ich sollte mich nur freuen, die Frau loszusein, der Astarte lieber war als der Gott Israels.*

Mit solchen Überlegungen versuchte er immer wieder die Gedanken an Gomer loszuwerden. Er konnte es noch immer nicht fassen, dass er sie einmal mehr geliebt hatte als alles andere. Doch das waren wohl Jugendträume gewesen. Mittlerweile war er schon 33 Jahre alt und ein Ältester der kleinen Synagoge von Samaria.

Er hatte in den letzten Jahren alle in der Stadt und der Umgebung gesammelt, die noch an dem Gott ihrer Väter festhielten. Außerdem waren durch sein treues Predigen einige weitere Israeliten umgekehrt, hatten Buße getan und folgten nun mit ihnen Adonai nach, dem Gott Israels. Sie waren jedenfalls schon längere Zeit so viele, dass sie eine Synagoge in Samaria aufbauen konnten.

Das war nun schon vier Jahre her. Seitdem hatte er noch drei andere kleine Synagogen von Gläubigen aufbauen können, und zwar in Dan, in Siloh und in Megiddo. Die meisten der Gläubigen oder wieder gläubig Gewordenen hatten sehr wenige Kenntnisse von den alten Gesetzen Moses und nur wenige unter ihnen konnten lesen. Deshalb besuchte Hosea die drei anderen Synagogen so oft er konnte, um die Gläubigen dort zu unterrichten.

Hosea griff nun wieder nach dem Brief Jesajas. Er war froh, dass er ihn erhalten hatte. Es herrschte aber ein zerbrechlicher Friede zwischen Israel und Juda, so dass es für Karawanen möglich war, von einem der beiden Länder zum anderen zu reisen. Und deshalb hatte er auch Jesajas Brief erhalten. Er begann zu lesen:

„Du scheinst recht unglücklich zu sein, mein Freund. Ich kann das zwischen den Zeilen lesen an der Art wie du schreibst. Auch meine Frau denkt das. Sie sendet dir ihre Gebete und Grüße und versteht, wie einsam du jetzt bist. Sie möchte unsere Freude mit dir teilen, denn sie wird im Frühjahr ein weiteres Kind gebären."

Es muss mittlerweile schon geboren sein, überlegte Hosea, denn der Brief war schon fast drei Monate alt. Wie gesegnet war Jesaja doch mit dieser guten Frau an seiner Seite. Wieder stand Gomer vor seinen geistigen Augen. Sie beugte sich lächelnd zu ihm herunter und reichte ihm einen Becher mit einem dampfenden Getränk.

„Nein!" Er sprang auf und ballte seine Fäuste. Warum erschien ihm Gomer immer so wirklich? Warum? Jahrelang war es ihm gelungen, die Gedanken an Gomer so weit entfernt zu halten, dass sie ihm nicht mehr wirklich erschienen. Aber seit er seine letzte Reise begann, hatte sich das geändert. Seine Träume von ihr schienen fast Wirklichkeit zu sein. Und selbst wenn er wach war und an Gomer denken musste, schienen diese Gedanken fast Realität zu werden.

Er hoffte, durch Jesajas Brief diese Gedanken vertreiben zu können. Er setzte sich wieder und las weiter: „Du hast mir berichtet, wie wenig eure Leute die Botschaft von Gott annehmen wollen. Ich muss dir leider zustimmen. Doch manchmal werden wir durch die Kraft Seines Geistes gesegnet mit einer Vision Seiner Herrlichkeit und Macht. Dann kommen Worte der Anbetung und des Preisens aus der Tiefe unseres Herzens, und alle die zuhören werden von einer tiefen Gottesfurcht ergriffen und tun Buße. Doch wir sind alle nur Menschen und können andere Menschen nicht zur Buße und Umkehr bringen. Das kann nur Gott allein.

Eines Tages wird Gott den Schleier hinwegnehmen, der zwischen Ihm und uns Menschen steht. Dann wird alle Welt Seine Herrlichkeit und Majestät erkennen müssen. Doch dieser Tag ist noch nicht gekommen. Als ich Ihn sah, fiel ich zu Boden und wollte sterben, obwohl ich mein ganzes Leben nach Seinen Gesetzen gelebt hatte.

Was wird einmal das Schicksal derer sein, die Ihn verachten? Der Gedanke daran erschreckt mich; und deshalb warnen wir unser Volk vor der ewigen Finsternis, der Trennung von Gott."

Hosea legte die Rolle beiseite und faltete betend die Hände. Tränen liefen ihm über das Gesicht. „Auch ich bin nur ein Mensch, Adonai", betete er. „Auch ich bin nur ein Mensch."

„Ich bin hier!" Die ruhige Stimme schien Teil des Lufthauchs zu sein, der durch den Wald strich. Doch die Freude, die Hoseas Herz und Seele ergriff, sagte ihm etwas anderes. Langsam und auch ein wenig ängstlich drehte er sich um.

Der Mann lächelte und winkte ihm mit ausgestreckter Hand zu, näherzukommen. „Komm und setze dich neben Mich, mein Sohn. Wir wollen miteinander reden."

Es war tiefste Wirklichkeit, die er erlebte, das wusste Hosea. Außer dem Gesang der Vögel und dem leisen Flüstern der Bäume im Windhauch herrschte rundum Schweigen. Er erhob sich und folgte der Einladung des Anderen. Als er vor Ihm stand, wollte er niederknien. Doch der Andere lud ihn mit einer Handbewegung ein, neben Ihm zu sitzen. Er fühlte sich in einen tiefen Frieden eingehüllt, den er so intensiv noch nie empfunden hatte.

„Ich wünschte mir, Du wärest immer hier", sagte er und wurde rot dabei, weil er sich wie ein Kind vor seinem Vater fühlte.

Der Mann lächelte amüsiert. „Aber Ich bin dein Vater und du bist Mein Sohn, und Ich bin immer hier."

Hosea senkte den Kopf. Es war einfach zu viel für ihn, obwohl er im Gesetz unterrichtet war. Dass Gott in einer solchen Weise zu ihm kam. Und Jesaja kannte Ihn nur in Seiner ganzen feurigen und leuchtenden Herrlichkeit.

„Jesajas Botschaft an Mein Volk ist eine andere, mein Sohn, denn er hat mit einem anderen Übel zu kämpfen.

Hier in Israel müssen die Menschen Mich erst wieder kennen lernen, wie sie es bisher nicht getan haben; und es ist deine Aufgabe, dass du Mich in deinen Worten zu ihnen bringst."

Hosea stöhnte und seine Schwachheit kam ihm unerträglich vor. „Aber Adonai, ich tue ja, was Du sagst. Aber sie wollen nicht auf meine Worte hören. Sie hassen sogar schon meinen Anblick. Erst letzte Woche drohten sie wieder, mich zu töten, wenn ich nicht sofort ihre Stadt verlassen würde. Und das geschieht immer wieder."

Schweigen trat ein zwischen ihnen. Doch Hosea spürte, dass auch der Mann neben ihm bekümmert war wegen der Haltung Seines Volkes. Endlich sagte er: „Hosea, es stimmt, du bist dem Tod nahe gewesen, doch Ich habe dich beschützt, denn deine Zeit ist noch nicht gekommen und Ich brauche dich noch. Deine Mission, mein Sohn, beginnt gerade erst."

„Beginnt erst? Aber Adonai, schon vor mehr als vierzehn Jahren bist Du mir begegnet, und ich habe seither die Worte verkündigt, die Du mir aufgetragen und ins Herz gegeben hast."

Der Mann lächelte wieder und Seine Augen schienen sogar zu lachen, als Er Hosea jetzt anblickte. „Ja, Hosea, es scheint dir lange her zu sein, nicht wahr? Aber bis jetzt hast du nur gelernt."

Hosea war verblüfft. War all seine Arbeit bisher für nichts gewesen?

„Nein, nein, Mein Sohn, so ist es nicht. Du hast bisher gute Arbeit geleistet. Doch erst kürzlich bist du auf den neuen Teil der Arbeit gestoßen, die Ich noch für dich habe. Doch dann bist du davor zurückgeschreckt, statt darauf einzugehen. Und deshalb, Hosea, bin Ich gekommen, um heute mit dir zu reden. Ich will dir helfen beim nächsten Schritt, den du auf dem Weg gehen sollst, den Ich für dich bestimmt habe."

„Ja, Adonai", antwortete Hosea demütig. Er hatte den Kopf wieder gesenkt. Wer war er denn, Gottes Pläne in Frage zu stellen oder an Seinen Wegen zu zweifeln?

„Hosea, überlege einmal und erinnere dich an die Torah. Warum habe Ich dich wohl ausgesandt unter Mein Volk?"

„Warum? Weil sie sich von Dir abgewandt haben, Adonai, und Deinen heiligen Namen verachten. Mose hat uns ausdrücklich gewarnt, wir würden uns selbst schwächen, wenn wir andere Götter anbeten, Deine Wege vergessen und Deinen Schutz nicht mehr suchen, dann würden uns andere Völker verschlingen. Wir sollten anderen Nationen Deinen Willen verkündigen, statt dessen wurden wir schon so oft von ihnen unter ihren Füßen zertreten. Und ich fürchte, es ist noch nicht das letzte Mal gewesen, denn Assyrien ist mächtiger als alle anderen Völker, die bisher gegen uns gezogen sind, sogar mächtiger als Ägypten, und sie behandeln die Besiegten anders. Sie verstreuen die Besiegten wie Spreu unter die anderen Nationen, die sie beherrschen. Und wenn Israel einmal zerstreut ist, kann es dann wieder zusammenfinden?"

Der Mann hörte aufmerksam zu. Nach einer Weile sagte er: „Alles, was du sagst, ist wahr, Hosea. Auch deine Furcht ist berechtigt. Die Assyrer werden kommen und Israel unter die Nationen zerstreuen. Ich habe dich zu ihnen gesandt, um ihnen Buße zu predigen, und das hast du getan. Und du hast noch mehr getan, denn du hast die Menschen gewarnt vor ihren bösen Wegen." Wieder schwieg er einige Augenblicke, bis er fortfuhr. Freundlich fügte er dann hinzu: „Doch Mir scheint, Hosea, es hat dir mehr Freude gemacht, den Menschen Meine Strafen anzudrohen, als ihnen Umkehr und Buße zu predigen."

Hosea ließ beschämt den Kopf hängen. „Aber sie hassen Dich, Adonai. Ihre Bosheit macht ihnen Spaß und nur ganz wenige bekehren sich."

Der Mann nickte. „Aber du hasst sie auch, nicht wahr, weil sie so böse Wege gehen? Und sie wissen es auch, Hosea. Sie wissen es. Sie sehen dich und hören deine Worte von Meinem Zorn und Meinem Ärger über sie. Und das alles treibt sie vor Furcht nur noch weiter von Mir fort. Alles, was sie von Mir wissen, haben sie von dir gehört. Deshalb komme Ich ihnen vor wie ein wütendes Unwetter, das alles niederschlägt, was ihnen im Wege steht."

Wieder trat eine Pause ein, bis der Mann fragte: „Sage Mir, Mein Sohn, ist das alles, was ich für dich bin? Kennst du Mich nur so?"

„Nein, o nein", flüsterte Hosea mit tränenerstickter Stimme. „Du bist zwar voller Zorn gegen die, die Böses tun, aber zu mir, der ich es am wenigstens verdiene, bist Du wie ein liebender Vater."

Und plötzlich, als hätte ein Blitz ihn erleuchtet, begriff er die Wahrheit dessen, was er eben selbst gesagt hatte. *Ja, Gott liebt mich! Als ich Ihn suchte, begegnete Er mir mit Liebe und Barmherzigkeit, ehe Er mich zu Seinem Volk sandte. Und ich, blind wie ich in meinem Eifer war, sah nur Gottes Zorn über die Sünden Seines Volkes und ich kämpfte gegen sie. Aber so wie ich in Gott Erfüllung und Befriedigung für mein Leben fand, so suchten auch sie danach und meinten, sie in ihren Reichtümern und Orgien zu finden, die ihnen doch keine wahre Befriedigung geben können. Und es sind nicht die suchenden Menschen, auf die Du zornig bist, sondern es sind die leeren Versprechungen für Befriedigung, die ihnen in den Sünden und Reichtümern der Welt angeboten werden, die aber keine Befriedigung geben können und Dein Volk deshalb nur verführen. Ich sollte ihnen sagen, wie viel Frieden und Erfüllung sie bei Dir finden, so dass sie die Torheit ihres Götzendienstes und ihrer Sünden erkennen. Ich habe zwar von Deinem Zorn und Gericht gepredigt, habe aber dabei Deine Liebe vergessen. Wie blind und töricht bin ich doch gewesen.“*

„Nein, Mein Sohn, du bist nicht töricht. Denn der Narr sagt in seinem Herzen, es gibt keinen Gott. Und das hast du nie gesagt, doch die meisten von Meinem Volk sagten das. Sie haben sich abgewandt von Meinen Geboten und haben Mich nicht angebetet, sondern sie sind in ihrem Verlangen nach Vergnügungen zu toten Götzen gegangen, die nicht existieren und ihnen keine Befriedigung geben können, so wie es auch Gomer getan hat.“

Gomer! Hosea fühlte sich wie betäubt. Da war sie irgendwie wieder gegenwärtig. Er spürte es – und er fühlte auch, dass sie weinte.

„Deine Frau floh vor mir, betete Astarte an und fand vorübergehendes Glück mit Pekahiah. Sie vergaß Meine Gesetze und sie ist eine Hure.“ In den Worten des Mannes lag tiefe Traurigkeit. Hosea zitterte und wehrte sich dagegen, über sie nachzudenken.

„Hosea, höre Mir genau zu, denn hier ist der nächste Schritt, den Ich dir zeigen will: Du hast dich von Gomer abgewandt. Du hast deine Liebe zu ihr aus deinem Herzen vertrieben. Sogar die Erwähnung ihres Namens lässt dich zusammenfahren. Überlege, Hosea. Ich fragte dich, warum Ich dich zu Israel sende. Du antwortetest, weil Ich zornig auf Mein Volk sei und sie warnen und ihnen das kommende Verderben ankündigen wollte. Ja, Ich bin zornig. Aber warum bin Ich zornig? Überlege, Hosea! Du bist schon seit Jahren zornig auf Gomer. Mittlerweile schreckst du sogar voller Verachtung vor ihr zurück. Aber schrecke Ich etwa vor Israel zurück? Hätte ich nicht viel mehr Grund, Mich von Israel abzuwenden und sie ihre eigenen Wege gehen zu lassen, als du vor Gomer hast?“

Hosea weinte nun. Er hatte aufgehört, sich gegen die Worte zu verschließen und gegen sie anzukämpfen, die hier sein Herz trafen, denn er erkannte nun allzu deutlich den Willen Gottes. Doch in all seinem Schmerz spürte er, dass der Mann neben ihm mit ihm fühlte. Endlich blickte er auf und stiess hervor: „Ich höre, Adonai! Ich höre!"

Der Mann legte ihm die Hand auf die Schulter und sagte voll tiefem Mitleid: „Mein Sohn."

Als Hosea sich langsam beruhigte, stellte er erstaunt fest, dass alle Verachtung Gomer gegenüber aus seinem Herzen verschwunden war.

Der Mann erhob sich und ging zum Pfad. Hosea folgte ihm eilig. Der Mann drehte sich um und blickte ihn an. „Hosea, Ich möchte dich nochmals fragen: Warum sende Ich dich zu Meinem Volk?"

Hosea biss sich auf die Lippen und flüsterte dann bekümmert: „Weil … weil Du sie liebst, Adonai."

„Hosea, wie kannst du Meinem Volk zeigen, wie sehr Ich sie liebe?" Der Mann lächelte freundlich.

„Adonai, ich denke, Du möchtest, dass ich gehe und Gomer wieder zurück nach Hause bringe. So wie Du Israel trotz seiner Untreue liebst und es warnst vor dem Verderben, so muss ich die Frau behandeln, die Du mir gegeben hast. Aber …" Hosea stand da und wrang seine Hände.

„Aber was, mein Sohn?" Der Mann lächelte immer noch, aber in Seinen Augen stand auch Sorge.

„Adonai, ich habe die Liebe zu dieser Frau aus meinem Herzen vertrieben. Das hast Du nie getan, Du liebst Dein Volk immer noch. Aber meine Liebe zu ihr ist nicht mehr vorhanden. Wie kann ich sie in meinen Haushalt zurückbringen als wäre nichts geschehen? Ihr Vater wird dann das Todesurteil über sie aussprechen. Ich kann doch nicht gegen das Gesetz handeln – gegen Dein Gesetz, Adonai."

„Das Gesetz wird erfüllt werden." In Seiner Stimme lag ein endgültiger Ton. Gomer wird wieder deine Frau sein und du wirst wissen, wie du handeln sollst, wenn die

Zeit kommt. Denn ab heute wirst du merken, dass es dir nun leichter sein wird, Meine Stimme zu hören, nachdem du erkannt hast, dass dein Hass falsch war. Was deine Liebe zu Gomer betrifft“, Seine Stimme bekam einen leicht humorvollen Unterton, „wirst du bald feststellen, dass sie nicht so tot ist wie du annimmst.“

Hosea hatte noch viele Fragen. Doch plötzlich begann das Gesicht des Mannes aus Seiner inneren Liebe heraus zu leuchten. Hosea trat furchtsam einen Schritt zurück und sank auf die Knie, denn mit einem Mal wurde der Freund, mit dem er sich in der letzten Stunde so intim unterhalten hatte, zum Gott, der Seine Herrlichkeit zu Mose auf dem Berg Sinai offenbart hatte, zu dem Gott, der im Tempel voll strahlender Herrlichkeit Jesaja erschienen war. Er streckte Seine Hand segnend zu dem Propheten aus, der in ehrfürchtiger Anbetung vor Ihm kniete und die Augen geschlossen hatte, weil die Herrlichkeit für menschliche Augen zu groß wurde.

Als Hosea seine Augen wieder öffnete, war er allein. Doch er fühlte sich immer noch von Gottes Herrlichkeit umgeben und blieb noch eine lange Zeit auf seinen Knien liegen. *Er war hier,* dachte er. *Er war hier mit mir, Seinem Geschöpf, zusammen wie einst mit Adam oder mit Abraham. Wie gesegnet ich bin, mein Adonai, mein Geliebter. Wie bin ich gesegnet! Und wie kann ich mit meinen armseligen Worten von Deiner großen Liebe erzählen?*

Doch nun dachte er daran, dass er nach Gottes Liebe handeln musste, wie Gott es befohlen hatte. Er musste eine Frau, die seit Jahren im schwärzesten Ehebruch lebte, zu sich zurückholen und ihr vergeben, wie Gott Seinem Volk so gern vergeben hätte, wenn sie nur Buße tun und zu Ihm kommen würden.

Doch Gomer tat nicht Buße. Was war, wenn sie ihn auslachte und sich wieder von ihm abwandte? Könnte ich eine weitere Zurückweisung noch ertragen? Doch Gott hat schon unzählige Zurückweisungen erlebt und Er kommt trotzdem immer noch zu den Menschen und sucht nach ihrer Liebe. O mein Gott, mein Gott, es ist unmöglich. Sie wird nicht umkehren, so wie Israel nicht umkehren will. Doch ich will Deinen Willen tun.

Er erhob sich und ging zu dem Maulbeerbaum zurück, unter dem sein Bündel noch lag. Den nicht zu Ende gelesenen Brief steckte er ebenfalls ein und warf einen Blick auf den in der Ferne sichtbar gewordenen Berg von Samaria. Dann drehte er sich entschlossen um und ging den Weg zurück, den er am Vormittag gekommen war.

30. Kapitel

Erwachen

Gomer lehnte am Geländer und ließ den kühlen Morgenwind, der von der Wüste her kam, über sich hinstreichen. Sie hatte hier schon unzählige frühe Morgenstunden verbracht und dabei ihren Blick meist nach Süden in die Ferne gerichtet, über den Tigris hinweg. Das Wasser floss nur spärlich in dieser trockenen Jahreszeit. Seit mehr als zwei Monaten hatte es in Niniveh nicht mehr geregnet.

Nur hier auf dem Dach des Tempels konnte Gomer allein sein, sonst nirgends. Niemand schien sich über ihre Abwesenheit am frühen Morgen Gedanken zu machen, denn der einzige Ausweg vom Dach war mehr als hundert Meter lotrecht hinunter. Die Oberpriesterin bemerkte diese Anzeichen von Unzufriedenheit bei einer ihrer heiligen Frauen wohl, schwieg aber darüber, da daraus kein Schaden entstehen konnte.

Gomer verstand dieses Verlangen, an jedem Morgen nach Süden zu schauen, selbst nicht recht. Wann immer es ging, stand sie bei Sonnenaufgang hier auf dem Dach und suchte den Horizont ab. *Vielleicht weiß ich ja doch warum,* überlegte sie. *Ich will es mir nur selber nicht zugeben.*

Begonnen hatte es vor zwei Jahren, als die Oberpriesterin ihr den Auftrag gab, die Archive des Tempels zu säubern. Sie wusste nicht, dass Gomer verschiedene Sprachen lesen konnte und dort vielleicht mehr fand als nur den Staub auf alten Tonkrügen. In dem großen Archiv war es halbdunkel. Außerdem roch es nach alten Dingen. Gomer hatte eine Fackel an der Wand befestigt und begann mit ihrer Arbeit. Sie war dankbar, dass sie allein sein konnte. Die anderen heiligen Frauen waren in anderen Räumen des riesigen Tempels mit Säuberungsarbeiten beschäftigt.

Gomer entfernte Spinnweben, wischte den Staub von den Tonkrügen und kehrte ihn zusammen. Ab und zu warf sie einen Blick in einen der Krüge, die sie einen nach dem anderen von ihren Regalen nahm, um den Staub zu entfernen. Die Krüge waren gefüllt mit Tontafeln. Auf vielen Tafeln fand Gomer eine Sprache, die sie in Pekahiahs Bibliothek nicht gelernt hatte. Vielleicht war diese Sprache schon so alt, dass man sie gar nicht mehr kannte.

Endlich hatte Gomer ihre Arbeit beendet. Sie wollte gerade die Fackel von der Wand nehmen, als ihr Blick auf einen kleineren Tonkrug fiel, den sie bisher übersehen hatte, weil er hinter einer Reihe anderer stand. Neugierig holte sie den Krug vom Regal und blickte hinein. Es befanden sich nur einige wenige Tontafeln darin.

Sie betrachtete eine der Tafeln näher und stellte voller Freude fest, dass die Sprache darauf Hebräisch war. Was machte eine Tontafel mit hebräischer Sprache in Niniveh? *Es dauert zu lange, wenn ich sie jetzt lesen will,* überlegte sie. *Ich frage mich, ob ich sie mit in mein Zimmer nehmen kann. Niemand wird es je erfahren. Man hat sich ja scheinbar jahrelang nicht mehr um diesen Krug gekümmert.*

Entschlossen nahm sie die wenigen Tafeln aus dem Krug und verbarg sie in ihrem Untergewand. Den Krug stellte sie wieder in das Regal zurück.

Als sie jetzt wieder auf dem Dach stand und die ersten Strahlen der Sonne auf sie fielen, dachte Gomer wieder daran, wie schockiert sie gewesen war, als sie die erste dieser Tontafeln gelesen hatte. Sie waren von einem Mann ihres eigenen Landes beschrieben worden, von einem Mann, den Gott gerufen hatte, wie Er es auch mit Hosea getan hatte. Nur dass dieser Jona dem Auftrag Gottes nicht gehorsam gewesen war. Er sollte nach Niniveh gehen und die Leute dort vor der kommenden Zerstörung warnen, wenn sie nicht Buße tun würden.

Sie hatte die Tafel beiseite gelegt und aus dem Fenster geblickt. Zorn hatte sie so heftig ergriffen, dass sie zitterte. *Sogar hier im weit entfernten Niniveh verfolgt Er mich,* dachte sie. *Was für ein Gott ist das, der nicht mit einem Volk zufrieden ist, sondern Seine Propheten zu allen Völkern schickt?*

Sie hatte dann doch weitergelesen und war erstaunt, weil Jona seinem Gott nicht gehorchen wollte. Hosea hatte stets betont, dass ein Mann Gottes den Willen Gottes immer an die erste Stelle setzen musste. Es war diese entschiedene Haltung Hoseas gewesen, die dazu geführt hatte, dass sie ihn nicht lieben konnte. Wie kann man einen Mann lieben, der sein Leben so sehr einem unsichtbaren Gott verschrieben hat, dass er monatelang verschwindet, um Gottes Aufträge auszuführen?

Jona war am Ende doch nach Niniveh gegangen, nachdem er mehrere seltsame Erlebnisse gemacht hatte. Als er auf dem großen Meer nach Westen fuhr statt nach Nordosten zu gehen, war er in einen fürchterlichen Sturm geraten. Anschließend hatte ihn ein großer Fisch verschlungen, der ihn drei Tage später wieder auf trockenes Land setzte. Es war für Gomer nicht schwer gewesen, das zu glauben. War es doch derselbe Gott, von dem ihr Vater sagte, Er habe alle Lebewesen auf Erden mit Ausnahme einer Familie und von allen Tieren je ein Paar in einer ungeheuren Überschwemmung untergehen lassen. Einen Fisch zu erschaffen, durch den ein geflohener Prophet seine Lektion lernen musste, dürfte für Ihn also kein großes Problem gewesen sein.

Gomer war sich hinterher nicht sicher, wie es geschehen konnte. Doch diese einfache Geschichte hatte von da an immer wieder ihre Gedanken beschäftigt, und zwar oft auch zu den seltsamsten Zeiten. Zum Beispiel wenn vor der Statue der Göttin Ischtar ein rituelles Brandopfer dargebracht wurde. *Sicherlich hatte hier noch der alte Tempel gestanden, als Jona nach Niniveh gekommen war. Der Tempel, der im ersten Jahr von Tiglath-Pilesers Regierung abbrannte und den er wieder aufbauen ließ.* Sie dachte daran, wenn ein Mann ihr Zimmer betrat, der dafür bezahlt hatte, eine Nacht mit einer der heiligen Frauen der Göttin Ischtar verbringen zu dürfen. *War dieses Verkaufen von Frauen für eine Nacht an Männer, die dafür bezahlten und das als ein Dienst für die Göttin Ischtar angesehen wurde, ein Teil der Sünden, die Gott so abscheulich fand, dass Er Niniveh dieserhalb untergehen lassen wollte?* Oder wenn jeden Abend der Ruf durch den Tempel ging, nun niederzuknien und zur Göttin Ischtar zu beten, dachte sie manchmal: *Hat man dieses tägliche Ritual eingestellt während der Jahre, in denen Jona hier in Niniveh predigte?*

Aus manchen Gründen ließ diese kleine Geschichte sie nicht los, obwohl sie während ihrer Zeit in Niniveh noch nie etwas davon gehört hatte. Doch halt – hatte nicht Tiglath-Pileser erwähnt, dass einmal ein Priester hingerichtet wurde, weil er nicht zu den alten Göttern zurückkehren wollte? Und bei der einen Gelegenheit, als sie ihren Ehegatten erwähnte, hatte er bemerkt, der Gott ihres Volkes sei schwächer als sie meinte, denn Niniveh habe ihn getötet. Sie hatte damals angenommen, der König meinte den bevorstehenden Straffeldzug gegen Pekah, doch jetzt war sie sich da nicht mehr so sicher.

Jona hatte gegen Gott gekämpft und am Ende doch

Gottes Willen getan. Sie hatte auch gegen Gott gekämpft. Sie zitterte leicht, als sie daran dachte. Nun war sie in den Augen all derer, die immer noch dem Gott Abrahams, Israels und Jakobs folgten, ein Teil des Bösen und der Sünde von Niniveh geworden – und sie verdiente die gleiche Strafe, die Jona Niniveh angedroht hatte.

Sie fragte sich, warum der Prophet Niniveh nicht warnen wollte. Er hatte gewusst, dass Gott ihnen vergeben würde, wenn sie Buße taten. Und wahrscheinlich hatte er die Stadt so sehr gehasst, dass er ihren Untergang wünschte. *Hätte er mich hier gesehen, so wäre ich wohl von ihm verflucht worden, weil ich mit jedem Mann schlafe, der für eine Nacht ein Gott sein möchte. Aber das bin ich doch in Wirklichkeit gar nicht,* lehnte sie sich gegen diesen Gedanken auf. *Ich bete Ischtar doch gar nicht an. Ich hasse sie, denn sie hat mich versklavt in eine Prostituierte, die jedem Mann zu Gefallen sein muss, der dafür bezahlt und durch meine Tür kommt. Ich hasse sie!*

Einmal wachte sie in der Nacht schweißgebadet von einem solchen Traum auf. Voller Abscheu starrte sie auf den Mann, der neben ihr lag und schnarchte. Er war einer von denen, die einer Frau gern weh tun, und er lachte, wenn sie dabei vor Schmerzen schrie. Gomer war mittlerweile Expertin darin, den Mann so schnell wie möglich zu befriedigen und ihm dabei so wenig wie möglich zu erlauben. Mittlerweile war er eingeschlafen.

Sie war aufgestanden und zum Fenster gegangen. Im Osten zeigte sich der erste graue Streifen. An jenem Morgen war sie zum ersten Mal auf das Dach gegangen und hatte den Sonnenaufgang bewundert. Die Männer vermissten sie nicht, wenn sie erwachten, sondern gingen einfach ihres Weges.

Nur der König ließ sie nicht gehen, bevor er nicht ihr Zimmer verlassen hatte. Tiglath-Pileser kam regelmäßig einmal in der Woche. Er ging nie zu einer anderen Frau, sondern kam nur zu ihr. Nach und nach hatte sie begonnen ihn zu bewundern, denn er verbrachte die halbe Nacht damit, sich mit ihr zu unterhalten. Er redete über sein immer noch wachsendes Reich, seine schwachen Räte und Minister und seine Verachtung für das Stadtleben. Am liebsten wäre er wieder bei seiner Armee, um sie in den Krieg zu führen. „Doch das muss warten", sagte er stets, erklärte aber nie warum. In diesen Nächten vergaß sie fast ihre Sklaverei und fühlte sich wieder wie eine geachtete Frau.

Die Morgenstunde auf dem Dach war ihr wichtig geworden. Sie konnte dann sehr klar denken und erinnerte sich oft an das Leben in Israel. Durch die Tontafeln von Jona waren ihr alle Unterweisungen von Diblaim wieder in Erinnerung gekommen, die sie während der Jahre mit Pekahiah unter ihrer Liebe zu ihm begraben hatte. Sie fühlte sich jetzt irgendwie schuldig, wenn sie an ihre Eltern dachte.

Dann erinnerte sie sich an den Augenblick, als sie Schana zum letzten Mal sah. Eine kleine graue Gestalt hatte da auf dem Dach gestanden und liebevoll die Hand nach ihrer verbannten Tochter ausgestreckt. *Sie hat mich immer noch geliebt, obwohl ich in ihren Augen wohl lebendig tot war.*

Das größte Rätsel in Jonas Geschichte war für sie, dass Gott den Prophet zuerst nach Niniveh sandte. Die Assyrer waren doch gar nicht Sein Volk. Doch Er tat alles, damit sie Seine Botschaft zu hören bekamen. Warum tat Er das? Welche Art von Gott ist er? Die einzige Antwort, die sie fand, beunruhigte sie: Hosea würde es wissen.

Hosea. Als sie zuließ, dass ihre Gedanken sich mit ihrem Gatten beschäftigten, wurde sie von da an nie wieder ganz frei davon. Seit sie damals im Archiv die Tontafeln gefunden hatte, und das war nun schon zwei Jahre her, tauchten die alten Erinnerungen ihres Lebens mit Hosea wieder auf, und es war ihr noch nicht einmal unangenehm. Er jedenfalls hatte sie aus ganzem Herzen um ihrer selbst willen geliebt, das hatte bisher kein anderer Mann getan. Nicht einmal Pekahiah war so ehrenhaft mit ihr verfahren, denn kein frommer Israelit würde es vor Gott gewagt haben, eine verheiratete Frau zu berühren.

Ruhig, mit dem Abstand der Zeit, dachte Gomer auf dem Dach über ihr früheres Leben nach, erinnerte sich an die einzelnen Schritte, die sie nach Niniveh brachten. *Als Jugendliche sah ich alles in hellen bunten Farben, wenn ich liebte, dann tat ich es mit ganzem Herzen – den Ägypter, Pekahiah. Sie begegneten mir mit Lachen, Vergnügen und farbigen Worten, und so liebte ich sie wieder. Doch Hosea – ich lebte mit ihm, ich gebar ihm Kinder, ich kochte und nähte für ihn und schlief mit ihm und ich wurde der Tage müde, die im ewigen Einerlei gleichförmig dahingingen. Es war so leicht für mich, den Mann zu verlassen, dem es nie gelungen war, mein Herz gefangen zu nehmen.*

Sie beobachtete die Straße, die nach Südwesten ging, bis hin zu den fernen Bergen. Gomer sah sich selbst wie nie zuvor. *Hätte es einen Unterschied gemacht, wenn ich Hoseas Gott ebenso geliebt hätte wie er Ihn liebt? Zumindest hätten wir zusammen gebetet. Doch warum sollte ich einem solchen Gott folgen, da mir Astarte soviel Glück gebracht hat? Aber sieh, wie es dir nun geht,* sagte sie zu sich. *Betrügst du dich etwa selber? Hier in Niniveh bist du im Mittelpunkt der Astarte-Religion. Aber du bist verbittert, fühlst dich verbraucht und bist auf dem besten Weg, eine genauso miserable alte Krähe zu werden wie die Oberpriesterin.* Der Großkönig hatte ihr von seinen Plänen erzählt, sie zur Nachfolgerin der Oberpriesterin zu machen. Doch sie hatte keinerlei Interesse daran.

Sie überlegte. *Vielleicht habe ich die ganze Zeit Un-*

recht gehabt, was den Gott meiner Väter angeht. Hosea sagte immer, Er bringt Freude und Frieden. Und wenn ich im Irrtum bin, dann werde ich sterben müssen, denn ich habe das Gesetz gebrochen.

Furcht ergriff ihr Herz und ihr war, als würde ihre Seele zerbrochen. Sie sank auf die Knie und schluchzte: „Nein, Gott meines Vaters, lasse mich nicht sterben, der Scheol ist so dunkel, ungewiss und grau. Bist Du wirklich allmächtig, großer Adonai? Dann kannst Du doch selbst in dieser Stadt Niniveh die Macht der Ischtar überwinden, wie Du das schon einmal durch den Propheten Jona getan hast. Gott, bist Du da und kannst Du mich hören?"

Lange stand sie noch dort und weinte. Sie versäumte das Frühstück, ohne dass ihr dies bewusst wurde. Sie blickte vom Dach hinunter zu der Stelle, wohin jedes Jahr zum *Akitu* ein junger Mann für die Göttin in den Tod sprang. Sie fragte sich, ob Hoseas Gott ein solches Opfer auch annehmen würde, sollte sie es jetzt bringen. *Nein, ich bin unrein,* gab sie sich selbst die Antwort. Voll dumpfer Gedanken und schweren Herzens ging sie in den Tempel zurück.

31. Kapitel

Errettung

Ein neuer Abend warf seine Schatten über den Tempel Ischtars. Gomer legte den Kamm beiseite und blickte sich in ihrem Raum um. Ein banges Gefühl erfasste sie, denn der König würde kommen, und er erwartete einen weiteren Abend voller Lachen und Lebendigkeit. *Ich bin nun lange genug seine Spielgefährtin und er wird meiner bald überdrüssig werden und sich ein anderes Mädchen suchen,* dachte sie.

Sie erinnerte sich an das eine Mal, als Renin zu ihr gekommen war und ihr die Botschaft gebracht hatte, Tiglath-Pileser sei krank und könne an diesem Abend nicht zu ihr kommen. „Doch da der Großkönig nicht möchte, dass du diese Nacht mit einem anderen Mann verbringst, hat er mich geschickt. Ich soll dein Zimmer bewachen“, hatte er hinzugefügt. Verlegen hatte er sich in ihrem Zimmer umgeblickt. Es war nun fünf Jahre her, dass sie sich nicht mehr gesehen hatten, nun standen sie sich gegenüber und blickten sich in die Augen.

Renin hatte nicht geheiratet. Wurde er gefragt, warum, hatte er geantwortet, er habe sein Leben einer Göttin geweiht. Alle hatten dann stets geglaubt, er rede von Ischtar. Doch als Gomer ihm jetzt in die Augen blickte, erkannte sie darin seine wirklichen Gefühle.

„Renin“, hatte sie zögernd gesagt, „ich habe nie gewusst, was du für mich empfindest.“ Sie reichte ihm die Hand. Nun war er überrascht gewesen. Doch er hatte ihre Hand ergriffen und lange hatten sie so gestanden. Endlich hatte er gestammelt: „Herrin, ich muss jetzt hinausgehen und deine Tür bewachen. Ischtar gebe dir Frieden.“

„Von Ischtar kommt kein Friede, Renin, sondern immer nur Forderungen und leere Versprechungen.“ Sie sah, wie er erschrak, denn er glaubte fest an die Güte der Götter, ganz gleich, wie blutdürstig sie auch war. Sie hatte hinzugefügt: „Renin, musst du nach draußen gehen? Du kannst mich doch auch hier im Raum bewachen und wir könnten uns über die Vergangenheit unterhalten.“

Unsicher und zögernd hatte er einige Augenblicke überlegt. Doch dann hatte er entschlossen genickt. „Gut, alle werden denken, der König ist heute bei dir.“

Sie hatten sich lange über Samaria unterhalten, dabei erwachte ein Gefühl des Heimwehs in ihr. Als es schon spät in der Nacht war, sagte sie: „Renin, ich fühle mich so einsam. Bitte, bleibe heute Nacht bei mir.“

Wieder hatte er gezögert, doch ihr trauriges Gesicht hatte es ihm unmöglich gemacht zu gehen. Er hatte sich zu ihr gebeugt und sie geküsst. Er hatte selbst nicht glauben können, dass er seine angebetete Göttin in den Armen hielt. Für eine Nacht war Renin der Gott gewesen, der er immer hatte sein wollen, seine Göttin hatte ihn dazu gemacht.

❧

Wäre es Renin, der jede Woche zu mir kommt, würde ich es ertragen können, dachte Gomer. *„Doch der König zerstört allmählich mein Herz und meine Seele. Es ist nun drei Monate her, dass Renin bei mir war und auch schon wieder eine Woche, seit ich den Gott meiner Väter um Erbarmen bat. Aber worauf warte ich nun immer noch? Auf* *ein Wunder etwa? Es gibt keine Wunder, nur der Tod kann mich erlösen.*

Der Gedanke an den Tod war wie eine Erleichterung für sie. Sie blickte zu dem Schwert hinauf, das über ihrem Lager an der Wand hing. Der König hatte es dort aufgehängt und befohlen, es an diesem Platz zu lassen für den Fall, dass einmal ein Attentäter versuchen würde ihn zu töten, während er bei Gomer war. Er hatte ihr damals gezeigt, wie scharf es war, als er lachend mit der Klinge eine Strähne ihres Haares abschnitt. Sie konnte sich damit leicht die Adern aufschneiden und außer Renin würde niemand um sie weinen.

Sie trat an die Wand und streckte die Hand nach der tödlichen Waffe aus, als sie draußen Schritte hörte. War es etwa schon der König? Aber dazu war es eigentlich noch zu früh. Sie ließ die Hand sinken und blieb wie erstarrt stehen. Die Schritte klangen schwer und müde, aber entschlossen. *Ich habe diese Schritte früher schon gehört*, dachte sie. Ihr war, als würde ihr jemand die Kehle zuschnüren.

Sie hörte, wie jemand die Tür öffnete, und wollte sich umdrehen, doch es gelang ihr nicht. Die Tür schloss sich wieder und sie war nicht mehr allein im Zimmer. Irgend jemand hinter ihr atmete schwer. „Gomer?" sagte eine leise und heisere Stimme.

Sie riss sich zusammen und drehte sich um. Vor ihr stand Hosea. „Gott unserer Väter", stöhnte sie, „bist du gekommen, um das zu tun, was ich selbst noch nicht fertig brachte?"

Verwirrt blickte er sie an. „Was willst du damit sagen, Gomer?"

Sie wies mit einer schwachen Handbewegung auf das Schwert. „Ich wollte mich gerade selbst töten. Das Gesetz verlangt meinen Tod, nicht wahr? Ich habe gerade den Punkt erreicht, da ich nicht mehr leben möchte."

„Gomer!“ Seine Stimme war sanft und seine Augen blickten freundlich. „Ich bin nicht gekommen, um dich zu töten. Ich kam, um dich nach Hause zu bringen.“

Die Stille im Raum wurde fast unerträglich und Hosea empfand, dass er noch etwas sagen musste. „Unser geliebter Adonai schickt mich, um dich, meine Frau, zu holen. Ich habe zwei Monate gebraucht, um dich zu finden, doch nun nehme ich dich mit zurück nach Samaria.“

„Nach Hause?“, flüsterte sie. Das Wort hatte einen ganz ungewöhnlichen Klang. „Und Imma und Abba? Leben sie noch?“

Ihm wurde bewusst, dass es wohl zwanzig Jahre her war, seit sie diese Worte für ihre Eltern gebraucht hatte. „Sie leben noch“, nickte er. „Sie wissen nicht, dass ich hier bin. Doch ich weiß, dass sie sich freuen werden, dich zu sehen. Dein Vater hat oft um dich geweint.“

Tief beschämt schloss sie die Augen. Dass ein solcher Mann um sie weinen konnte, ein Mann, der immer hart gearbeitet und nie an Gott gezweifelt hatte. Sie hatte in ihren Nächten im Tempel keinen solchen Mann kennen gelernt, außer Tiglath-Pileser und Renin, einen Mann mit so festem Charakter und Glauben.

Sie öffnete die Augen wieder und betrachtete Hosea. Sie sah einen Mann, der immer noch schlank war, doch um den Mund hatten sich Falten gebildet, die von erlebtem Leid sprachen. Sein Bart fiel ihm bis zur Brust hinunter und zeigte die ersten grauen Fäden. An seiner Haltung konnte man erkennen, dass sein Mut ihn nie verlassen hatte. In seinen Augen war keine Ablehnung oder Bitterkeit mehr zu finden, sondern seit seiner letzten Begegnung mit Gott strahlten Barmherzigkeit und Liebe aus ihnen.

Hosea andererseits sah eine Frau, die ihm wie eine Fremde erschien, denn er hatte Gomer bisher noch nie hilflos und verzweifelt gesehen. Immer hatte sie sich mit erhobenem Kopf und blitzenden Augen aufgelehnt und ihren Willen durchgesetzt. Doch mit dem Eingeständnis, sich das Leben nehmen zu wollen, schien auch ihr Trotz zerbrochen zu sein.

„Hosea“, sie sprach seinen Namen nur zögernd aus, aber sie spürte dabei, wie in ihrem Herzen ein ganz kleiner Funke von Hoffnung entstand, „wie hast du mich gefunden?“

Er starrte Gomer an und dachte daran, dass der Mann ihm gesagt hatte, seine Liebe zu ihr sei nicht so tot, wie es den Anschein hatte. *Ich liebe sie mehr als je,* dachte er. Er erzählte ihr: „Deine Eltern sagten mir, dass die assyrischen Soldaten dich mit nach Niniveh genommen hatten. Also bin ich direkt nach hier gekommen. In Niniveh habe ich mich erkundigt, wo ich die Soldaten finden könnte, die damals aus Samaria zurückgekommen waren. Man sagte mir, ihr Anführer Renin sei jetzt als Führer der königlichen Leibwache in *Kalakh.* So kam ich nach hier.“

„Renin!“ rief Gomer. „Hat er dir gesagt, wo du mich finden kannst?“

„Das hat er“, nickte Hosea. „Er war sehr freundlich zu mir. Er hoffte, ich würde dich schnellstens mitnehmen, möglichst heute noch, ehe es dunkel wird, sonst würde der König uns fangen und töten lassen. Doch ich bin sicher, dass Gott uns schützen wird. Er hat mich nach hier gebracht und will, dass ich dich mit zurück nach Samaria nehme. Wir wollen neu anfangen miteinander, Gomer, wenn du mitkommen willst.“ In seiner Stimme lagen Hoffnung und Zweifel gleichermaßen.

Gomer lächelte jetzt. Sie fühlte, wie sich ihr Herz wieder für Hosea öffnete, wie es damals als Kind gewesen war. Doch sie antwortete: „Hosea, wie kann ich mit dir zurückkehren? In Samaria müsste doch das Gesetz an mir erfüllt und die Strafe vollzogen werden.“

Hosea schüttelte den Kopf. „Als ich unserem Adonai

diese Frage stellte, antwortete Er, das Gesetz würde erfüllt werden und ich würde wissen, was zu tun sei, wenn ich dich nach Hause gebracht hätte. Ich denke, Er wollte damit sagen, dass du nicht sterben musst, sondern dass irgendwie irgendjemand deine Strafe bezahlen wird."

„Aber wer würde denn an meiner Stelle sterben wollen, Hosea?" fragte sie, dabei dachte sie im Inneren: *Wie konnte ich diesen Mann jemals verlassen? Von ihm geht so viel Friede und so viel Liebe aus und auch eine innere Stärke, die ich sonst nirgends gefunden habe. Aber leider habe ich früher nur auf den äußeren Anschein geblickt und auf schnell vergehende Lust. Ob er mir wirklich je ganz vergeben kann?*

Hosea wusste auf ihre Frage auch keine Antwort. Noch während er nach Worten suchte, hörten sie schwere Schritte auf dem Gang.

Die Tür wurde aufgerissen, Tiglath-Pileser betrat den Raum und blickte beide an. „Ich hörte, ein fremder Mann sei zu dir gekommen, ein Mann, der nicht bezahlen wollte und der Oberpriesterin auch noch sagte, sie würde innerhalb eines Jahres um ihrer Sünden willen sterben. Welche Sünden könnte die höchste Priesterin unserer Göttin begangen haben? Und wie kannst du, ein Fremder, es wagen, in diesen Tempel zu kommen?"

Der Großkönig blickte Hosea finster an, während er diese Worte an ihn richtete. Der Prophet aber machte einen so ruhigen Eindruck, als habe er den Zorn des Königs gar nicht bemerkt. Statt dessen antwortete Gomer ruhig: „Er ist mein Ehegatte."

„Dein was?" Der König schrie so laut, dass man es fast im ganzen Tempel hören musste. „Das also ist der Ruhestörer von Samaria! Was suchst du hier?"

„Ich bin gekommen, um meine Frau nach Hause zu holen." Hosea schien sich in seiner Ruhe durch nichts erschüttern zu lassen.

Tiglath-Pileser lachte laut, doch in seinen Augen brannte der Zorn. Die beiden Soldaten hinter ihm zitterten, denn sie hatten ihren Herrn noch nie so wütend gesehen. „Hör zu, Prophet, deine Frau, wie du sie nennst, ist der Göttin Ischtar geweiht worden und sie wird in diesem Tempel bleiben, bis sie einmal stirbt. Außerdem, wie kann ein so dunkelhäutiger Landstreicher wie du behaupten, diese blonde und hellhäutige Frau sei seine Gattin? Sie ist sicher keine Frau eures Volkes."

Hosea lächelte leicht. Ruhig antwortete er: „Pul, ihr Großvater, war ein Grieche, der zu unserem Glauben übergetreten ist und zu dem Gott unserer Väter betete. Er heiratete die Großmutter von Gomer. Unser Glaube akzeptiert Fremde und achtet sie, doch eure Religion erniedrigt und entwürdigt sie, wie ihr es mit meiner Frau gemacht habt."

Die Stimme des Propheten wurde lauter. „Ich weiß, was ihr in euren Tempeln treibt. Werden nach hier nicht unerwünschte kleine Mädchen verkauft, die reichen Familien geboren werden? Und bringt ihr hierher nicht die Mädchen, die als Baby von armen Familien ausgesetzt werden? Hier sind sie nichts anderes als Sklaven und werden dazu erzogen, später einmal der Lust der Männer zu dienen. So habt ihr es auch mit meiner Frau gemacht. Und das nennt ihr dann Dienst für eure Göttin. Pul, dies und andere Dinge sind eine Schande für euer Volk."

Der König war vor Zorn ganz rot geworden und dass der Prophet seinen verachteten Familiennamen gebraucht hatte, brachte ihn an den Rand einer Explosion. „Ja", schrie er Hosea an, „deine Frau ist eine Sklavin! Sie ist meine Sklavin, denn Ich bin Enlil, ich bin Assur, ich bin Ninib und ich bin Tammuz – und alles was hier ist gehört mir!"

„Nimm dich in acht, Mensch, wenn du dich zu einem Gott erheben willst", mahnte Hosea leise. Seine feste, aber ruhige Haltung ließ auch den Zorn des Königs ein wenig abkühlen, denn dieser hatte schon nach seinem Schwert gegriffen. Nun aber blickte er Hosea interessiert an und ein listiger Ausdruck trat in seine Augen.

„Eine Sklavin kann man kaufen“, erklärte er.

„Sicher“, bestätigte Hosea.

Gomer beobachtete ängstlich die beiden Männer. Innerlich betete und hoffte sie, aber auch Zweifel drängten sich in ihr Herz. War der Gott Israels wirklich stark genug, Hosea vor des Königs Zorn zu bewahren?

Tiglath-Pileser begann die Sache Spaß zu machen. Er war sicher, dass dieser Mann vor ihm, der den ganzen Weg von Samaria nach Niniveh allein gewandert war, kein Geld bei sich trug. Er war unbewaffnet und unterwegs gab es mehr als genug Räuberbanden, die jeden Reisenden ausraubten, wenn er sich nicht großen und starken Karawanen anschloss. Er sagte also: „Der Preis für eine Sklavin ist dreißig Silberstücke, Prophet. Ein Mann mit deinen Möglichkeiten …“ Sein Mund blieb vor Staunen offen.

Hosea holte ruhig eine Börse aus seinem Gewand hervor und zählte die Silbermünzen in die Hand des Königs. Er blickte dem König lächelnd in die Augen. „Ich bin unterwegs keinen Räubern begegnet, König, denn mein Gott hat mich beschützt. Ich gebe dir fünfzehn Silberstücke und außerdem einen Sack Gerste. Das Gewicht beträgt eineinhalb Homer. Ich habe ihn draußen gekauft, um auf der Heimreise Nahrung zu haben.“ Damit ging er zur Tür, hob einen Sack auf, den er dort abgestellt hatte, und drückte ihn einem der Soldaten in die Hand.

„So“, sagte er zu dem König, „nun gehört meine Frau wieder mir, denn ich habe für sie bezahlt.“

Es schien ihm nichts auszumachen, dass der König nun ärgerlich schimpfte. Er wandte sich Gomer zu und hielt ihr die Hand hin. Lächelnd, doch ohne ein Wort zu sagen, ergriff Gomer sie mit beiden Händen. Er führte sie aus dem Raum und nach Hause.